清華簡

徐在國 著

文字聲系

(1~8)

第五册

北京師範大學出版集團

安徽大學出版社

正編·耕部

耕 部

影紐照聲

甗

清華三·琴舞 01 罔甗（墜）亓（其）考（孝）

清華三·琴舞 15 是甗（墜）于茖（若）

清華三·琴舞 16 不甗（墜）卣（修）庝（彥）

清華三·琴舞 16 弗亓（其）甗（墜）孳（哉）

清華八·邦道 05 皮（彼）天下之甗（銳）士

清華一·皇門 03 亡（無）不醫（閱）達

清華一·皇門 13 母（毋）隹（惟）尔（爾）身之醫（閱）

清華一·皇門 13 醫（閱）余于淒（濟）

 ，與 （郭店·老甲 27）同，今本《老子》作"銳"。《古文四聲韻·薛韻》引《古老子》"閱"作 ，从"心"，"賏"聲。 ，乃 之省體。清華一·金縢 02 "壇"作 可證。"賏""向"均是聲符，"醫"就是一個雙聲字。（沈培）此字可能是"閱"字古文。《説文·門部》："閱，具數於門中也。从門，説省聲。"

清華三·琴舞 01、15"爾"，讀爲"墜"。《廣雅·釋詁》："墜，失也。"

清華八·邦道 05"爾士"，讀爲"銳士"。《荀子·議兵》："魏氏之武卒不可以遇秦之銳士，秦之銳士不可以當桓、文之節制。"

清華一·皇門 03"亡（無）不醫（閱）達"，今本《逸周書·皇門》作"罔不允通"。劉洪濤先生已經引《書·顧命》"一人冕，執銳"，《説文》引"銳"作"鈗"。簡文"閱"，讀爲"允"。

清華一·皇門 13"醫（閱）余于淒（濟）"之"醫"，疑讀爲"脱"，離開，擺脱。《老子》："魚不可脱於淵，國之利器不可以示人。"

清華三·琴舞 16"弗亓爾孹"，讀爲"弗其墜哉"。參《書·金縢》："無墜天之降寶命，我先王亦永有依歸。"或疑讀爲"脱"或"奪"。《左傳·僖公三十三年》："輕則寡謀，無禮則脱。"杜預注："脱，易也。"

鼎

清華一·耆夜 06 复（作）詞（歌）一終曰《鼎=》

～，从三"貝"，與 （包山 150）同。

清華一·耆夜 06"鼎"，字从賏聲，疑讀爲"央"或"英"。《詩·小雅·六月》："織文鳥章，白旆央央。"《文選·潘嶽〈夏侯常侍誄〉》："英英夫子，灼灼其儁。"或讀爲"熒熒"，《玉篇》："熒熒，猶灼灼也"。（白於藍）"熒熒"，光豔貌。《文選·宋玉〈高唐賦〉》："玄木冬榮，煌煌熒熒。"李善注："煌煌熒熒，草木花光也。"《史記·趙世家》："美人熒熒兮，顔若苕之榮。"

匣紐幸聲

幸

 清華三·芮良夫 09 民不日幸

 清華六·孺子 08 幸果善之

 清華五·湯丘 11 女(如)幸余悶(閒)於天畏(威)

 清華七·子犯 05 幸叟(得)又(有)利不忻蜀(獨)

 清華八·邦道 05 古(故)巽(興)不可以幸

 清華八·邦道 18 皮(彼)智(知)上之請(情)之不可以幸

 清華八·心中 04 名之曰幸

～，與 、同。《説文·夭部》："幸，吉而免凶也。从屰、从夭。夭，死之事，故死謂之不幸。"

清華三·芮良夫 09 "民不日幸"，《楚辭·九辯》："心摇悦而日幸兮，然怊悵而無冀。"

清華七·子犯 05 "幸叟又利不忻蜀"，讀爲"幸得有利不忻獨"。《鹽鐵論·貧富》："余結髮束脩，年十三，幸得宿衛，給事輦轂之下，以至卿大夫之位，獲禄受賜，六十有餘年矣。"

清華八·邦道 05、18 "不可以幸"，《吕氏春秋·不屈》："凡自行不可以幸爲,必誠。"

清華八·心中 04"幸",《小爾雅·廣義》:"非分而得謂之幸。""幸",指一種偶然的因素,使應得禍的人免於禍。《論語·雍也》:"罔之生也幸而免。"《左傳·昭公三年》:"幸而得死。""不幸"指因偶然的因素,本應得福的人反而得禍。《論語·先進》:"有顏回者好學,不幸短命死矣。"

匣紐熒聲

縈(縈)

清華一·尹至 04 孳(兹)乃柔大縈(傾)

清華三·芮良夫 01 氒(厥)辟、钺(御)事各縈(營)亓(其)身

清華三·芮良夫 16 亓(其)厇(度)甬(用)逵(失)縈(營)

清華六·太伯甲 07 縈厄(軛)鄎(蔦)、竿(邘)之國

清華六·太伯乙 06 縈厄(軛)鄎(蔦)、竿(邘)之國

清華七·越公 31 王亓(其)又(有)縈(勞)疾

清華八·邦道 03 則或(又)恥自縈(營)寃

~,與 、同。或作![],省"宀"。《說文·糸部》:"縈,收韏也。从糸,熒省聲。"

清華一·尹至 04"縈",即"縈",讀爲"傾"。《國語·晉語三》:"不更厥貞,

大命其傾。"韋昭注:"傾,危也。"與上"柔"訓安相對。或讀爲"縈"。(陳民鎮)

清華三·芮良夫01"鶑",即"縈",讀爲"營"。《公羊傳·莊公二十五年》:"以朱絲營社。"陸德明《釋文》:"本亦作縈,同。"《孟子·梁惠王上》:"經之營之。"朱熹注:"營,謀爲也。"簡文是指周厲王和他的執政卿士獨占物產之利。

清華三·芮良夫16"遙縈",讀爲"失營"。《大戴禮記·文王官人》:"煩亂之而志不營。"盧辯注:"營,猶亂也。"

清華六·太伯甲07、太伯乙06"縈",迴旋纏繞。《詩·周南·樛木》:"南有樛木,葛藟縈之。"毛傳:"縈,旋也。"

清華七·越公31"王亓又縈疾",讀爲"王其有勞疾",王有愛勞作之病。或讀爲"營疾",猶迷亂之疾。"營",惑也。《淮南子·本經》:"目不營於色,耳不淫於聲。"高誘注:"營,惑。"

清華八·邦道03"縈",讀爲"營",訓爲謀求。參上。

鎣

 清華五·封許07 鎣(鋆)、罌

~,从"金","縈(縈)"聲,"鋆"字異體。

清華五·封許07"鎣",《說文》:"鋆,器也。"或讀爲"罌"。《說文》:"罌,缶也。"《漢書·趙廣漢傳》:"椎破盧罌。"顏師古注:"罌,所以盛酒也。"(白於藍)

裻

參宵部來紐勞聲。

匣紐刑聲歸井聲

見紐苟聲

芍

 清華五·厚父09 民弋(式)克共(恭)心芍(敬)悹(畏)

清華五·厚父 13 民弋(式)克芍(敬)悳(德)

～，"苟"之初文。

清華五·厚父 09"芍悁"，讀爲"敬畏"，既敬重又害怕。《管子·小匡》："故以耕則多粟，以仕則多賢，是以聖王敬畏戚農。"《史記·魯周公世家》："乃命于帝庭，敷佑四方，用能定汝子孫于下地，四方之民罔不敬畏。"大保簋(《集成》04140)"王降征令于大保，大保克芍，亡譴"之"芍"，亦讀爲"敬"。

清華五·厚父 13"民弋克芍悳"，讀爲"民式克敬德"。參《書·君奭》："其汝克敬德，明我俊民，在讓後人于丕時。"

苟

 清華五·封許 03 起=(桓桓)丕(丕)苟(敬)

 清華七·越公 59 王監雩(越)邦之既苟(敬)

《說文·苟部》："苟，自急敕也。从羊省，从包省。从口，口猶慎言也。从羊，羊與義、善、美同意。凡苟之屬皆从苟。 ，古文羊不省。"

清華五·封許 03"苟"，讀爲"敬"。

清華七·越公 59"苟"，讀爲"敬"，恭敬，端肅。《易·坤》："君子敬以直内，義以方外。"孔穎達疏："内謂心也，用此恭敬以直内。"

敬

 清華一·程寤 02 悘(寤)敬(驚)

 清華一·程寤 04 女(汝)敬聖(聽)吉夢

清華一·程寤 04 可（何）敬（警）非朋

清華一·程寤 06 敬才（哉）

清華一·保訓 09 敬才（哉）

清華一·保訓 11 敬才（哉）

清華一·祭公 12 敬龏（恭）之

清華一·祭公 20 女（汝）亓（其）敬孳（哉）

清華三·說命中 03 敬之孳（哉）

清華三·說命中 06 敬之孳（哉）

清華三·說命下 07 敬之孳（哉）

清華三·琴舞 01 周公叏（作）多士敬（儆）怭（毖）

清華三·琴舞 02 王叏（作）敬（儆）怭（毖）

清華三·琴舞 02 元內（納）启（啓）曰：敬=之=（敬之敬之）

清華三·琴舞 03 敬（儆）之

　清華三·琴舞 06 敬之

　清華三·琴舞 11 敬（警）䚻（顯）才（在）下

　清華三·琴舞 13 孜（孝）敬肥（非）紿（怠）亢（荒）

　清華三·琴舞 16 純佳（惟）敬帀

　清華三·琴舞 16 訖（遹）我敬之

　清華三·芮良夫 02 敬之孷（哉）

　清華三·芮良夫 02 敬孷（哉）君子

　清華三·芮良夫 05 尚亙₌（恆恆）敬孷（哉）

　清華三·芮良夫 05 所而弗敬

　清華三·芮良夫 06 敬孷（哉）君子

　清華三·芮良夫 08 皮（彼）人不敬

清華二·繫年 111 晉敬公立十又一年

清華五·封許 08 骨（祇）敬尔猷

清華五·三壽 09 虐（吾）孝（勉）自印（抑）畏以敬

清華五·三壽 14 走（上）卲（昭）忢（順）穆而敬民之行

清華五·三壽 19 龏（恭）神以敬

清華五·三壽 27 舍（餘）敬恙（養）

清華五·命訓 01 曰成則敬

清華五·命訓 01 廣以敬命

清華七·子犯 02 虐（吾）宔（主）好定而敬訐（信）

清華八·攝命 05 敬哉

清華八·攝命 08 引（矧）行劈（墮）敬茅（懋）

清華八·邦道 09 則百官敬

[字形] 清華八·攝命 07 女(汝)其敬哉

[字形] 清華八·攝命 10 敬學畣明

[字形] 清華八·攝命 30 敬哉

[字形] 清華八·攝命 30 女(汝)母(毋)弗敬

～，上博簡或作[字形]（上博一·孔 5）、[字形]（上博三·中 21）、[字形]（上博五·季 7）、[字形]（上博八·成 2），从"攴"，"苟"聲。或作[字形]（上博一·緇 12）、[字形]（上博一·孔 15）[字形]（上博七·武 15）；或作[字形]，"人"旁下加一短橫。或作[字形]，所从"丂"訛爲"羊"。或作[字形]。《説文·苟部》："敬，肅也。从攴、苟。"

清華一·程寤 02"悤敬"，讀爲"寤驚"，嚇醒了。"驚"，驚慌，恐懼。《莊子·達生》："譬之若載鼷以車馬，樂鴳以鐘鼓也。彼又惡能无驚乎哉？"成玄英疏："何能無驚懼者也。"

清華一·程寤 04"敬"，恭敬。

清華一·程寤 04"可敬非朋"，讀爲"何警非朋"，要警惕什麼呢？不是朋比的小人嗎？參《書·吕刑》："何擇非人？何敬非刑？何度非及？"

清華一·程寤 06、09、11"敬才"，清華一·祭公 20"敬孳"，清華三·芮良夫 02、05、06"敬孳"，皆讀爲"敬哉"，與清華八·攝命 07、30 同。《書·康誥》："小子封，恫瘝乃身，敬哉！"《書·蔡仲之命》："往即乃封，敬哉！"

清華一·祭公 12"敬龏"，讀爲"敬恭"，恭敬奉事，敬慎處事。《詩·大雅·雲漢》："敬恭明神，宜無悔怒。"

清華三·芮良夫 02，清華三·說命中 03、06，清華三·說命下 07"敬之孳"，讀爲"敬之哉"。《書·康王之誥》："惟新陟王畢協賞罰，戡定厥功，用敷遺後人休。今王敬之哉！張惶六師，無壞我高祖寡命。"《左傳·襄公十四年》："兹率舅氏之典，纂乃祖考，無忝乃舊。敬之哉，無廢朕命！"

清華三·琴舞 01、02"敬伌",讀爲"儆毖",二字同義連用,告誡,警告。《書·伊訓》:"制官刑,儆于有位。"孔傳:"言湯制治官刑法,以儆戒百官。""毖",教導,告誡。《書·酒誥》:"王曰:'封!汝典聽朕毖,勿辯乃司民湎于酒。'"

清華三·琴舞 02、03、06"敬之",讀爲"儆之"或"警之",訓戒之。《詩·周頌·敬之》:"敬之敬之,天維顯思。"

清華三·琴舞 11"敬㬎",讀爲"警顯",警告顯示。簡文"警顯在下",參《詩·大雅·大明》:"明明在下,赫赫在上。"虢叔旅鐘(《集成》00238):"皇考嚴在上,異(翼)在下。"

清華三·琴舞 13"孜敬",讀爲"孝敬"。《左傳·文公十八年》:"孝敬忠信爲吉德。"

清華三·芮良夫 05"所而弗敬",《墨子·尚賢上》:"爵位不高則民弗敬,蓄禄不厚則民不信,政令不斷則民不畏。"

清華三·芮良夫 08"皮(彼)人不敬",《論語·先進》:"門人不敬子路。"

清華二·繫年 111"晉敬公",《史記·晉世家》索隱引《竹書紀年》:"出公二十三年奔楚,乃立昭公之孫,是爲敬公。"晉敬公名驕,又別諡哀公、懿公。

清華五·封許 08"䟽敬",讀爲"祇敬",恭敬。《楚辭·離騷》:"湯禹儼而祇敬兮,周論道而莫差。"

清華五·三壽 14"走(上)卲(昭)忎(順)穆而敬民之行"之"敬",疑可讀爲"警"。

清華五·三壽 19"龏(恭)神以敬",恭敬神。《禮記·表記》:"夏道尊命,事鬼敬神而遠之。"

清華五·三壽 27"敬恙",讀爲"敬養"。《禮記·祭義》:"君子生則敬養,死則敬享,思終身弗辱也。"

清華五·命訓 01"日成則敬",今本《逸周書·命訓》作"成則敬"。

清華五·命訓 01"敬命",遵奉命令。《逸周書·大開武》:"其維天命,王其敬命。"《左傳·昭公元年》:"魯雖有罪,其執事不辟難,畏威而敬命矣。"

清華七·子犯 02"敬訐",即"敬信",慎重而守信。《韓非子·飾邪》:"明於治之數,則國雖小,富;賞罰敬信,民雖寡,强。"

清華八·邦道 09"則百官敬",恭敬,端肅,敬慎。《易·坤》:"君子敬以直內,義以方外。"孔穎達疏:"內謂心也,用此恭敬以直內。"

· 2039 ·

敬

清華一·皇門 12 敬(敬)才(哉)

清華五·湯丘 14 敬祀

清華六·管仲 25 必耑(前)敬(敬)與考(巧)

清華七·越公 53 乃出共(恭)敬(敬)

清華七·越公 53 乃出不共(恭)不敬(敬)

清華七·越公 58 亡(無)敢不敬(敬)

清華八·攝命 16 鮮隹(唯)楚(胥)台(以)夙(夙)夕敬(敬)

清華八·邦政 05 亓(其)祭時而敬(敬)

，从"戈","苟"聲,"敬"字異體。

清華一·皇門 12"敬才",讀爲"敬哉"。參上。

清華五·湯丘 14"敬祀",恭敬祀事。《禮記·坊記》:"子云:'祭祀之有尸也,宗廟之有主也,示民有事也。脩宗廟,敬祀事,教民追孝也。以此坊民,民猶忘其親。'"

清華六·管仲 25"必耑(前)敬(敬)與考(巧)",與"而逡(後)暜(僭)與譌"相對。或讀爲"傾"。(白於藍)

清華七·越公 53"乃出共敬",讀爲"乃出恭敬",臣民顯露恭敬。"恭敬",

對人謙恭有禮貌。《孟子·告子上》:"恭敬之心,人皆有之。"《史記·陳丞相世家》:"項王爲人,恭敬愛人,士之廉節好禮者多歸之。"

清華七·越公 53"乃出不共不敬",讀爲"乃出不恭不敬",與上文"乃出恭敬"相對。

清華七·越公 58"亡敢不敬",讀爲"無敢不敬"。《論語·子路》:"上好禮,則民莫敢不敬;上好義,則民莫敢不服;上好信,則民莫敢不用情。"

清華八·攝命 16"夙夕敬",讀爲"夙夕敬"。《詩·周頌·閔予小子》:"維予小子,夙夜敬止。"

清華八·邦政 05"亓祭時而敬",讀爲"其祭時而敬"。《禮記·少儀》:"賓客主恭,祭祀主敬,喪事主哀,會同主詡。"

見紐坙聲

坙

　　清華八·攝命 10 女(汝)亦母(毋)不夙(夙)夕坙(經)惪

～,楚文字或作 ![] (郭店·尊德義 13)。《説文·川部》:"坙,水脈也。从川在一下。一,地也。壬省聲。一曰:水冥坙也。![],古文坙不省。"

清華八·攝命 10"女亦母不夙夕坙惪",讀爲"汝亦毋不夙夕經德"。"經德",見《書·酒誥》:"在昔殷先哲王,迪畏天,顯小民,經德秉哲。"孔傳:"能常德持智。"《孟子·盡心下》:"哭死而哀,非爲生者也。經德不回,非以干祿也。言語必信,非以正行也。"趙岐注:"經,行也。"陳曼簠(《集成》04596):"肇勤經德。"者汈鐘(《集成》00120):"女亦虔秉丕經德。"

劃

　　清華七·越公 37 諫(佯)緰(媮)諒人則劃(刑)也

　　清華七·越公 42 劃(刑)也

～，從"刀"，"臺（頸）"聲，"到"字異體。"臺"，從"首"，"巠"聲，"頸"之異體。《說文·刀部》："到，刑也。從刀，巠聲。"段注："按許意到謂斷頸，刑之至重者也。"

清華七·越公 37、42 "劉"，即"到"，讀爲"刑"，懲罰，處罰。《書·康誥》："非汝封刑人殺人，無或刑人殺人。"孔傳："言得刑殺罪人。"

弳

 清華七·越公 03 夬（挾）弳秉櫜（枹）

～，從"弓"，"巠"聲。齊陶文作 ▨（陶錄 3·625·4）、▨（陶錄 3·625·3）。

清華七·越公 03 "夬弳秉櫜"，讀爲"挾弳秉枹"。《國語·吳語》作"挾經秉枹"。韋昭注："在掖曰挾。""弳"，指彊弓。《楚辭·九歌·國殤》："帶長劍兮挾秦弓，首身離兮心不懲。"或指"劍莖"。《國語·吳語》作"經"。俞樾曰："世無臨陣而讀兵書者，經，當讀爲莖，謂劍莖也。《考工記·桃氏》曰：'以其臘廣爲之莖圍。'注曰：'鄭司農云："莖謂劍夾，人所握鐔以上也。"玄謂：莖，在夾中者。莖長五寸。'此云挾莖，正謂此矣。作'經'者，假字耳。"或說指箭矢之莖，"挾弳"與文獻中的"挾矢"相當。（李守奎）

經

 清華三·說命下 02 經惪（德）配天

 清華五·厚父 02 帝亦弗斁（斁）啓（啓）之經惪（德）

 清華五·厚父 07 隹（惟）寺（時）余經念乃高且（祖）克害（憲）皇天之政工（功）

 清華五·封許 08 經嗣某（世）亯（享）

· 2042 ·

清華六·管仲 12 既訓（順）丌（其）經

清華五·三壽 21 經緯忎（順）齊

清華七·越公 27 縱（總）經遊民

～，與經（上博三·周 24）、經（上博四·內 10）同。《說文·糸部》："經，織也。从糸，巠聲。"

清華三·說命下 02、清華五·厚父 02"經悳"，讀爲"經德"，《書·酒誥》："經德秉哲。"劉逢祿《今古文尚書集解》："經，常也。"《孟子·盡心下》："經德不回。"朱熹《集注》："經，常也。"

清華五·厚父 07"經念"，常念。《史記·三王世家》："常念法度，則無羞辱矣。"猶大克鼎（《集成》02836）"永念于厥孫辟天子"之"永念"。

清華五·封許 08"經嗣枼亯"，讀爲"經嗣世享"，後嗣世世祭享。《爾雅·釋詁》："經，繼也。""經嗣"，繼嗣，後嗣，後代。《後漢書·皇后紀上·和熹鄧皇后》："時帝數失皇子，后憂繼嗣不廣，恆垂涕歎息。"

清華六·管仲 12"經"，《左傳·宣公十二年》："兼弱攻昧，武之善經也。"杜預注："經，法也。"《管子·版法》："天地之位，有前有後，有左有右，聖人法之，以建經紀。"

清華五·三壽 21"經緯"，治理。《左傳·昭公二十九年》："夫晉國將守唐叔之所受法度，以經緯其民。"

清華七·越公 27"縱經遊民"，讀爲"總經遊民"，統率並管理遊民。"總"，統率。《書·盤庚下》："無總于貨寶，生生自庸。""經"，治理，管理。《周禮·天官·大宰》："一曰治典，以經邦國，以治官府，以紀萬民。"（駱珍伊）

經

清華三·芮良夫 15 襄（懷）忎（慈）學（幼）弱嬴（贏）募（寡）經

（矜）蜀（獨）

～，从"視"，"巠"聲，"巠"乃"𡈼"聲之訛。

清華三·芮良夫15"褱恣學弱嬴募𢀖蜀"，讀爲"懷慈幼弱嬴寡矜獨"，安撫愛護幼弱、衰病、老而無夫、老而無妻、老而無子的人。《禮記·禮運》："選賢與能，講信修睦，故人不獨親其親，不獨子其子，使老有所終，壯有所用，幼有所長，矜寡孤獨廢疾者，皆有所養。"《禮記·王制》："少而無父者謂之孤，老而無子者謂之獨，老而無妻者謂之矜，老而無夫者謂之寡。"或讀爲"煢"。（黃傑）

麆

 清華二·繫年122 齊人旻（且）又（有）陳麆子牛之禍（禍）

～，从"鹿"，"巠"聲。

清華二·繫年122"陳麆子牛"，讀爲"陳頸子牛"，即項子牛。《墨子·魯問》："齊將伐魯，子墨子謂項子牛曰。"孫詒讓《墨子閒詁》："項子牛，蓋田和將。"《淮南子·人間》："三國伐齊，圍平陸。括子以報於牛子曰。""牛子"，即項子牛。《廣雅·釋親》："頸，項也。"《文選·曹植〈洛神賦〉》："延頸秀項。"呂向注："頸，項也。"

涇

 清華二·繫年090 𦤝=（至于）涇

《說文·水部》："涇，水。出安定涇陽开頭山，東南入渭。雝州之川也。从水，巠聲。"

清華二·繫年090"涇"，涇水。《左傳·成公十三年》："師遂濟涇，及侯麗而還。"杜預《釋例》："涇水出安定朝那縣西，東南經新平、扶風，至京兆高陸縣入渭。"《國語·魯語下》："諸侯伐秦，及涇莫濟。"

屋

 清華三·芮良夫20 女（如）閈（關）枑屋（扃）鋈（縢）

～，从"户"，"巠"聲，"扃"字異體。《說文·户部》："扃，外閉之關也。从户,同聲。"

清華三·芮良夫 20"扂",即"肩",門閂。《莊子·胠篋》:"攝緘縢,固肩鐍。"成玄英疏:"肩,關鈕也。"

見紐冋聲

冋

 清華二·繫年 067 齊冋(頃)公

 清華二·繫年 070 齊冋(頃)公回(圍)魯

 清華二·繫年 072 齊冋(頃)公朝于晉競(景)公

 清華二·繫年 099 卲(昭)公、冋(頃)公虘(皆)纍(早)殜(世)

～,與 ᗉ(《集成》11390,□年邦府戈)、ᗉ(《貨系》406)同。《説文·冂部》:"冂,邑外謂之郊,郊外謂之野,野外謂之林,林外謂之冂。象遠界也。凡冂之屬皆从冂。冋,古文冂从口,象國邑。坰,冋或从土。"

清華二·繫年 067、070、072"齊冋公",讀爲"齊頃公",《史記·齊太公世家》:"十年,惠公卒,子頃公無野立。"

清華二·繫年 099"冋公",讀爲"頃公",即晉頃公。《史記·晉世家》:"昭公六年卒。六卿彊,公室卑。子頃公去疾立。"

見紐耿聲

耿

 清華一·皇門 07 孫=(子孫)用穗(末)被先王之耿光

清華二·繫年 013 殺三監而立彔子耿

 清華二·繫年 014 殺彔子耿

《說文·耳部》："耿，耳箸頰也。从耳，烓省聲。杜林説：耿，光也。从光，聖省。凡字皆左形右聲。杜林非也。"

清華一·皇門 07"耿光"，光明，光輝，光榮。《書·立政》："以覲文王之耿光，以揚武王之大烈。"孔傳："能使四夷賓服，所以見祖之光明，揚父之大業。""耿光"，又見於禹鼎（《集成》02833）、毛公鼎（《集成》02841）。今本《逸周書·皇門》作"萬子孫用末被先王之靈光"，陳逢衡注："用末被先王之靈光，謂終受其福也。"

清華二·繫年 013、014"彔子耿"，讀爲"彔子耴"，紂子武庚祿父。《史記·管蔡世家》："武王已克殷紂，平天下，封功臣昆弟。於是封叔鮮於管，封叔度於蔡：二人相紂子武庚祿父，治殷遺民。"大保簋（《集成》04140）："王伐彔子耴，叡毕（厥）反，王降征令（命）于大保。""彔子耴"，即"彔子耿"。"耿"，見母耕部；从"耴"之"聖"，書母耕部；《說文》引杜林説"耿，从火，聖省聲。"所以，"耴"可讀爲"耿"。

溪紐頃聲

竝

 清華八·處位 01 竝（傾）臥（側）亓（其）天命

 清華八·處位 07 亓（其）誩（徵）而不竝（傾）臥（側）

～，从"立"，"血（益）"聲，"傾"字異體。安大簡作 ，从"矢"，"血（益之省）"聲。《說文·矢部》："矢，傾頭也。"又《人部》："傾，矢也。""傾""矢"互訓，所以"竝"字可从"矢"表"傾"義。"竝"所从的"血"大概是"益"字的簡化。上古音"益""傾"音近，所以"竝"可以"血（益之省）"爲聲符。（徐在國、管樹强）

清華八·處位01"䞰",即"傾"字,與"昃"同義連用。《説文》:"昃,側也。""傾昃",義爲傾斜、不正。

端紐丁聲

丁

 清華一·程寤02 宗丁敉(蔽)大(太)子發(發)

 清華三·説命中01 武丁朝于門

 清華三·説命中02 武丁曰

 清華三·芮良夫06 亓(其)由不邋(攝)丁(停)

 清華三·良臣02 武丁又(有)敄(傅)鳩(説)

 清華三·赤鵠15 是訋(始)爲埤(陴)丁者(諸)屖(屋)

 清華四·筮法11 見丁嚠(數)

 清華四·筮法46 丁

 清華五·厚父11 引(矧)其能丁(貞)良于夜(友)人

 清華五·封許02 則隹(惟)女(汝)呂丁

清華五·封許 03 亦隹(惟)女(汝)呂丁

 清華五·封許 07 於(嗚)虖(呼),丁,戒才(哉)

 清華七·越公 03 丁(當)孤之殜(世)

 清華七·越公 74 丁(當)役(役)孤身

～,象形。或作 ⟨figure⟩。《説文·丁部》:"丁,夏時萬物皆丁實。象形。丁承丙,象人心。凡丁之屬皆从丁。"

清華一·程寤 02"丁",是人名。"宗",即《左傳·成公十七年》"祝宗"。簡文"宗丁蔽太子發",宗丁爲太子發蔽志。

清華三·説命中 01、02"武丁",殷高宗武丁。《史記·殷本紀》:"帝小乙崩,子帝武丁立。帝武丁即位,思復興殷,而未得其佐。三年不言,政事決定於冢宰,以觀國風。"

清華三·芮良夫 06"亓(其)由不遜(攝)丁"之"丁",疑讀爲"停"。《莊子·德充符》:"平者,水停之盛也。"成玄英疏:"停,止也。"(李學勤)

清華三·良臣 02"武丁又敓鵙",讀爲"武丁有傅説"。《史記·殷本紀》:"武丁夜夢得聖人,名曰説。以夢所見視群臣百吏,皆非也。於是迺使百工營求之野,得説於傅險中。是時説爲胥靡,築於傅險。見於武丁,武丁曰是也。得而與之語,果聖人,舉以爲相,殷國大治。故遂以傅險姓之,號曰傅説。"

清華三·赤鵠 15"丁",當。《詩·大雅·雲漢》"寧丁我躬",毛傳:"丁,當也。"簡文"陣丁諸屋",意爲築小牆當屋,用以防阻。

清華四·筮法 11、46"丁",讀爲"傾",傾覆。《詩·大雅·蕩》:"曾是莫聽,大命以傾。"《論語·季氏》:"丘也聞有國有家者,不患寡而患不均,不患貧而患不安。蓋均無貧,和無寡,安無傾。"朱熹《集注》:"安則不相疑忌,而無傾覆之患。"或釋爲"覆","見覆數",可能指左側上兑下巽卦畫互爲反覆。

清華五·厚父 11"丁良",讀爲"貞良",忠良,忠正誠信。《墨子·明鬼下》:"必擇國之父兄慈孝貞良者,以爲祝宗。"《史記·秦始皇本紀》:"尊卑貴賤,不踰次行;姦邪不容,皆務貞良。"

清華五・封許 02、03、07 "吕丁",吕氏,名丁,許國始封之君。許慎《説文・敍》:"吕叔作藩,俾侯于許。"《説文・邑部》:"鄦,炎帝太嶽之胤,甫侯所封,在潁川。从邑無聲,讀若許。""甫"即吕國。《左傳・隱公十一年》:"公及齊侯、鄭伯入許。"孔穎達疏:"《譜》云:許,姜姓,與齊同祖,堯四嶽伯夷之後也。周武王封其苗裔文叔于許,今潁川許昌是也。"簡文"吕丁"當即文叔。

清華七・越公 03 "丁孤之殜",讀爲"當孤之世"。"丁",讀爲"當",義爲值,遭逢。《詩・大雅・雲漢》:"耗斁下土,寧丁我躬。"高亨注:"丁,當,遭逢。""當……世",《易・繫辭下》:"《易》之興也,其當殷之末世,周之盛德邪?當文王與紂之事邪?"《孟子・公孫丑》:"如欲平治天下,當今之世,舍我其誰也?"

清華七・越公 74 "丁役孤身",讀爲"當役孤身"。《國語・吴語》:"天既降禍於吴國,不在前後,當孤之身。"《吴越春秋》作"正孤之身"。

端紐鼎聲

貞

清華一・程寤 01 隹王元祀貞(正)月既生朙(霸)

清華四・筮法 24 凸(凡)貞丈夫

清華四・筮法 24 凸(凡)貞女子

清華五・啻門 01 貞(正)月己亥(亥)

清華四・别卦 07 鼎(鼎)

清華五・封許 07 鼎(鼎)

～，楚文字或作 、、，从"卜"，"鼎"聲。戰國文字所從的"鼎"或訛省爲"目"。《説文·卜部》："貞，卜問也。从卜，貝以爲贄。一曰鼎省聲。京房所説。"

清華一·程寤 01、清華五·帝門 01"貞月"，讀爲"正月"。《春秋·隱公元年》："元年，春，王正月。"杜預注："隱公之始年，周王之正月也。凡人君即位，欲其體元以居正，故不言一年一月也。"

清華四·筮法 24"貞"，卜問，占卜。《周禮·春官·天府》："季冬，陳玉，以貞來歲之媺惡。"鄭玄注："問事之正曰貞。"

清華四·別卦 07"鼎"，即"貞"，讀爲"鼎"，卦名之一。巽下離上，去故取新之象。《易·鼎》："鼎，元吉，亨。象曰：鼎，象也。以木巽火，亨飪也。"《易·雜卦》："革，去故也。鼎，取新也。"王弼注："鼎者，取新成變者也。革去故而鼎成新。"

清華五·封許 07"鼎"，即"貞"，讀爲"鼎"，古代炊器，又爲盛熟牲之器，多用爲宗廟的禮器。《周禮·秋官·掌客》："鼎簋十有二。"鄭玄注："鼎，牲器也。"

頢

 清華七·越公 32 亓（其）見蓐（農）夫氏（稽）頢（頂）足見

～，从"頁"，"貞"聲，"頂"字異體。

清華七·越公 32"氏頢"，疑讀爲"稽頂"，義同稽首。簡文"稽頂足見"，似言禮敬周至。

端紐正聲

正

 清華一·皇門 01 隹（惟）正［月］庚午

清華一·皇門 04 多憲（憲）正（政）命

清華一·皇門 11 正（政）用迷亂（亂）

清華二·繫年 002 卿㯱（士）、者（諸）正、萬民弗刃（忍）于氒
（厥）心

清華二·繫年 007 邦君者（諸）正乃立幽王之弟舍（余）臣于虢
（虢）

清華四·筮法 09 至，四正之刲（卦）見

清華五·命訓 01 正以禝（禍）福

清華五·命訓 05 道天以正人

清華五·命訓 06 正人亡（無）亟（極）則不哼（信）

清華五·命訓 10 正（政）之所刟（殆）

清華五·命訓 12 正之以政

清華五·命訓 13 正（政）不成

清華五·命訓 14 正（政）成則不長

清華五·湯丘 08 以攸（修）四時之正（政）

清華五·畬門 07 八月乃正

清華五·畬門 11 是胃（謂）四正

清華五·畬門 11 悳（德）、事、設（役）、正（政）、型（刑）

清華五·畬門 13 媺（美）正（政）紧（奚）若

清華五·畬門 13 亞（惡）正（政）紧（奚）若

清華五·畬門 16 此胃（謂）媺（美）正（政）

清華五·畬門 16 正（政）朿（簡）以成

清華五·畬門 17 此胃（謂）亞（惡）正（政）

清華六·鄭子 06 乳=（鄭子）女（汝）母（毋）智（知）邦正（政）

清華六·鄭子 06 老婦亦酒（將）丩（糾）攸（修）宮中之正（政）

清華六·鄭子 07 老婦亦不敢以脞（兄）弟昏（婚）因（姻）之言以

嬼（亂）夫=（大夫）之正（政）

　　清華六・孺子08 以嬼（亂）夫=（大夫）之正（政）

　　清華六・管仲04 止（趾）不正則心卓（逴）

　　清華六・管仲07 它（施）正（政）之道綮（奚）若

　　清華六・管仲09 型（刑）正（政）既萬（蔑）

　　清華六・管仲10 正（政）五紀

　　清華六・管仲10 攸（修）六正（政）

　　清華六・管仲11 執正（政）女（如）纕（繩）

　　清華六・管仲13 走（上）𥘅（賢）以正

　　清華六・管仲13 是古（故）它（施）正（政）命（令）

　　清華六・管仲17 湯之行正

　　清華六・管仲18 以正天下

清華六·管仲 19 既訽（怠）於正（政）

清華六·子產 16 子產專（傅）於六正

清華七·子犯 08 凡民秉氒（度）耑（端）正譖（僭）試（忒）

清華七·趙簡子 06 齊君遴（失）正（政）

清華八·攝命 11 女（汝）正命

清華八·攝命 12 女（汝）有命正

清華八·攝命 12 有即正

清華八·邦道 03 絧（治）正（政）

清華八·邦道 04 正（政）悳（德）之眛（晦）明

清華八·邦道 07 而正戉（歲）峕（時）

清華八·邦道 07 侯〈医〉䎹（亂）正（政）是御之

清華八·邦道 08 攴（變）亓（其）正（政）

清華八·邦道 14 其型（刑）正（政）

清華八·邦道 16 卿夫=（大夫）獸（守）正（政）

清華八·邦道 20 實正（征）亡（無）蔵（穢）

清華八·邦道 20 其正（政）事（使）臤（賢）、甬（用）能

清華八·邦道 24 古（故）棠（常）正（政）亡（無）弋（忒）

清華八·邦道 25 乃愬（恤）亓（其）正（政）

～，與 ✎（上博一·緇 14）、✎（上博二·從甲 8）、✎（上博二·從乙 3）、✎（上博六·競 12）、✎（上博八·成 6）同。《説文·正部》："正，是也。从止，一以止。凡正之屬皆从正。✎，古文正。从二，二，古上字。✎，古文正，从一、足。足者亦止也。"

清華一·皇門 01"正月"，參"貞月"。

清華一·皇門 04、清華六·管仲 13"正命"，讀爲"政令"，政策和法令。《周禮·天官·小宰》："掌建邦之宮刑，以治王宮之政令。"孫詒讓《正義》："凡施行爲政，布告爲令。"

清華一·皇門 11"正（政）用迷䜌（亂）"，今本《逸周書·皇門》作"命用迷亂，獄用無成"。陳逢衡注："政出多門故迷亂，獄以賄行故無成。""正"，讀爲"政"，政令。

清華二·繫年 002、007"者正"，讀爲"諸正"，古代官名。《逸周書·嘗麥》："欽之哉！諸正！敬功爾頌。"莊述祖注："諸正，司寇之屬官。"

清華四·筮法 09"四正之卦"，讀爲"四正之卦"，震、離、坎、兌爲四正卦。

清華五·命訓 01"正以禣(禍)福",今本《逸周書·命訓》作"正之以禍福",比簡本多"之"字。孔晁云:"司,主也。以德爲主,有德正以福,無德正以禍。"

清華五·命訓 05、06"正人亡(無)亟(極)則不哼(信)",今本《逸周書·命訓》作"正人無極則不信"。潘振云:"威、畏通。言天有極,人得而測之,故不畏而道不明;正人無極,人得而畔之,故不信而度不行。"

清華五·命訓 10"正(政)之所卻(殆)",今本《逸周書·命訓》作"政之始也"。

清華五·命訓 12"正之以政"之"正",《左傳·襄公二十六年》:"正於伯州犂。"杜預注:"正曲直也。"

清華五·命訓 13"正(政)不成",今本《逸周書·命訓》作"政不成"。

清華五·命訓 14"正(政)成則不長",今本《逸周書·命訓》作"政成則不長"。潘振云:"政不成,故淺近。"

清華五·湯丘 08、清華六·孺子 06"以攸四時之正",讀爲"以修四時之政"。"修政",修明政教。《管子·大匡》:"公内脩政而勸民,可以信於諸侯矣。"

清華五·啻門 07"正",確定,定型。《周禮·天官·宰夫》:"歲終則令群吏正歲會,月終則令正月要,旬終則令正日成,而以考其治。"鄭玄注:"正,猶定也。"

清華五·啻門 11"四正",文獻中所指各不相同。《管子·君臣下》:"四肢六道,身之體也。四正五官,國之體也。"尹知章注:"四正,謂君臣父子。"

清華五·啻門 11"惪(德)、事、殳(役)、正(政)、型(刑)"之"政",五種輔助之一。

清華五·啻門 13、16、17"岂正""亞正",讀爲"美政""惡政"。《論衡·變虛》:"有善行,必有善政,政善,則嘉瑞臻,福祥至,熒惑之星,無爲守心也。使景公有失誤之行,以致惡政,惡政發,則妖異見,熒惑之守心,桑穀之生朝。"

清華五·啻門 16"正柬",讀爲"政簡"。上博二·容 19:"因邇以知遠,去苛而行柬(簡)。""苛"與"簡"相對。

清華六·孺子 06"邦正",讀爲"邦政",國家軍政,執掌國家軍政。《書·周官》:"司馬掌邦政,統六師,平邦國。"孔傳:"夏官卿,主戎馬之事,掌國征伐,統正六軍,平治王邦四方國之亂者。"

清華六·孺子 07、08"以躝夫=之正",讀爲"以亂大夫之政"。"亂政",敗壞政治。《國語·晉語三》:"失刑亂政,不威。"韋昭注:"有罪不殺爲失刑,失刑則政亂,政亂則威不行。"

清華六·管仲 04"止(趾)不正則心卓(倬)"之"正",直,不彎曲。《書·説命上》:"惟木從繩則正。"孔傳:"言木以繩直。"

清華六·管仲 07"它正",讀爲"施政",實施政務。《管子·大匡》:"小侯既服,大侯既附,夫如是,則始可以施政矣。"

清華六·管仲 10"六正",讀爲"六政",見《大戴禮記·盛德》:"御天地與人與事者,亦有六政。"盧辯注:"六政,謂道德仁聖禮義也。"《左傳·襄公二十五年》則有"六正",杜預注:"三軍之六卿。"

清華六·管仲 11"執正",讀爲"執政",主管某一事務的人。猶執事。《左傳·昭公十六年》:"孔張後至,立於客間,執政禦之;適客後,又禦之;適縣間。"杜預注:"掌位列者。"《國語·晉語五》:"寡君使克也,不腆弊邑之禮,爲君之辱,敢歸諸下執政,以憖御人。"韋昭注:"執政,執事也。"

清華六·管仲 13"辵(上)怒(賢)以正"之"正",《禮記·樂記》"柔而正者",孔穎達疏:"謂正直。"

清華六·管仲 13"是古它正命",讀爲"是故施政令"。"政令",政策和法令。《周禮·天官·小宰》:"掌建邦之宮刑,以治王宮之政令。"孫詒讓《正義》:"凡施行爲政,布告爲令。"

清華六·管仲 18"以正天下",《孟子·萬章上》:"吾未聞枉己而正人者也,況辱己以正天下者乎?"《戰國策·齊一》:"古之王者之伐也,欲以正天下而立功名,以爲後世也。"

清華六·管仲 19"既訋於正",讀爲"既怠於政"。《韓非子·內儲說下六微》:"哀公新樂之,必怠於政,仲尼必諫,諫必輕絕於魯。"

清華六·子產 16"六正",即六官。《左傳·襄公二十五年》則有"六正",杜預注:"三軍之六卿。"

清華七·子犯 08"端正",讀爲"端正",正直不邪。《莊子·天地》:"端正而不知以爲義,相愛而不知以爲仁。"成玄英疏:"端直其心,不爲邪惡。"

清華七·趙簡子 06"齊君逞正",讀爲"齊君失政"。《説苑·建本》:"夫人君無諫臣則失政;士無教友則失聽。"《國語·晉語一》:"我授之政,諸侯必絕;能絕於我,必能害我。失政而害國,不可忍也。爾勿憂,吾將圖之。"

清華八·攝命 11"正命",見暈盨(《集成》04469)"厥非正命"。

清華八·攝命 12"女有命正",讀爲"汝有命正",汝有命卿官長。

清華八·邦道 03"絤正",讀爲"治政",治理政事。《禮記·禮運》:"是故禮者,君之大柄也,所以別嫌明微、儐鬼神、考制度、別仁義,所以治政安君也。"

清華八·邦道 04"正惪",讀爲"政德",政事和德行。《左傳·昭公四年》:

"恃此三者,而不脩政德,亡於不暇。"簡文"政德之晦明",謂政事之治亂。

清華八·邦道07"而正哉時",讀爲"而正歲時",使歲時正,使歲時合乎規律。《漢書·嚴安傳》:"刑罰少,則陰陽和,四時正,風雨時……民不夭厲,和之至也。"

清華八·邦道07"侯蹋正是御之",讀爲"医亂政是御之"。《左傳·昭公六年》:"夏有亂政而作《禹刑》,商有亂政而作《湯刑》,周有亂政而作《九刑》,三辟之興,皆叔世也。"

清華八·邦道08"攴亓正",讀爲"變其政"。《墨子·非命中》:"此世不渝而民不改,上變政而民易教。"

清華六·管仲09、清華八·邦道14"型正",讀爲"刑政",刑法政令。《國語·周語下》:"出令不信,刑政紛放。"《墨子·天志中》:"觀其刑政,順天之意,謂之善刑政;反天之意,謂之不善刑政。"

清華八·邦道16"獸正",讀爲"守政"。《淮南子·齊俗》:"故世治則小人守政,而利不能誘也;世亂則君子爲奸,而法弗能禁也。"

清華八·邦道20"其正事叞、甬能",讀爲"其政使賢、用能"。"政",主持政事。《管子·小匡》:"施伯謂魯侯曰:'勿予。非戮之也,將用其政也。'"尹知章注:"用之使知政。"

清華八·邦道25"乃恝亓正",讀爲"乃恤其政"。《戰國策·中山》:"是時楚王恃其國大,不恤其政,而群臣相妒以功,諂諛用事,良臣斥疏,百姓心離,城池不修。既無良臣,又無守備。"

恧

清華二·繫年127 鴋(陽)城洹(桓)恧(定)君

清華二·繫年135 昜(陽)城洹(桓)恧(定)君

～,从"心","正"聲。

清華二·繫年127、135"洹恧",讀爲"桓定"。當是此封君的謚。

政

清華一・耆夜 03 邵（呂）上（尚）甫（父）命爲司政（正）

清華一・祭公 19 弗逵（失）于政

清華二・繫年 002 尃（敷）政天下

清華二・繫年 010 奠（鄭）武公亦政東方之者（諸）侯

清華二・繫年 012 奠（鄭）以訒（始）政（正）

清華三・說命下 05 女（汝）隹（惟）又（有）萬壽才（在）乃政

清華三・說命下 10 尃（敷）之于朕政

清華三・芮良夫 14 甬（用）又（有）聖政悳（德）

清華三・芮良夫 18 政（正）百又（有）司

清華三・芮良夫 20 繵（繩）剌（刺）既政而五（互）㲽（相）柔訛

（比）

清華三・芮良夫 21 政命悳（德）型（刑）各又（有）裳（常）弔（次）

清華四・筮法 30 埅(邦)去政已

 清華五・厚父 08 隹(惟)寺(時)余經念乃高且(祖)克害(憲)皇天之政工(功)

 清華五・命訓 12 正之以政

 清華五・三壽 19 和民甬(用)政(正)

 清華六・子產 03 官政罟市栗

 清華六・子產 05 兮(勉)政

 清華六・子產 05 利政

 清華六・子產 05 固政又(有)事

 清華六・子產 05 整政才(在)身

 清華六・子產 06 行豊(禮)俴(踐)政又(有)事

 清華六・子產 12 才(在)大能政

清華六·子産 16 袭（勞）惠邦政

 清華六·子産 27 以勛（助）政直（德）之固

 清華六·子産 27 以成政惪（德）之忎（愛）

 清華七·子犯 09 昔之舊聖折（哲）人之尃（敷）政命（令）荆（刑）罰

 清華七·子犯 11 用果念（臨）政九州

 清華七·晉文公 02 晉邦之政

 清華七·趙簡子 05 齊君逶（失）政

 清華七·越公 29 雩（越）王句戔（踐）女（焉）訂（始）复（作）絽（紀）五政之聿（律）

 清華七·越公 30 乃乍（作）五政

 清華七·越公 37 乃攸（修）市政

 清華七·越公 39 初日政勿若某

· 2061 ·

清華七·越公 39 今政矴（重）

 清華七·越公 41 乃亡（無）敢增壓（益）亓（其）政以爲獻於王

 清華七·越公 49 政溥（薄）而好訐（信）

 清華七·越公 61 此乃諑（屬）邦政於夫=（大夫）住（種）

 清華八·邦政 04 亓（其）政坪（平）而不嵒（苛）

 清華八·邦政 09 亓（其）政嵒（苛）而不達

 清華八·邦政 11 邦豪（家）之政

 清華八·處位 01 政事逆頮（美）

 清華八·處位 02 史（使）人甬（用）查（倚）典政

清華八·處位 02 還內（入）它（弛）政

 清華八·處位 02 敷（弊）政櫺（更）政

清華八·處位 03 櫺（更）政

清華八·處位03 放（炕）政眩（眩）邦

清華八·處位03 悈（倦）臸（厭）政事

清華八·處位03 均崎（踦）政宔（主）

清華八·處位04 夫不敀（度）政者

清華八·處位04 埶（勢）晉（僭）萬而方（旁）受大政

清華八·處位05 救（求）晤政

清華八·處位09 良人女（如）未行政

清華八·處位09 坂（返）以爲政

清華八·處位09 夫爲耑（前）政者

清華八·處位10 少（小）民而不智（知）利政

清華八·處位11 政是道（導）之

清華八·虞夏01 乍（作）政用俉（御）

～，與 ▨（上博二·魯 3）、▨（上博四·曹 10）同。《説文·攴部》："政，正也。从攴，从正，正亦聲。"

清華一·耆夜 03"司政"，讀爲"司正"，古代行鄉飲酒禮或賓主宴會時的監禮者。《禮記·鄉飲酒義》："工告樂備，遂出。一人揚觶，乃立司正焉。"《國語·晉語一》："公飲大夫酒，令司正實爵與史蘇。"韋昭注："司正，正賓主之禮者也。"

清華一·祭公 19"弗逯于政"，讀爲"弗失于政"。《書·盤庚中》："失于政，陳于兹，高后丕乃崇降罪疾。"

清華二·繫年 002"尃政"，讀爲"敷政"，布政，施行教化。《詩·商頌·長發》："不競不絿，不剛不柔。敷政優優，百禄是遒。"

清華二·繫年 010"奠（鄭）武公亦政東方之者（諸）侯"之"政"，讀爲"正"，訓爲長，此云鄭武公爲東方諸侯之長。或讀爲"征"。

清華二·繫年 012"奠（鄭）以訇（始）政"之"政"，讀爲"正"。《周禮·天官·宰夫》："歲終，則令群吏正歲會。"鄭玄注："正，猶定也。"在此指鄭公子爭位之亂的結束。

清華三·説命下 05"才乃政"，讀爲"在乃政"，意同《書·多方》"在乃位"。

清華三·芮良夫 14"聖政悳"，讀爲"聖政德"，猶言聖政聖德。

清華四·筮法 30"埊（邦）去政已"，國家失政。

清華五·厚父 08"隹寺余經念乃高且克害皇天之政工"，讀爲"惟時余經念乃高祖克憲皇天之政功"。

清華五·命訓 12"正之以政"，今本《逸周書·命訓》："震之以政，動之以事。"朱右曾《校釋》："政，政令。"

清華五·三壽 19"和民甬政"，讀爲"和民用正"，用正和民。

清華六·子產 03"官政"，疑指任用官吏之事。

清華六·子產 06"戔政"，即"踐政"，當政。嵇康《管蔡論》："逮至武卒，嗣誦幼沖，周公踐政，率朝諸侯。"

清華六·子產 12"政"，《淮南子·氾論》："周公繼文王之業，履天子之籍，聽天下之政。"高誘注："政，治也。"

清華六·子產 27"政悳"，讀爲"政德"，政事和德行。《左傳·昭公四年》："恃此三者，而不脩政德，亡於不暇。"

清華七·子犯 09"昔之舊聖折人之尃政命刑罰"，讀爲"昔之舊聖哲人之敷政令刑罰"。毛公鼎（《集成》02841）："尃（敷）命尃（敷）政。"《荀子·議兵》：

"故制號政令欲嚴以威,慶賞刑罰欲必以信。"

清華七·子犯11"念政",讀爲"臨政",親理政務。《左傳·襄公二十六年》:"夙興夜寐,朝夕臨政,此以知其恤民也。"《管子·正》:"廢私立公,能舉人乎?臨政官民,能後其身乎?"或讀爲"咸定"。

清華七·晉文公02"晉邦之政",《周禮·夏官·司馬》:"乃立夏官司馬,使帥其屬而掌邦政,以佐王平邦國。"

清華七·趙簡子05"達政",讀爲"失政",政治混亂。《左傳·襄公二十六年》:"衛人歸衛姬于晉,乃釋衛侯。君子是以知平公之失政也。"

清華七·越公29、30"五政",指下文的農政、刑德、徵人、兵政、民政。

清華七·越公37"市政",市場貿易之政。《周禮·地官·司市》:"凡會同、師役,市司帥賈師而從,治其市政。"

清華七·越公39"政",讀爲"征",賦税。《左傳·僖公十五年》:"於是秦始征晉河東,置官司焉。"杜預注:"征,賦也。"《周禮·地官·均人》:"均人掌均地政。"鄭玄注:"政讀爲征。地征,謂地守、地職之税也。"(王磊)

清華七·越公39"今政砫",讀爲"今政重",現在賦税繁重。《左傳·哀公十一年》:"事充政重。"杜預注:"賦税多。"

清華七·越公49"政溥",讀爲"政薄",與39號簡"政重"相對。

清華八·邦政04"政平",政事平和。《左傳·昭公二十年》:"是以政平而不干,民無爭心。"《荀子·議兵》:"故凝士以禮,凝民以政,禮修而士服,政平而民安。"

清華八·邦政09"亓政蠱而不達",讀爲"其政苛而不達"。《文子·精誠》:"夫水濁者魚喁,政苛者民亂,上多欲即下多詐,上煩擾即下不定,上多求即下交爭,不治其本而救之於末,無以異於鑿渠而止水,抱薪而救火。"

清華八·邦政11"邦冢之政",即"邦家之政"。《莊子·則陽》:"夫衛靈公飲酒湛樂,不聽國家之政;田獵畢弋,不應諸侯之際。其所以爲靈公者何邪?"

清華八·處位03、清華八·處位01"政事",政務。《書·皋陶謨》:"政事懋哉!懋哉!"

清華八·處位02"政",《逸周書·命訓》"震之以政",朱右曾《校釋》:"政令。"簡文"典政",指法典政令。

清華八·處位02"它政",讀爲"弛政"。《禮記·樂記》"庶民弛政",鄭注:"去其紂時苛政也。"

清華八·處位02"敳政櫸政",讀爲"弊政更正"。"弊政",即惡政。《漢書·公孫弘傳》:"夫使邪吏行弊政,用倦令治薄民,民不可得而化,此治之所以異也。""更正",《晏子春秋·問上》:"臣聞問道者更正,聞道者更容。"

清華八·處位 03"政宝",讀爲"政主"。《晏子春秋·雜下》:"廉者,政之本也;讓者,德之主也。"

清華八·處位 04"大政",國家政務。《左傳·襄公二十九年》:"吾子爲魯宗卿,而任其大政,不慎舉,何以堪之?"

政

 清華五·厚父 04 以庶民隹(惟)政(政)之觀(恭)

～,從"又","正"聲,"政"字異體。

清華五·厚父 04"以庶民隹政(政)之觀",讀爲"以庶民惟政之恭",率領百姓恭政。《書·無逸》:"以庶邦惟正之供。"簡文"政"是"恭"的賓語,通過"之"字前置。

定

 清華二·繋年 115 王命莫囂(敖)昜爲衍(率)自(師)以定公室

 清華二·繋年 129 以内(入)王子定

 清華二·繋年 136 陳人女(焉)反而内(入)王子定於陳

 清華三·琴舞 05 甬(用)求亓(其)定

 清華三·芮良夫 18 和惠(德)定型(刑)

清華三·良臣09 奠(鄭)定公之相又(有)子皺(皮)

 清華六·孺子11 以定奠(鄭)邦之社稷

清華六·孺子14 今君定

清華七·子犯02 虐(吾)宔(主)好定而敬訐(信)

 清華八·八氣07 土曰隹(唯)定母(毋)困

～，與 、、同。《說文·宀部》："定，安也。从宀，从正。"

清華二·繫年115"以定公室"，《詩·小雅·六月》："共武之服，以定王國。"鄭箋："定，安也。"

清華二·繫年129、136"入王子定"，當是使王子定入周。《史記·六國年表》王子定奔晉在楚悼王三年。

清華三·琴舞05"定"，安定、平定。《詩·周頌·賚》："敷時繹思，我徂維求定。"鄭箋："以此求定，謂安天下也。"

清華三·芮良夫18"和惠定型"，讀爲"和德定刑"，和以德、定以刑。

清華三·良臣09"奠定公"，讀爲"鄭定公"，名寧，簡公之子，見《漢書·古今人表》中下。

清華六·孺子11"以定奠(鄭)邦之社稷"，《管子·大匡》："桓公問於鮑叔曰：'將何以定社稷？'鮑叔曰：'得管仲與召忽，則社稷定矣。'"

清華六·孺子14"今君定"，孺子已定君位。

清華七·子犯02"好定"，讀爲"好正"。"正"，正直。《管子·水地》："宋之水，輕勁而清，故其民閒易而好正。"《呂氏春秋·期賢》："於是國人皆喜，相與誦之曰：'吾君好正，段干木之敬；吾君好忠，段干木之隆。'"（趙嘉仁）或說"定"，指定身，即安身、立身。《左傳·文公五年》："犯而聚怨，不可以定身。"

"好定",指品性。《國語·晉語二》:"定身以行事謂之信。"

延

清華一·尹至 05 湯逞(往)延(征)弗諅(附)

清華一·耆夜 01 武王八年,延(征)伐䣆

《說文·辵部》:"延,正行也。从辵,正聲。征,延或从彳。"～,與《說文》篆文同。或作延(上博三·周 58)、延(上博六·用 5),與《說文》或體同。

清華一·尹至 05 延,即"征",征伐。《書·胤征》"胤征",偽孔傳:"奉辭伐罪曰征。"《易·謙》:"利用行師征邑國。"

清華一·耆夜 01 "延(征)伐䣆",《書·武成》:"惟一月壬辰,旁死魄。越翼日,癸巳,王朝步自周,于征伐商。"

整

清華六·子產 05 整政才(在)身

清華六·子產 05 共(恭)憸(儉)整齊

清華八·攝命 15 女(汝)廼敢整(整)亟(極)

《說文·攴部》:"整,齊也。从攴、从束、从正,正亦聲。"

清華六·子產 05 "整政才(在)身"之"整",整理,整治。《詩·大雅·皇矣》:"王赫斯怒,爰整其旅。"《文選·張衡〈東京賦〉》:"乃整法服,正冕帶。"薛綜注:"整,理也。"

清華六·子產 05 "整齊",有秩序,有條理。《商君書·賞刑》:"當此時也,賞祿不行,而民整齊。"

清華八·攝命15"整忞",讀爲"整極",謂至於殛罰。"整",齊。

鉦

清華五·封許07 蓶（鑵）、鉦（鏄）

《說文·金部》："鉦，鐃也。似鈴，柄中，上下通。从金，正聲。"

清華五·封許07"鉦"，或疑讀爲同屬耕部的"鏄"。青銅器自名爲"鏄"的有春秋時的晉公鏄（《集成》10342），係一種盆形容器。

透紐耵聲

聖

清華一·程寤04 女（汝）敬聖（聽）吉夢

清華一·皇門93 廼方（旁）救（求）巽（選）罩（擇）元武聖夫

清華一·皇門98 不肎（肯）惠聖（聽）亡（無）辠（罪）之詢（辭）

清華二·繫年119 楚聖（聲）起（桓）王即立（位）兀（元）年

清華二·繫年126 楚聖（聲）起（桓）王立四年

清華二·繫年127 聖（聲）王即殜（世）

清華三·說命中02 聖（聽）戒朕言

清華三·芮良夫03 載聖（聽）民之繇

清華三·芮良夫03 由（迪）求聖人

清華三·芮良夫11 聖智惪（用）力

清華三·芮良夫14 甬（用）又（有）聖政惪（德）

清華三·芮良夫27 莫我或聖（聽）

清華三·芮良夫28 以寓命達聖（聽）

清華五·湯丘15 古先₌（之先）聖人

清華五·湯丘15 古先₌（之先）聖人所以自忎（愛）

清華六·管仲18 聖（聽）以行武

清華六·子產01 昔之聖君取虞（獻）於身

清華六·子產13 先聖君所以徫（達）成邦或（國）也

清華六·子產23 子產既由善用聖

清華七·子犯 09 昔之舊聖折(哲)人之塼(敷)政命(令)刑(刑)罰

清華七·越公 17 用事(使)徒遽逯(趣)聖(聽)命於

清華七·越公 21 余聖(聽)命於門

清華七·越公 40 王必辟(親)見〈視〉而聖(聽)之

清華七·越公 42 王必辟(親)聖(聽)之

清華七·越公 45 王必辟(親)聖(聽)之

清華七·越公 46 王既必(比)聖(聽)之

清華八·攝命 22 民其聖(聽)女(汝)

清華八·攝命 30 妖(虩)聖(聽)乃命

清華八·邦政 07 亓(其)君聖(聽)諰(佞)而棘(速)兒(變)

清華八·邦道 04 聖人以解

清華八·邦道 04 以時(待)明王聖君之立

清華八·邦道 06 皮（彼）聖士之不由

　清華八·邦道 10 必設（察）聖（聽）

　清華八·邦道 15 鯀（懷）恩（惻）聖君

　清華八·邦道 17 女（焉）聖（聽）亓（其）釗（辭）

　清華八·邦道 24 㐁（仁）聖不出

　清華八·心中 02 耳古（故）聖（聽）之

　清華八·心中 05 䜌（聞）係（訊）視聖（聽）

～，與聖（郭店·老子丙11）、聖（上博七·君甲3）、聖（上博六·競7）、聖（上博二·民12）同。《說文·耳部》：＂聖，通也。从耳，呈聲。＂

　　清華一·程寤04＂聖＂，讀爲＂聽＂。《書·洪範》：＂五事：一曰貌，二曰言，三曰視，四曰聽，五曰思。＂孔傳：＂聽，察是非。＂

　　清華一·皇門 03＂迺方（旁）救（求）巽（選）睪（擇）元武聖夫＂，今本《逸周書·皇門》作＂乃方求論擇元聖武夫＂，莊述祖注：＂元，善；聖，通也。元聖可以爲公卿，武夫可以爲將帥者。＂陳逢衡注：＂方求，徧求也。論擇，慎選也。《書》曰：＇聿求元聖。＇《詩》曰：＇赳赳武夫。＇元聖可以資論道，武夫以備腹心。＂＂元武＂一語亦見曾伯霥簠（《集成》04631、04632）：＂曾伯霥哲聖元武，元武孔黹＂。簡文＂元武聖夫＂，或訓爲善良的人、勇武的人、通達的人。（《讀本一》第201頁）

　　清華八·邦道 17＂女聖亓釗＂，讀爲＂焉聽其辭＂。《左傳·昭公二十三年》：＂士伯聽其辭而愬諸宣子，乃皆執之。＂

清華一•皇門 08"不肎(肯)惠聖(聽)亡(無)皋(罪)之詢(辭)",今本《逸周書•皇門》作"不屑惠聽,無幸之亂辭是羞于王"。"聖",讀爲"聽",以耳受聲。《書•泰誓中》:"天視自我民視,天聽自我民聽。"

清華二•繫年 119、126"楚聖趄王",127"楚聖王",讀爲"楚聲桓王""楚聲王",即楚聲王。《史記•楚世家》:"二十四年,簡王卒,子聲王當立。"

清華三•說命中 02"聖戒朕言"之"聖",讀爲"聽"。"戒",《說文》:"警也。"

清華三•芮良夫 03"聖",讀爲"聽"。《書•無逸》:"此厥不聽。"漢石經作"不聖"。《禮記•樂記》:"小人以聽過。"《釋文》:"以聽過,本或作'以聖過',如字。"

清華三•芮良夫 03、清華五•湯丘 15、清華八•邦道 04"聖人",指品德最高尚、智慧最高超的人。《易•乾》:"聖人作而萬物覩。"《孟子•滕文公下》:"堯舜既没,聖人之道衰。"

清華三•芮良夫 11"聖智愚力",讀爲"聖智用力",謂聰明睿智,無所不通。亦指具有非凡的道德智慧者。《墨子•尚同中》:"是故選擇天下賢良聖知辯慧之人,立以爲天子,使從事乎一同天下之義。"《荀子•宥坐》:"聰明聖知,守之以愚。"《史記•范雎蔡澤列傳》:"夫人生百體堅彊,手足便利,耳目聰明而心聖智,豈非士之願與?"

清華三•芮良夫 14"聖政惠",即"聖政德",猶言聖政聖德。

清華三•芮良夫 27"莫我或聖",讀爲"莫我或聽",莫聽我。

清華三•芮良夫 28"達聖",讀爲"達聽",謂廣泛聽取,瞭解下情。《梁書•武帝紀中》:"朕達聽思治,無忘日昃,而百司群務,其途不一,隨時適用,各有攸宜,若非總會衆言,無以備兹親覽。"

清華六•管仲 18"聖",疑讀爲"聽",指民能聽命。

清華六•子產 01、13,清華八•邦道 04、15"聖君",猶聖主。《管子•任法》:"聖君任法而不任智,任數而不任說,任公而不任私,任大道而不任小物,然後身佚而天下治。"《荀子•臣道》:"事聖君者,有聽從,無諫爭。"

清華六•子產 23"子產既由善用聖"之"聖",《老子》:"絶聖棄智。"王弼注:"聖,才之善也。"

清華七•子犯 09"舊聖",指德高望重的聖人。《詩•大雅•召旻》:"維今之人,不尚有舊。"鄭箋:"哀其不高尚賢者,尊任有舊德之臣,將以喪亡其國。"

清華七•越公 17、21"聖命",讀爲"聽命",猶從命。《禮記•祭義》:"進退必敬,如親聽命。"《左傳•僖公二十四年》:"鄭之入滑也,滑人聽命。"《孔子家語·哀公問政》:"民既孝於親,又順以聽命,措諸天下,無所不可。"

清華七·越公40"王必辟(親)視而聖(聽)之",參"視聽"。

清華八·攝命22"聖",讀爲"聽",聽從,接受。《戰國策·秦二》:"甘茂至魏,謂向壽:'子歸告王曰:魏聽臣矣,然願王勿攻也。'"

清華七·越公46"聖",讀爲"聽",審查。《周禮·秋官·小司寇》:"以五聲聽獄訟,求民情。一曰辭聽,二曰色聽,三曰氣聽,四曰耳聽,五曰目聽。"

清華八·攝命30"祑聖",讀爲"虔聽",敬聽。

清華八·邦政07"聖訟",讀爲"聽佞",聽信諂佞。

清華八·邦道06"聖士",聖明之士。

清華八·邦道10"詧聖",讀爲"察聽",審察聽取。《漢書·鄒陽傳》:"故願大王之無忽,察聽其志。"

清華八·邦道24"忎聖",即"仁聖",仁德聖明。亦指仁德聖明者。古代多用作稱頌帝王的套詞。《禮記·經解》:"其在朝廷,則道仁聖禮義之序;燕處,則聽《雅》《頌》之音。"《列子·楊朱》:"仁聖亦死,凶愚亦死。"

清華八·心中02"耳古聖之",讀爲"耳故聽之"。《孟子·萬章下》:"伯夷,目不視惡色,耳不聽惡聲。"

清華八·心中05"視聖",讀爲"視聽",看和聽。《書·蔡仲之命》:"詳乃視聽。"《墨子·尚同中》:"夫唯能使人之耳目助己視聽,使人之唇吻助己言談。"

聖

清華五·三壽13 可(何)胃(謂)聖(聖)

清華五·三壽19 寺(是)名曰聖(聖)

~,從"心","聖"聲。"聖"字繁體。

清華五·三壽13、19"聖",即"聖"。《書·洪範》:"恭作肅,從作乂,明作晢,聰作謀,睿作聖。"孔傳:"於事無不通謂之聖。"《孟子·盡心下》:"充實而有光輝之謂大,大而化之之謂聖,聖而不可知之之謂神。"

聖

 清華五·三壽 07 亞（惡）非（必）𦔻（傾）

～，"聖""丁"均是聲符。

清華五·三壽 07"𦔻"，讀爲"傾"，斜，傾斜。《禮記·曲禮下》："凡視，上於面則敖，下於帶則憂，傾則姦。"鄭玄注："辟頭旁視，心不正也。"孔穎達疏："傾，欹側也。"《說文·人部》："傾，仄也。"《國語·晉語三》："大命其傾。"韋昭注："傾，危也。"

定紐呈聲

郢

清華一·楚居 08 氏（抵）今曰郢

清華一·楚居 08 至文王自疆浧遲（徙）居湫（沈）郢

清華一·楚居 08 遲（徙）居蒿（樊）郢

清華一·楚居 08 遲（徙）居爲郢

清華一·楚居 09 返（復）遲（徙）居免郢

清華一·楚居 09 至㷩嚻（敖）自福丘遲（徙）襲（襲）箬（鄀）郢

清華一·楚居 09 至成王自箬（鄀）郢遲（徙）襲（襲）湫（沈）浧

清華一・楚居 10 居𡉚（睽）郢

清華一・楚居 10 至穆王自𡉚（睽）郢遲（徙）袭（襲）爲郢

清華一・楚居 10 爲郢

清華一・楚居 10 至臧（莊）王遲（徙）袭（襲）䖒（樊）郢

清華一・楚居 11 袭（襲）爲郢

清華一・楚居 11 至龏（共）王、康王、乳=（孺子）王皆居爲郢

清華一・楚居 11 至䨛（靈）王自爲郢遲（徙）居秦（乾）溪之上

清華一・楚居 12 至卲（昭）王自秦（乾）溪之上遲（徙）居媺（微）郢

清華一・楚居 12 遲（徙）居鷉（鄂）郢

清華一・楚居 12 遲（徙）袭（襲）爲郢

清華一・楚居 12 盇（闔）膚（廬）內（入）郢

清華一・楚居 13 返（復）遲（徙）袭（襲）媺（媺）郢

清華一·楚居 13 至獻惠王自妧（媙）郢遱（徙）袭（襲）爲郢

清華一·楚居 13 遱（徙）袭（襲）爲郢

清華一·楚居 13 女（焉）遱（徙）袭（襲）湫（沈）郢

清華一·楚居 14 遱（徙）居邠（鄂）郢

清華一·楚居 14 王大（太）子以邦逯（復）於湫（沈）郢

清華一·楚居 14 王大（太）子自湫（沈）郢遱（徙）居疆郢

清華一·楚居 15 遱（徙）居疆郢

清華一·楚居 15 柬大王自疆郢遱（徙）居藍郢

清華一·楚居 15 遱（徙）居藍郢

清華一·楚居 15 遱（徙）居鄅（鄌）郢

清華一·楚居 15 王大（太）子以邦居鄅（鄌）郢

清華一·楚居 16 以爲尻（處）於𥑗郢

清華一·楚居 16 至慭(悼)折(哲)王猷居鄢(郢)郢

清華一·楚居 16 女(焉)遆(徙)居鄩郢

清華二·繫年 083 述(遂)内(入)郢

清華二·繫年 131 以歸(歸)於郢

清華七·越公 11 昔虐(吾)先王盍膚(盧)所以克内(入)郢邦

清華七·越公 13 虐(吾)先王用克内(入)于郢

～，與𨒋(上博四·昭 9)、𨒋(上博四·柬 13)同。《説文·邑部》："郢，故楚都。在南郡江陵北十里。从邑，呈聲。𨚗，郢或省。"

清華"郢"，《世本·居篇》："楚鬻熊居丹陽，武王徙郢。"《史記·楚世家》："武王卒師中而兵罷。子文王熊貲立，始都郢。"郢不是一個固定的地名，而是武王之後王居的通稱。《史記·伍子胥列傳》："庚辰，吳王入郢。"

涅

清華一·楚居 08 乃渭疆涅之波(陂)而宇人女(焉)

清華一·楚居 08 至文王自疆涅遆(徙)居湫(沈)

清華一·楚居 09 至成王自䇂(都)郢遆(徙)袭(襲)湫(沈)涅

～，與 、、同。《玉篇·水部》："淫，泥也、澱也。"

清華一·楚居08"疆淫"，澤名，後整治爲居住之地，成爲地名。"疆郢"是"免郢"擴建的一部分。

清華一·楚居08、09"湫淫"，即沈郢。《左傳·宣公十二年》："楚子北，師次於郔沈尹將中軍，子重將左，子反將右，將飲馬於河而歸。"杜預注："沈或作寑。寑，縣也，今汝陰固始縣。"孔穎達疏："楚官多名爲尹。沈者或是邑名，而其字或作寑。哀十八年有寑尹吳由于。因解寑爲縣名，不言寑是而沈非也。"

盈

清華三·芮良夫04 圇（滿）盈（盈）、康戲而不智（知）薑（薑）告

清華三·芮良夫16 而不智（知）允盈（盈）

清華六·子儀13 盈（嬴）氏多絲〈絲〉緒而不繘（續）

～，與 、同，從"皿"，"淫"聲，"盈"字的異體。《說文·皿部》："盈，滿器也。从皿、夃。"

清華三·芮良夫04"圇盈"，讀爲"滿盈"，充盈，充足。《易·屯》："雷雨之動滿盈。"顏之推《顏氏家訓·止足》："天地鬼神之道，皆惡滿盈。謙虛沖損，可以免害。"

清華三·芮良夫16"盈"，即"盈"，滿。《詩·周南·卷耳》："采采卷耳，不盈頃筐。"

清華六·子儀13"盈氏"，讀爲"嬴氏"。《史記·秦本紀》："大費拜受，佐舜調馴鳥獸，鳥獸多馴服，是爲柏翳。舜賜姓嬴氏。"

緷

 清華一・楚居 02 爰生緷白（伯）、遠中（仲）

清華二・繫年 093 鄉（欒）緷（盈）出奔齊

清華二・繫年 093 齊臧（莊）公光衒（率）自（師）以逐鄉（欒）緷（盈）

清華二・繫年 094 晉人既殺䜌（欒）緷（盈）于曲天（沃）

清華三・祝辭 02 兹我緷（贏）

～，與 （上博二・容 28）同。《說文・糸部》："緼，緩也。从糸，盈聲。讀與聽同。緷，緼或从呈。"

清華一・楚居 02 "緷白"。《史記・楚世家》："季連生附沮。"《帝繫》作"付祖"，與簡文不同。

清華二・繫年 093、094 "鄉緷""䜌緷"，讀爲"欒盈"。《左傳・襄公十六年》："平公即位，羊舌肸爲傅，張君臣爲中軍司馬，祁奚、韓襄、欒盈、士鞅爲公族大夫，虞丘書爲乘馬御。"

清華三・祝辭 02 "緷"，或疑讀爲"贏"。《戰國策・燕二》："贏則兼欺舅與母。"鮑彪注："贏，謂勝。"

駥

 清華三・赤鵠 05 湯䙴（返）駥（廷）

～,從"馬","呈"聲,"騁"字異體。

清華三·赤鵠05"騁",即"騁",讀爲"廷"。《說文·廴部》:"廷,朝中也。"《廣雅·釋室》:"宮也。"

程

 清華八·邦道 17 以程(程)亓(其)攻(功)

～,從"米","呈"聲,"程"字異體。

清華八·邦道 17"程",即"程",考核。簡文"以程其功",察其所能。《墨子·尚賢中》:"然後聖人聽其言,迹其行,察其所能,而慎予官,此謂事能。"

程

 清華三·琴舞 17 黃句(耇)隹(惟)程(盈)

 清華六·子產 26 爲民型(刑)程

《說文·禾部》:"程,品也。十髮爲程,十程爲分,十分爲寸。從禾,呈聲。"

清華三·琴舞 17"程",讀爲"盈"。《詩·召南·鵲巢》:"維鵲有巢,維鳩盈之。"毛傳:"盈,滿也。"

清華六·子產 26"型程",讀爲"刑程",猶云法度。《吕氏春秋·慎行》:"爲義者則不然,始而相與,久而相信,卒而相親,後世以爲法程。"高誘注:"程,度也。"

定紐廷聲

廷

 清華一·程寤 01 大(太)姒夢見商廷隹(惟)棘(棘)

· 2081 ·

清華一·程寤01 廼乎=（小子）發（發）取周廷杍（梓）桓（樹）于氒（厥）閒（間）

 清華一·皇門05 百眚（姓）萬民用亡（無）不胹（擾）比才（在）王廷

 清華二·繫年051 乃伓（抱）需（靈）公以唐（號）于廷曰

 清華四·筮法35 宮廷之立（位）

 清華七·越公39 凡鄴（邊）鄙（縣）之民及又（有）管（官）帀（師）之人或告于王廷曰

 清華七·越公41 凡又（有）訊（獄）訟辛=（至于）王廷

 清華八·攝命32 立才（在）中廷

～，與 、、、同。《說文·廴部》："廷，朝中也。从廴，壬聲。"

清華一·程寤01"商廷"，商朝。

清華一·程寤01"周廷"，周朝。

清華一·皇門05"百眚（姓）萬民用亡（無）不胹（擾）比才（在）王廷"，此句今本《逸周書·皇門》作"百姓兆民，用罔不茂在王庭"。"王廷"，謂朝廷。《三國志·魏書·毛玠傳》："昔王叔、陳生爭正王廷。"

清華二·繫年051"乃伓需公以唐于廷曰"，讀爲"乃抱靈公以號于廷曰"，參《左傳·文公七年》："穆嬴日抱大子以啼于朝。"《史記·晉世家》："太子母繆嬴日夜抱太子以號泣於朝。"

清華四・筮法 35"宮廷"，帝王的住所。《史記・秦始皇本紀》："始皇以爲咸陽人多，先王之宮廷小……乃營作朝宮渭南上林苑中。"

清華七・越公 39、41"王廷"，《戰國策・趙四》："大王廣地寧邑，諸侯皆賀。敝邑寡君亦竊嘉之，不敢寧居，使下臣奉其幣物三至王廷，而使不得通。"

清華八・攝命 32"中廷"，又作"中庭"，古代廟堂前階下正中部分，爲朝會或授爵行禮時臣下站立之處。《管子・中匡》："管仲反，入，倍屏而立，公不與言。少進中庭，公不與言。"《禮記・檀弓上》："孔子哭子路於中庭。"陳澔集說："哭於中庭，於中庭南面而哭也。不於阼階下者，別於兄弟之喪也。"

盈

 清華一・金縢 04 命于帝盈（廷）

～，从"皿"，"廷"聲。

清華一・金縢 04"帝盈"，即"帝廷"，天庭。《書・金縢》："乃命于帝庭，敷佑四方，用能定爾子孫于下地。"孔傳："汝元孫受命于天庭爲天子，布其德教，以佑助四方。言不可以死。"

定紐成聲

成

 清華一・保訓 09 至于成康（湯）

 清華一・皇門 04 用克和又（有）成

 清華一・皇門 11 獄用亡（無）成

 清華一・楚居 04 室既成

・2083・

清華一·楚居09 至成王自䇂（郢）郢遷（徙）袭（襲）湫（沈）涅

　清華二·繫年009 止于成周

　清華二·繫年013 成王屎（踐）伐商邑

　清華二·繫年014 成王伐商盍（蓋）

　清華二·繫年015 止于成周

　清華二·繫年017 周成王、周公既罿（遷）殷民于洛邑

　清華二·繫年020 齊起（桓）公會者（諸）侯以成（城）楚丘

　清華二·繫年021 成公即立（位）

　清華二·繫年029 是生皇（堵）囂（敖）及成王

　清華二·繫年029 文王以北啓出方成（城）

　清華二·繫年041 楚成王衛（率）者（諸）侯以回（圍）宋伐齊

　清華二·繫年048 囟（使）歸（歸）求成

清華二·繫年 059 宋人女（焉）爲成

 清華二·繫年 061 奠（鄭）成公自䣋（厲）逃歸

 清華二·繫年 061 晉成公會者（諸）侯以救（救）奠（鄭）

 清華二·繫年 062 晉成公采（卒）于扈

 清華二·繫年 063 奠（鄭）人爲成

 清華二·繫年 064 邍（趙）睪（旃）不欲成

 清華二·繫年 071 齊人爲成

 清華二·繫年 086 囟（使）䢜（歸）求成

 清華二·繫年 087 旻（且）許成

 清華二·繫年 087 虞（且）攸（修）成

 清華二·繫年 088 或（又）攸（修）成

 清華二·繫年 088 王或（又）事（使）宋右帀（師）芋（華）孫兀

（元）行耕楚之成

　清華二·繫年 095 以爲成於晉

　清華二·繫年 120 齊與戉（越）成

　清華二·繫年 122 齊與晉成

　清華三·良臣 04 述（遂）差（佐）成王

　清華三·良臣 05 楚成王又（有）命（令）冑（尹）子蘁（文）

　清華四·筮法 28 凸（凡）成

　清華四·筮法 29 乃成

　清華四·筮法 31 乃不成

　清華四·筮法 62 曰成

　清華五·封許 03 咸成商邑

　清華五·命訓 01 ［天］生民而成大命

清華五·命訓 01 少(小)命曰₌成₌(曰成。曰成則敬)

清華五·命訓 13 正(政)不成

清華五·命訓 14 正(政)成則不長

清華五·湯丘 03 未成

清華五·畬門 02 則可(何)以成人

清華五·畬門 02 可(何)以成邦

清華五·畬門 02 可(何)以成埅(地)

清華五·畬門 02 可(何)以成天

清華五·畬門 03 幾言成人

清華五·畬門 03 幾言成邦

清華五·畬門 03 幾言成埅(地)

清華五·畬門 03 幾言成天

清華五·畣門04 五以成人

 清華五·畣門04 四以成邦

清華五·畣門04 九以成堃（地）

清華五·畣門04 九以成天

清華五·畣門08 十月乃成

 清華五·畣門10 夫四以成邦

 清華五·畣門13 悳（德）濬明執訐（信）以義成

清華五·畣門14 可以葆（保）成

 清華五·畣門14 悳（德）叜（變）區執譌以亡成

 清華五·畣門14 唯（雖）成或涊（瀆）

 清華五·畣門16 正（政）柬（簡）以成

清華五·畣門18 九以成堃（地）

清華五·殷門 19 以成五凸（曲）

清華五·殷門 19 夫九以成天

 清華六·管仲 11 大事柬（簡）以成（誠）

 清華六·管仲 12 敢䛿（問）可（何）以執成

 清華六·管仲 13 皮（罷）莕（落）敗成

 清華六·管仲 17 而成於氏（度）

 清華六·管仲 25 此胃（謂）成器

清華六·湯伯甲 01 子人成子既死

清華六·湯伯乙 01 [子]人成子既死

 清華六·子儀 10 織紝之不成

 清華六·子儀 19 獄乃成

清華六·子產 14 先聖君所以徟（達）成邦或（國）也

清華六·子產 14 以成名於天下者

 清華六·子產 27 以成政惪(德)之忢(愛)

 清華六·子產 29 以能成卒

 清華七·子犯 08 民心訐(信)難成也哉

 清華七·子犯 08 訐(信)難成

 清華七·子犯 08 殹(繄)或易成也

 清華七·子犯 11 昔者成湯以神事山川

 清華七·晉文公 07 乃爲三矵(旗)以成至

 清華七·晉文公 07 成之以兔于蒿(郊)三

 清華七·晉文公 08 成宋

 清華七·趙簡子 05 盇(趙)柬(簡)子餌(問)於成䱇(鱄)

 清華七·趙簡子 05 成䱇(鱄)會(答)曰

清華七·趙簡子 07 成蚼(剸)盦(答)曰

 清華七·越公 01 乃史(使)夫=(大夫)住(種)行成於吳帀(師)

 清華七·越公 09 孤亓(其)許之成

 清華七·越公 40 凡成(城)邑之司事及官帀(師)之人

 清華七·越公 44 王乃逨(趣)徃(使)人戠(察)睛(省)成(城)市鄾(邊)還(縣)尖=(小大)遠泥(邇)之匑(句)、莕(落)

 清華七·越公 51 王乃歸(親)徃(使)人情(請)餂(問)群大臣及鄾(邊)鄀(縣)成(城)市之多兵、亡(無)兵者

 清華七·越公 52 與(舉)雩(越)邦羣=(至于)鄾(邊)還(縣)成(城)市乃皆好兵甲

 清華七·越公 56 乃徹(趣)取繆(戮)于遂(後)至遂(後)成

 清華七·越公 62 舟䡴(乘)既成

 清華七·越公 62 弁(變)䤈(亂)厶(私)成

 清華七·越公 69 行成

清華七·越公69 雩(越)公告孤請成

清華七·越公70 許雩(越)公成

清華七·越公71 孤請成

清華七·越公72 句戔(踐)不許吳成

清華八·邦道06 以疢不成

清華八·心中04 而又(有)成攻(功)

清華八·心中04 果成

清華八·天下07 五道既成

清華八·虞夏01 乍(作)樂《翌(竽)猷(管)》九成

～，與 ▨(上博五·三17)、▨(上博二·容52)、▨(上博六·競4)、▨(上博六·莊1)、▨(上博六·莊1【背】)、▨(上博六·用3)、▨(上博六·用16)、▨(上博六·用18)同。《說文·戊部》："成，就也。从戊，丁聲。▨，古文成从午。"

清華一·保訓09、清華七·子犯11"成康"，讀爲"成湯"。《書·胤征》："自契至于成湯，八遷。湯始居亳，從先王居。"

清華一·皇門04"用克和又(有)成",今本《逸周書·皇門》作"用克和有成",唐大沛注:"謂能和衷以相與有成也。""成",事成。禹鼎(《集成》02833):"肆禹又(有)成。"《逸周書·度邑》:"天自幽,不享於殷,乃今有成。"朱右曾注:"冥冥中已不享殷,至今乃有成命也。"

清華一·皇門11"獄用亡(無)成",今本《逸周書·皇門》作"命用迷亂,獄用無成"。陳逢衡注:"政出多門故迷亂,獄以賄行故無成。"

清華一·楚居04"室既成",《詩·大雅·崧高》:"有俶其城,寢廟既成。"

清華一·楚居09,清華二·繫年029、041,清華三·良臣05"成王",楚成王。《史記·楚世家》:"莊敖五年,欲殺其弟熊惲,惲奔隨,與隨襲弒莊敖代立,是爲成王。"

清華二·繫年009、015"成周",古地名,即西周的東都洛邑。故址據傳在今河南省洛陽市東郊。《書·洛誥》:"召公既相宅,周公往營成周。"

清華二·繫年013、014、017"成王""周成王",《史記·周本紀》:"武王病。天下未集,群公懼,穆卜,周公乃祓齋,自爲質,欲代武王,武王有瘳。後而崩,太子誦代立,是爲成王。"

清華二·繫年020"成楚丘",讀爲"城楚丘",築城於楚丘。《詩·小雅·出車》:"天子命我,城彼朔方。"《漢書·惠帝紀》:"三年春,發長安六百里內男女十四萬六千人城長安。"

清華二·繫年021"成公",衛成公鄭。《史記·衛康叔世家》:"二十五年,文公卒,子成公鄭立。"

清華二·繫年029"方成",讀爲"方城"。《左傳·僖公四年》:"楚國方城以爲城,漢水以爲池。"杜預注:"方城山在南陽葉縣南,以言竟土之遠。"亦見於安徽壽縣出土的鄂君啓節(《集成》12110)。

清華二·繫年048、086"求成",求和。《左傳·隱公元年》:"惠公之季年,敗宋師于黃,公立,而求成焉。""成",和解。《詩·大雅·緜》:"虞芮質厥成,文王蹶厥生。"毛傳:"成,平也。"孔穎達疏:"言由諧文王而得成其和平也。"

清華二·繫年061"奠成公自醽逃歸",讀爲"鄭成公自厲逃歸"。《左傳·宣公十一年》:"厲之役,鄭伯逃歸。"杜預注:"蓋在六年。"據《史記·十二諸侯年表》,當時鄭君爲襄公,簡文作"成公",疑因下涉"晉成公"而誤。

清華二·繫年062"晉成公會者侯以救奠",讀爲"晉成公會諸侯以救鄭"。《春秋·宣公九年》:"楚子伐鄭,晉郤缺帥師救鄭。"《左傳·宣公九年》:"楚子爲厲之役故,伐鄭。晉郤缺救鄭,鄭伯敗楚師于柳棼。"

清華三·良臣 04"成王",周成王,姬姓,名誦,周武王之子。

清華四·筮法 28、29、31、62"成",講和,與"戰"相對。

清華五·封許 03"咸成商邑"之"成",《國語·楚語上》:"未有成。"韋昭注:"成,猶定也。"

清華五·命訓 01"[天]生民而成大命",今本《逸周書·命訓》作"天生民而成大命"。

清華五·命訓 01"少(小)命曰₌成₌(曰成。曰成)則敬",《逸周書·命訓》作"小命曰成。成則敬",潘振云:"命,王命。有常,始終如一也。曰成,曰有成就也。"孫詒讓云:"曰成,謂日計其善惡而降之禍福也。與大命有常終身不易異也。"

清華五·命訓 13"正(政)不成",今本《逸周書·命訓》作"政不成"。"成",盛也,猶言鋪張揚厲也。

清華五·命訓 14"正(政)成則不長",今本《逸周書·命訓》作"政成則不長"。

清華五·湯丘 03"未成",還沒成功。

清華五·筲門 02"成人""成邦""成地""成天",成爲人、邦、地、天。

清華五·筲門 14"唯成或瀆",讀爲"雖成或瀆"。雖成有瀆言以惡德行事,雖有所成終歸敗亂,與上文美德保成相對應。

清華五·筲門 16"正柬以成",讀爲"政簡以成"。上博簡《容成氏》:"因邇以知遠,去苛而行柬(簡)。""苛"與"簡"相對。

清華六·管仲 11"大事柬以成",讀爲"大事簡以誠",與"小事逸以惕"相對。

清華六·管仲 12"敢矗可以執成",讀爲"敢問何以執成",斗膽問用什麼守成。

清華六·太伯甲 01、太伯乙 01"子人成子","子人"爲氏,"成"爲諡。《左傳·桓公十四年》:"夏,鄭子人來尋盟,且脩曹之會。"《左傳·僖公七年》:"洩氏、孔氏、子人氏三族,實違君命。"

清華六·子儀 10"織紝之不成",不成功。

清華六·子儀 19"獄乃成",《禮記·王制》:"疑獄,氾與衆共之。衆疑,赦之。必察小大之比以成之。"孫希旦《集解》:"成,猶定也。"

清華六·子產 29"成卒",以成功告終。

清華七·晉文公 07"成之",完成了"三旗"懲戒。

清華七·晉文公 08"成宋",助宋使之成功。《逸周書·柔武》:"以成爲心。"朱右曾《校釋》:"成,成其功也。"指晉攻伐曹、衛以解宋圍。

清華七·趙簡子 05、07"成蚳(剚)",即成剚,讀爲"成鱄",人名。成,是氏,名鱄。《左傳·昭公二十八年》作"成鱄",杜預注:"鱄,晉大夫。"《説苑》作"成摶"。《説苑·善説》:"趙簡子問於成摶曰:'吾聞夫羊殖者賢大夫也,是行奚然?'"向宗魯《説苑校證》案:"《通鑒外紀》作'成傳'。"晉國的趙衰,又稱趙成子(《左傳·文公二年》)、趙"成季"(《史記·趙世家》),"成"爲其謚,疑成鱄之"成"即以趙衰之謚"成"爲氏,然則成鱄或是趙衰的後人。(趙平安、石小力)

清華七·越公 01、69"行成",謂議和。《左傳·僖公二十八年》:"鄭伯如楚致其師,爲楚師既敗而懼,使子人九行成于晉。"

清華七·越公 40"成邑",讀爲"城邑",城與邑。《國語·楚語上》:"且夫制城邑若體性焉,有首領股肱,至於手拇毛脉,大能掉小,故變而不勤。"

清華七·越公 44、51、52"成市",讀爲"城市",人口集中的地區。《韓非子·愛臣》:"是故大臣之禄雖大,不得藉威城市。"

清華七·越公 56"遂成",即"後成",工期完成落後。

清華七·越公 62"舟鑾(乘)既成","備"與"成"互文見義。

清華七·越公 62"弁䦱ㄙ成",讀爲"變亂私成",行爲變亂,私自枉爲。"ㄙ成",猶私行。或疑"ㄙ"爲"巳"之訛。或説"變亂私成"指打破這種協定。"成",和解義。《戰國策·韓三》:"以爲成而過南陽之道。"鮑彪注:"成,平也,猶和。"(黄傑)

清華八·邦道 06"以瘵不成",百穀因病不成熟。"成",成熟,收穫。《國語·晉語七》:"其槀而不材,是穀不成也。"韋昭注:"不成,謂秕也。"

清華八·心中 04"成攻",讀爲"成功",成就功業或事業。《書·禹貢》:"禹錫玄圭,告厥成功。"

清華八·天下 07"五道既成",已經完成。

清華八·虞夏 01"九成",九終。《𦷻管》九成,結構與"《簫韶》九成"相同。《書·益稷》:"簫韶九成,鳳皇來儀。"孔穎達疏:"鄭云:'成猶終也。'每曲一終,必變更奏,故經言九成,傳言九奏,《周禮》謂之九變,其實一也。"《吕氏春秋·古樂》:"禹立,勤勞天下,日夜不懈,通大川,決壅塞,鑿龍門,降通漻水以導河,疏三江五湖,注之東海,以利黔首。於是命皋陶作爲《夏籥》九成,以昭其功。"《淮南子·齊俗》:"夏后氏其社用松,祀户,葬牆置翣,其樂《夏籥》九成、六佾、六列、六英,其服尚青。"

誠

清華七・子犯 02 誠女（如）宔（主）君之言

清華七・子犯 03 誠我宔（主）古（故）弗秉

清華七・子犯 04 誠女（如）宔（主）之言

清華七・子犯 06 誠殹（繄）蜀（獨）亓（其）志

《說文·言部》："誠，信也。从言，成聲。"

清華"誠"，確實。《孟子·梁惠王上》："挾太山以超北海，語人曰：'我不能。'是誠不能也。"

城

清華一・耆夜 09 月又（有）城歔

清華一・金縢 06 城（成）王由（猶）學（幼）才（在）立（位）

清華一・祭公 06 克夾卲（紹）城（成）康

清華一・祭公 07 甬（用）臧（畢）城（成）大商

清華一・祭公 08 颺（揚）城（成）、康、卲（昭）宔（主）之剌（烈）

清華一・祭公 11 城（成）乎（厥）红（功）

清華二・繫年 034 至于梁城

清華二・繫年 039 遷（徙）之审（中）城

清華二・繫年 042 居方城

清華二・繫年 044 以敢（敗）楚自（師）於城儳（濮）

清華二・繫年 091 自（師）造於方城

清華二・繫年 100 城汝昜（陽）

清華二・繫年 101 居嘼（許）公詑於頌（容）城

清華二・繫年 101 閈（門）方城

清華二・繫年 102 楚卲（昭）王戠（侵）尹（伊）、洛以返（復）方城

清華二・繫年 112 齊人女（焉）訂（始）爲長城於濟

清華二·繫年 113 晉自（師）閈（門）長城句俞之門

清華二·繫年 114 告以宋司城䜣之約（弱）公室

清華二·繫年 115 城黃池

清華二·繫年 115 城甕（雍）丘

清華二·繫年 117 與晉自（師）戠（戰）於長城

清華二·繫年 123 母（毋）攸（修）長城

清華二·繫年 126 王衍（率）宋公以城贖（犢）閘（關）

清華二·繫年 127 鴋（陽）城洹（桓）恴（定）君

清華二·繫年 134 與晉自（師）戠（戰）於武昜（陽）之城下

清華二·繫年 135 昜（陽）城洹（桓）恴（定）君

清華二·繫年 136 楚邦以多亡城

清華三·說命上 02 敓（說）方坓（築）城

清華三·琴舞01 城(成)王复(作)敬(儆)怭(毖)

清華三·芮良夫15 豫(舍)命亡(無)城(成)

清華三·芮良夫19 反=(板板)亓(其)亡(無)城(成)

清華三·芮良夫21 年穀(穀)棼(紛)城(成)

清華五·三壽06 高文城(成)且(祖)

清華五·三壽23 甬(用)肖(肇)卲(昭)句(后)城(成)湯

清華五·三壽24 高文城(成)且(祖)

清華七·晉文公08 敗(敗)楚帥(師)於城僕(濮)

清華八·天下01 高亓(其)城

～，與 ■(上博五·姑7)、■(上博二·從甲7)、■(上博六·天甲11)、■(上博七·凡甲21)同。《說文·土部》："城，以盛民也。从土、从成，成亦聲。■，籀文城从臺。"

清華一·耆夜09"月又城敗"，或讀爲"月有盈缺"，月有盈虧變化。《禮記·禮運》："播五行於四時，和而後月生也，是以三五而盈，三五而闕。"或讀爲"月有成轍"，月亮有它既定的軌轍。"成"，"成法""成命"之"成"。（《讀本一》

· 2099 ·

第131頁）

清華一·金縢06"城王"，讀爲"成王"，周成王。參上。

清華一·祭公06、08"城康"，讀爲"成康"，成王、康王。

清華一·祭公07"城"，讀爲"成"。《儀禮·少牢饋食禮》："祝告曰：'利成。'"鄭玄注："成，畢也。"

清華一·祭公11"城氒釨"，讀爲"成厥功"，即成功。

清華二·繫年034"梁城"，《左傳·僖公十五年》："賂秦伯以河外列城五，東盡虢略，南及華山，内及解梁城，既而不與。"杜預注："解梁城，今河東解縣也。"即今山西永濟之解城。

清華二·繫年039"宷城"，即"中城"，地名。曾乙156："宷城子驨爲左驂。"疑"宷城子"之"宷城"即此。

清華二·繫年042、091、101、102"方城"，《左傳·僖公四年》："楚國方城以爲城，漢水以爲池。"杜預注："方城山在南陽葉縣南，以言竟土之遠。"

清華二·繫年044"城儉"、清華七·晉文公08"城僕"，均讀爲"城濮"，衛地。楊伯峻云："城濮，衛地，今山東省舊濮縣（一九五六年已并入范縣）南七十里有臨濮城，當即古城濮地。"《史記·晉世家》："四月戊辰，宋公、齊將、秦將與晉侯次城濮。"

清華二·繫年100、115、126"城"，築城。

清華二·繫年101"頌城"，讀爲"容城"，地名，今河南魯山東南。《春秋·定公四年》："三月，公會劉子、晉侯、宋公、蔡侯、衛侯、陳子、鄭伯、許男、曹伯、莒子、邾子、頓子、胡子、滕子、薛伯、杞伯、小邾子、齊國夏于召陵，侵楚……六月……許遷于容城。"

清華二·繫年112、113、117、123"長城"，齊始爲長城的時間在戰國初期，齊宣公十五年前後，目的是爲了防禦三晉的入侵。最初當是在濟水的防護堤壩基礎上加固改建而成，其走嚮是東起平陰東部的山陵，沿濟水東北行，經過濟南，東北入渤海。

清華二·繫年114"宋司城皮"之"司城"，即司空。《公羊傳·文公八年》："宋人殺其大夫司馬。宋司城來奔。司馬者何？司城者何？皆官舉也。"何休注："宋變司空爲司城者，辟先君武公名也。"

清華二·繫年127"旟城"、135"易城"，讀爲"陽城"，是封君的封地。疑此在今河南漯河東。《文選·宋玉〈登徒子好色賦〉》："嫣然一笑，惑陽城，迷下蔡。"李善注："陽城、下蔡，二縣名，蓋楚之貴公子所封。""旟城君"，又見於曾乙

163、193。

清華二·繫年 134"武昜之城下",武陽城下。

清華二·繫年 136"城",城池,城市。《左傳·僖公十五年》:"賂秦伯以河外列城五。"

清華三·說命上 02"坣城",讀爲"築城"。《詩·大雅·文王有聲》:"築城伊淢,作豐伊匹。"

清華三·琴舞 01"城王",讀爲"成王"。

清華三·芮良夫 15、19"亡城",讀爲"無成"。

清華三·芮良夫 21"年穀（穀）焚（紛）城"之"城",讀爲"成",成熟,收穫。《國語·晉語七》:"其稾而不材,是穀不成也。"韋昭注:"不成,謂秕也。"《東觀漢記·世祖光武皇帝》:"自王莽末,天下旱霜連年,百穀不成。"

清華五·三壽 06、24"高文城且",讀爲"高文成祖",武丁對彭祖的稱呼。

清華五·三壽 23"城湯",讀爲"成湯",商開國之君。《書·仲虺之誥》:"成湯放桀于南巢,惟有慙德。"孔傳:"湯伐桀,武功成,故以爲號。"陸德明《釋文》:"湯伐桀,武功成,故號成湯。一云:成,謚也。"

清華八·天下 01"高亓（其）城",《荀子·議兵》:"故堅甲利兵不足以爲勝,高城深池不足以爲固。"《史記·仲尼弟子列傳》:"城高以厚,地廣以深。""城",城牆,指內城的牆。

韢

　　清華六·鄭伯甲 07 西韢（城）浾（伊）閺（澗）

　　清華六·鄭伯甲 08 北韢（城）郍（溫）、原

　　清華六·鄭伯乙 06 西韢（城）尹（伊）閺（澗）

　　清華六·鄭伯乙 07 北韢（城）郍（溫）、原

～,从"韋","成"聲,"城"字異體,與《説文》籀文同。

清華六·太伯"𪗵",即"城",築城。參上。

定紐盈聲

溋

清華二·繫年123 明(盟)陳和與陳淏於溋門之外

清華六·孺子03 亡(無)不溋(逞)亓(其)志於虗(吾)君之君吕(己)也

清華七·趙簡子08 六寶(府)溋(盈)

～,從"水","盈"聲,"盈"字異體。

清華二·繫年123"溋門",疑即雍門。《戰國策·齊一》:"軍重踵高宛,使輕車銳騎衝雍門。"高誘注:"雍門,齊西門名。"

清華六·孺子03"溋亓志",讀爲"逞其志",完全達成意志。《楚辭·大招》:"逞志究欲。"王逸注:"逞,快也。"

清華七·趙簡子08"溋",即"盈",滿。《左傳·文公十八年》:"不可盈厭。"杜預注:"盈,滿也。"

泥紐寍聲

寍

清華一·皇門06 王邦用寍(寧)

清華一·皇門12 邦亦不寍(寧)

清華三·琴舞07 不(丕)寍(寧)丌(其)又(有)心

清華三·琴舞08 日內(入)皋蠱(舉)不寍(寧)

清華三·芮良夫02 莫卹邦之不寍(寧)

清華三·芮良夫17 邦甬(用)不寍(寧)

清華三·芮良夫21 邦丌(其)康寍(寧)

清華三·芮良夫28 而邦受丌(其)不[寍(寧)]

清華五·三壽19 四方達寍(寧)

清華六·孺子15 耆(姑)寍(寧)君

清華六·管仲22 邦以安寍(寧)

清華七·子犯10 寍(寧)孤是勿能用

清華七·越公26 以忻(祈)民之寍(寧)

清華八·心中04 寍(寧)心叴(謀)之

～,與▨(上博一·緇11)、▨(上博五·姑5)、▨(上博七·吳6)同,"寍"字異體。《説文·宀部》:"寍,安也。从宀,心在皿上,人之飲食器,所以安人。"《集韻》:"通作寧。"

清華一·皇門06、清華七·越公26"寍",即"寧",安寧,安定。《書·大禹謨》:"野無遺賢,萬邦咸寧。"

清華一·皇門12,清華三·琴舞08,清華三·芮良夫02、17、28"不寍",即"不寧",不安定,不安寧。《禮記·月令》:"(季秋之月)行冬令,則國多盜賊,邊竟不寧,土地分裂。"《吕氏春秋·貴信》:"君臣不信,則百姓誹謗,社稷不寧。"

清華三·琴舞07"不寍",讀爲"丕寧"。《詩·大雅·生民》"上帝不寧",毛傳:"不寧,寧也。"一説"不寧",如字讀,不安寧。蔡侯申鐘(《集成》00210):"余唯末小子,余非敢寧荒。"

清華三·芮良夫21"康寍",即"康寧",安寧。《書·多士》:"非我一人奉德不康寧。"孔傳:"非我天子奉德不能使民安之。"《漢書·宣帝紀》:"天下蒸庶,咸以康寧。"顏師古注:"康,安也。"

清華六·管仲22"邦以安寍"之"安寧",安定,太平。《詩·小雅·常棣》:"喪亂既平,既安且寧。"《莊子·天下》:"願天下之安寧,以活民命。"《書·湯誥》:"俾予一人,輯寧爾邦家。"

清華五·三壽19"四方達寍(寧)",四方皆安。

清華六·孺子15"者寍君",讀爲"姑寧君",姑且安慰一下邦君。"寧",動詞,安慰。

清華七·子犯10"寍(寧)孤是勿能用"之"寍",即"寧",王引之《經傳釋詞》卷六:"猶豈也。"

清華八·心中04"寍心",讀爲"寧心",安心。

詺

 清華八·邦政07亓(其)君聖(聽)詺(佞)而棘(速)兇(變)

～,从"言","忘"聲。

清華八·邦政07"詺",讀爲"佞"。《爾雅·釋詁》邢疏:"佞,謂諂佞也。"

來紐令聲

命

 清華一·程寤 03 受商命于皇帝=（上帝）

 清華一·保訓 09 甬（用）受大命

 清華一·保訓 10 命未又（有）所次（延）

 清華一·保訓 11 不及尔（爾）身受大命

 清華一·耆夜 02 邵（吕）上（尚）甫（父）命爲司政（正）

 清華一·金縢 04 命于帝䢌（廷）

 清華一·金縢 06 乃命執事人曰

 清華一·金縢 11 公命我勿敢言

 清華一·金縢 13 二公命邦人㐁（盡）返（復）𡊊（築）之

 清華一·皇門 04 多䜌（憲）正（政）命

清華一·皇門 04 王用能承天之魯命

 清華一·祭公 03 不智（知）命

 清華一·祭公 05 甬（用）纏（膺）受天之命

 清華一·祭公 10 皇天改大邦壓（殷）之命

 清華一·祭公 12 隹（惟）文武中大命

 清華一·祭公 13 我亦走（上）下卑于文武之受命

 清華一·祭公 13 不（丕）隹（惟）句（后）稷（稷）之受命是羕（永）舄（厚）

 清華一·祭公 21 䊷（祭）公之賜（顧）命

 清華二·繫年 023 郲（蔡）哀侯命走₌（止之）

 清華二·繫年 043 命（令）尹子玉

 清華二·繫年 047 乃以奠（鄭）君之命裦（勞）秦三衔（帥）

· 2106 ·

清華簡文字聲系正編·耕部

 清華二·繫年 050 乃命左行瘍（蔑）

 清華二·繫年 052 我莫命卲（招）之

 清華二·繫年 066 公命郘（駒）之克先甹（聘）于齊

 清華二·繫年 075 王命繡（申）公屈晉（巫）迡（適）秦求𠂤（師）

 清華二·繫年 078 王命繡（申）公甹（聘）於齊

 清華二·繫年 085 命（令）尹子禈（重）伐奠（鄭）

 清華二·繫年 096 命（令）尹子木

 清華二·繫年 097 霝（靈）王爲命（令）尹

 清華二·繫年 105 秦異公命子甫（蒲）、子虎銜（率）𠂤（師）救（救）楚

 清華二·繫年 111 以與戉（越）命（令）尹宋㮙（盟）于邢

 清華二·繫年 114 王命莫囂（敖）昜爲銜（率）𠂤（師）以定公室

· 2107 ·

清華二·繫年 116　王命莫囂（敖）昜爲衍（率）𠂤（師）戠（侵）晉

　清華二·繫年 133　王命坪（平）亦（夜）悼武君衍（率）𠂤（師）戠

（侵）晉　　清華二·繫年 137　王命坪（平）亦（夜）悼武君

　清華三·芮良夫 21　政命悳（德）型（刑）各又（有）棠（常）弔（次）

　清華三·良臣 05　楚成王又（有）命（令）胥（尹）子䕆（文）

　清華三·良臣 05　楚卲（昭）王又（有）命（令）胥（尹）子西

　清華三·赤鵠 01　乃命少（小）臣曰

　清華三·赤鵠 07　帝命二黃它（蛇）與二白兔尻句（后）之㝱（寢）

室之棟　　清華三·赤鵠 08　帝命句（后）土爲二莢（陵）屯

　清華三·赤鵠 11　帝命二黃它（蛇）與二白兔

　清華三·赤鵠 12　帝命句（后）土爲二莢（陵）屯

清華三·說命上 01 王命㕣（厥）百攻（工）向

 清華三·說命上 04 天廼命敚（說）伐達（失）审（仲）

 清華三·說命上 07 王甬（用）命敚（說）爲公

 清華三·說命上 07（背）尃（傅）敚（說）之命

 清華三·說命中 07（背）尃（傅）敚（說）之命

 清華三·說命下 10（背）尃（傅）敚（說）之命

 清華三·說命下 02 余隹（惟）命女（汝）敚（說）䡈（融）朕命

 清華三·說命下 02 余隹（惟）命女（汝）敚（說）䡈（融）朕命

 清華二·繫年 027 君必命見之

 清華二·繫年 028 文王命見之

 清華二·繫年 028 王固命見之

 清華三·說命中 01 女（汝）遫（來）隹（惟）帝命

清華三・説命下 09 余隹(惟)弗迸(雍)天之叚(嘏)命

清華三・説命下 10 褮(欲)女(汝)亓(其)又(有)沓(友)沓(勑)朕命孶(哉)

清華三・琴舞 10 命不彝箸(歇)

清華三・芮良夫 15 豫(舍)命亡(無)成

清華三・芮良夫 28 以寓命達聖(聽)

清華四・筮法 36 虐(且)不相用命

清華四・筮法 61 邦又(有)兵命、鷹(燹)忑(怪)、風雨、日月又(有)此(食)

清華四・筮法 62 呇(凡)十七命

清華五・封許 02 痽(膺)受大命

清華五・封許 03 嚴𡍮(將)天命

清華五・封許 05 命女(汝)侯于鄦(許)

清華五·封許08 勿瀍（廢）朕命

清華五·封許09（背）誖（封）鄦（許）之命

清華五·命訓01 窒（廣）以敬命

清華五·命訓10 天古（故）卲（昭）命以命力〈之〉曰

清華五·命訓10 以命力〈之〉曰

清華五·湯丘17 爲臣共（恭）命

清華五·湯丘19 既受君命

清華五·湯丘19 是非共（恭）命虎（乎）

清華六·管仲13 是古（故）它（施）正（政）命（令）

清華六·管仲26 受命唯（雖）絅（約）

清華六·子儀05 公命竆韋陞（昇）螽（琴）奏甬（鏞）

清華六·子儀07 乃命陞（昇）螽（琴）訶（歌）於子義（儀）

清華六·子產 02 有戒所以緟（申）命固立（位）

  清華六·子產 09 旻（得）立（位）命固

  清華六·子產 24 乃聿（肆）參（三）邦之命（令）

  清華六·子產 24 以爲奠（鄭）命（令）

  清華六·子產 24 埜（野）命（令）

  清華六·子產 25 行以尊（尊）命（令）裕義（儀）

  清華五·厚父 02 乎（呼）命咎（皋）繇（繇）下爲之卿事

  清華五·厚父 03 廼嚴寅鬼（畏）皇天上帝之命

  清華五·厚父 06 之匿（慝）王廼渴（竭）佚（失）其命

  清華五·厚父 06 廼述（墜）氒（厥）命

  清華五·厚父 09 天命不可漗（忱）

  清華五·命訓 01〔天〕生民而成大命

清華五·命訓 01 大命又（有）棠（常）

清華五·命訓 01 少（小）命日成

清華五·命訓 07 天又（有）命

清華五·命訓 07 以人之俚（恥）尚（當）天之命

清華五·命訓 08 亟（極）命則民陵（墮）乏

清華五·命訓 08 乃宔（曠）命以弋（代）亓（其）上

清華五·命訓 10 大命殜（世）罰

清華五·命訓 10 少（小）命=（命，命）身

清華五·湯丘 19 共（恭）命女（如）𠚯（台）

清華七·子犯 08 訐（信）天命哉

清華七·子犯 09 昔之舊聖折（哲）人之塼（敷）政命（令）荆（刑）罰

清華七·晉文公 01 命曰

· 2113 ·

清華七·晉文公 02 命訟訣(獄)敏(拘)執罨(釋)逋(折)

 清華七·晉文公 02 命曰

 清華七·晉文公 03 命肥蒭羊牛、豢犬豕

 清華七·晉文公 03 命曰

 清華七·晉文公 03 古(故)命洀(淪)舊洶(溝)

 清華七·晉文公 04 命曰

 清華七·晉文公 04 命蒐(蒐)攸(修)先君之簋(乘)貣(式)車軏

(甲)

 清華七·越公 05 母(毋)鎷(絕)雩(越)邦之命于天下

 清華七·越公 07 余亓(其)必歠(滅)鎷(絕)雩(越)邦之命于天下

 清華七·越公 13 天命反庂(側)

 清華七·越公 15 君雩(越)公不命使(使)人而夫=(大夫)辟

(親)辱

清華七·越公 17 以民生之不長而自不終亓（其）命

 清華七·越公 17 用事（使）徒遽逯（趣）聖（聽）命於

 清華七·越公 21 孤用匧（委）命潼（重）脣（臣）

 清華七·越公 21 余聖（聽）命於門

 清華七·越公 24 徙（使）者反（返）命雩（越）王

 清華七·越公 45 乃命上會

 清華七·越公 53 攸（修）命（令）

 清華七·越公 54 王乃大詢（徇）命于邦

 清華七·越公 54 寺（時）詢（徇）寺（是）命

 清華七·越公 57 王又（有）逢（失）命

 清華七·越公 57 不茲（使）命膌（疑）

 清華七·越公 58 詢（徇）命若命

清華七·越公 58 若命

　清華七·越公 59 亡（無）敢徹（躐）命

　清華七·越公 59 鼓命邦人救火

　清華七·越公 61 乃命靶（范）羅（蠡）

　清華七·越公 62 雩（越）王句戋（踐）乃命鄩（邊）人取（聚）悁
（怨）

　清華七·越公 64 乃命左軍監（銜）桅（枚）鮇（溯）江五里以須

　清華七·越公 65 亦命右軍監（銜）桅（枚）渝江五里以須

　清華七·越公 65 乃命左軍、右軍涉江

　清華八·攝命 02 雩（越）少（小）大命

　清華八·攝命 03 今余既明命女（汝）曰

　清華八·攝命 03 肇（肈）出内（納）朕命

清華八·攝命05 女（汝）隹（唯）䘔（衛）事䘔（衛）命

 清華八·攝命06 女（汝）能并命

 清華八·攝命11 甬（用）事朕命

 清華八·攝命11 女（汝）正命

 清華八·攝命12 女（汝）有命正

 清華八·攝命12 女（汝）有退進于朕命

 清華八·攝命12 則或即命朕

 清華八·攝命21 余既明命女（汝）

 清華八·攝命24 乃克悉甬（用）朕命

 清華八·攝命27 所弗克戠（職）甬（用）朕命朕教

 清華八·攝命28 亦則隹（唯）肈（肇）不諆（咨）逆所（許）朕命

 清華八·攝命30 狱（虡）聖（聽）乃命

清華八·攝命 32 王乎(呼)乍(作)冊任冊命白(伯)璗(攝)

清華八·處位 01 虪(傾)昃(側)亓(其)天命

清華八·邦道 14 命是以不行

清華八·邦道 22 才(在)命

清華八·邦道 27 則亡(無)命大於此

清華八·心中 05 劉(斷)命才(在)天

清華八·心中 05 取命才(在)人

清華八·心中 05 人又(有)天命

清華八·心中 05 亓(其)亦又(有)身命

～,與 命(上博一·孔 7)、命(上博三·彭 7)、命(上博二·從乙 1)、命(上博三·周 5)、命(上博六·用 15)同。《說文·口部》:"命,使也。從口、從令。"

清華一·程寤 03"受商命于皇帝=(上帝)"、清華一·保訓 09"甬(用)受大命"、清華一·祭公 13"受命",受天之命。古代帝王自稱受命於天以鞏固統治。《書·召誥》:"惟王受命,無疆惟休,亦無疆惟恤。"《史記·日者列傳》:"自古受命而王,王者之興何嘗不以卜筮決於天命哉!"

清華一·保訓 10"命",指文王生命。或說命爲天命,指商朝的天命。《書·召誥》:"我不敢知曰:有殷受天命,惟有歷年;我不敢知曰:不其延,惟不敬厥德,乃早墜厥命。"

清華一·保訓 11"不及尔(爾)身受大命",文王自知將死,故言不能見其子親受天命。

清華一·金縢 13"二公命邦人聿(盡)返(復)坓(築)之",今本《書·金縢》作"二公命邦人凡大木所偃,盡起而築之"。

清華一·皇門 04"多甝(憲)正(政)命",今本《逸周書·皇門》作"明憲朕命"。"政命",猶後世言政令。

清華一·皇門 04"魯命",大命。

清華一·祭公 03"不智(知)命",今本《逸周書·祭公》作"宅天命"。

清華一·祭公 05"甬(用)纏(膺)受天之命",今本《逸周書·祭公》作"用應受天命"。

清華一·祭公 10"皇天改大邦壓(殷)之命",今本《逸周書·祭公》作"皇天改大殷之命"。

清華一·祭公 12"隹(惟)文武中大命",今本《逸周書·祭公》作"維武王申大命"。"大命",天命。《書·太甲上》:"天監厥德,用集大命,撫綏萬方。"孔傳:"天視湯德,集王命於其身。"《文選·陸機〈弔魏武帝文〉》:"當建安之三八,實大命之所艱。"李善注:"大命,謂天命也。"

清華一·祭公 21"賜命",即"顧命"。《書·顧命序》:"成王將崩,命召公、畢公率諸侯相康王,作《顧命》。"孔傳:"臨終之命曰顧命。"孔穎達疏:"顧是將去之意,此言臨終之命曰顧命,言臨將死去迴顧而爲語也。"後因以"顧命"謂臨終遺命,多用以稱帝王遺詔。《後漢書·陰興傳》:"帝風眩疾甚,後以興領侍中,受顧命於雲臺廣室。"

清華二·繫年 043"命尹子玉",讀爲"令尹子玉",《左傳·僖公二十五年》:"楚令尹子玉追秦師,弗及,遂圍陳,納頓子于頓。"

清華二·繫年 085"命尹子褆",讀爲"令尹子重",即公子嬰齊,青銅器作"王子嬰次"(王子嬰次爐,《集成》10386),楚莊王弟。"令尹子重伐鄭",見《春秋·成公七年》:"秋,楚公子嬰齊帥師伐鄭。"《左傳·成公七年》:"秋,楚子重伐鄭,師于氾。"

清華二·繫年 096"命尹子木",讀爲"令尹子木",即"王子木",太子建。

《左傳·昭公十九年》:"故太子建居于城父。"

清華二·繫年097"需王爲命尹",讀爲"靈王爲令尹"。《左傳·襄公二十九年》:"夏四月……楚郟敖即位,王子圍爲令尹。"公子圍即楚靈王,共王之子,康王之弟,嗣子王之叔父,弑嗣子王而立,即位後易名熊虔。

清華三·良臣05"命肴子髷",讀爲"令尹子文",《左傳·宣公四年》:"楚人謂乳穀,謂虎於菟,故命之曰鬭穀於菟。以其女妻伯比,實爲令尹子文。"

清華三·良臣05"命肴子西",讀爲"令尹子西"。《荀子·非相》:"然白公之亂也,令尹子西、司馬子期皆死焉,葉公子高入據楚,誅白公,定楚國。"

清華二·繫年111"戈命尹宋",讀爲"越令尹宋",即越國的令尹,名宋。令尹是楚官,越亦有令尹。

清華三·芮良夫21"豫命",讀爲"舍命",發布號令。毛公鼎(《集成》02841):"父厝舍命。"《詩·鄭風·羔裘》:"舍命不渝。"

清華三·説命上07(背)、説命中07(背)、説命下10(背)"尃敓之命",讀爲"傅説之命",即《説命》,是《尚書》的一部分。《書·説命上》:"高宗夢得説,使百工營求諸野,得諸傅巖,作《説命》三篇。"

清華三·説命中01"帝命",猶天命。天帝的意志。《詩·大雅·文王》:"有周不顯,帝命不時。"

清華三·説命下09"天之叚命",讀爲"天之嘏命",上天之大命。

清華三·琴舞10、清華三·芮良夫28"命",天命。《書·梓材》:"用懌先王受命。"蔡沈《集傳》:"命,天命也。"

清華四·筮法36"虞(且)不相用命",而且不服從命令。

清華四·筮法61"兵命",軍事任命。

清華四·筮法62"十七命",十七個占筮的命辭種類。《周禮·春官·大卜》:"以邦事作龜之八命,一曰征,二曰象,三曰與,四曰謀,五曰果,六曰至,七曰雨,八曰瘳。以八命者贊三兆、三易、三夢之占,以觀國家之吉凶,以詔救政。"

清華五·封許02"雁(膺)受大命",參上。

清華五·封許08"勿瀘(廢)朕命",《書·微子之命》:"往哉惟休,無替朕命。"《書·洛誥》:"篤敍乃正父罔不若予,不敢廢乃命。"

清華五·封許09(背)"諅(封)鄦(許)之命"之"命",本係《書》的一體,在傳世《書序》中有《肆命》《原命》《説命》《旅巢命》《微子之命》《賄肅慎之命》《畢命》《冏命》《蔡仲之命》《文侯之命》等。

清華五·湯丘17、19"共(恭)命",《書·甘誓》:"左不攻于左,汝不恭命;

右不攻于右，汝不恭命。"

清華五·湯丘 19"既受君命"，《左傳·僖公七年》："洩氏、孔氏、子人氏三族，實違君命。"

清華六·管仲 13"正命"、清華七·子犯 09"政命"，均讀爲"政令"，政策和法令。《周禮·天官·小宰》："掌建邦之宮刑，以治王宮之政令。"孫詒讓《正義》："凡施行爲政，布告爲令。"

清華六·子產 02"緟命固立"，讀爲"申命固位"。毛公鼎（《集成》02841）、番生簋（04326）均有"申覉（固）大命"。（李學勤）

清華六·子產 09"旻（得）立（位）命固"，參上。

清華六·子產 25"忞命"，讀爲"尊令"，尊崇政令。《禮記·表記》："夏道尊命，事鬼敬神而遠之，近人而忠焉。"孔穎達疏："言夏之爲政之道，尊重四時政教之命，使人勸事樂功也。"

清華五·厚父 03"廼嚴禛鬼皇天上帝之命"，讀爲"廼嚴寅畏皇天上帝之命"。參《書·無逸》："嚴恭寅畏天命。"又見秦公簋（《集成》04315）"嚴龏（恭）寅（寅）天命"。

清華五·厚父 06"之匿王廼渴桅其命"，讀爲"之慝王廼竭失其命"。《穀梁傳·宣公十五年》："爲人臣而侵其君之命而用之，是不臣也；爲人君而失其命，是不君也。"

清華五·厚父 06"廼述厥命"，讀爲"廼墜厥命"。《書·酒誥》："今惟殷墜厥命，我其可不大監撫于時！"

清華五·命訓 01"[天]生民而成大命=（命。命）司悳（德）"，今本《逸周書·命訓》作"天生民而成大命，命司德"。

清華五·命訓 01"大命又（有）棠（常）"，今本《逸周書·命訓》作"大命有常"。潘振云："命，王命。有常，始終如一也。日成，日有成就也。"

清華五·命訓 01"少（小）命日成"，今本《逸周書·命訓》作"小命日成"。

清華五·命訓 07"天又（有）命"，今本《逸周書·命訓》作"天有命"。

清華五·命訓 07"以人之佴（恥）尚（當）天之命"，今本《逸周書·命訓》作"以人之醜當天之命"。

清華五·命訓 08"亟（極）命則民陵（墮）乏"，今本《逸周書·命訓》作"極命則民墮"。

清華五·命訓 08"乃窯（曠）命以弋（代）亓（其）上"，今本《逸周書·命訓》作"民墮則曠命，曠命以誠其上"。

清華五·命訓 10"大命殜(世)罰",今本《逸周書·命訓》作"大命世罰"。

清華五·命訓 10"少(小)命₌(命,命)身",今本《逸周書·命訓》作"小命罰身"。孔晁云:"遺(據盧校,當爲'違'字)大命則世受罰,犯小命則罰身。"

清華七·越公 13"天命反昃",讀爲"天命反側"。《楚辭·天問》:"天命反側,何罰何佑?"王逸注:"言天道神明,降與人之命,反側無常,善者佑之,惡者罰之。"

清華七·越公 17"終其命",終養天年。《史記·秦始皇本紀》:"日月所照,舟輿所載。皆終其命,莫不得意。"《孔子家語·賢君》:"故賢也既不遇天,恐不終其命焉。"(滕胜霖)

清華七·越公 21"匽命",讀爲"委命",任命。《史記·刺客列傳》:"此丹之上願,而不知所委命,唯荊卿留意焉。"

清華七·越公 17、21"聖命",讀爲"聽命",猶從命。《禮記·祭義》:"進退必敬,如親聽命。"《左傳·僖公二十四年》:"鄭之入滑也,滑人聽命。"

清華七·越公 53"攸命",讀爲"修令"。《左傳·昭公元年》:"君子有四時:朝以聽政,晝以訪問,夕以脩令,夜以安身。"《國語·吳語》:"吾修令寬刑,施民所欲,去民所惡,稱其善,掩其惡,求以報吳。"

清華七·越公 54"詢命",讀爲"徇命",發布命令。《左傳·桓公十三年》:"莫敖使徇于師曰:'諫者有刑。'"杜預注:"徇,宣令也。"

清華七·越公 57"逹命",讀爲"失命",失誤之命令,與《左傳》之"失命"不同。《左傳·昭公十三年》:"臣過失命,未之致也。"孔穎達疏:"言臣罪過,漏失君命。"

清華七·越公 57"不茲命嶷",讀爲"不使命疑",疑爲"不使命疑卻使人疑"之省略。教令不能使人產生疑惑,如果使人疑惑則是過錯。可復弗復與不使命疑(卻使命疑)是兩種失命。"命",教令。

清華七·越公 58"詢命若命",讀爲"循命若命",大意是上面發布命令,下面則如命踐行。

清華七·越公 59"彶命",即"躐命",不聽從命令。

清華七·越公 59"鼓命",擊鼓而命。

清華七·越公 64"乃命左軍監梡鮴江五里以須",讀爲"乃命左軍銜枚溯江五里以須"。《國語·吳語》:"乃令左軍銜枚泝江五里以須。"

清華七·越公 65"亦命右軍監梡渝江五里以須",讀爲"亦命右軍銜枚渝江五里以須"。《國語·吳語》:"亦令右軍銜枚踰江五里以須。"

清華七·越公65"乃命左軍、右軍涉江",《國語·吳語》:"乃令左軍、右軍涉江鳴鼓中水以須。"

清華七·越公05"母鹽雩邦之命于天下",讀爲"毋絕越邦之命于天下"。"絕命",猶滅亡。《書·甘誓》:"有扈氏威侮五行,怠棄三正,天用勦絕其命。"

清華八·攝命03"明命",謂成其教命。《詩·大雅·烝民》:"天子是若,明命使賦。"馬瑞辰《通釋》:"《爾雅·釋詁》:'明,成也。'明命猶言成命,謂成其教命使布之也。"

清華八·攝命11"正命",見曩盨(《集成》04469)"厥非正命"。

清華八·攝命30"欪聖乃命",讀爲"虔聽乃命",恭敬從命。《禮記·祭義》:"進退必敬,如親聽命。"《左傳·僖公二十四年》:"鄭之入滑也,滑人聽命。"《孔子家語·哀公問政》:"民既孝於親,又順以聽命,措諸天下,無所不可。"

清華八·攝命32"王乎乍册任册命白攝",讀爲"王呼作册任册命伯攝"。參趠觶(《集成》06516):"王乎(呼)內史册命趠。"

清華八·處位01"竦昃亓天命",讀爲"傾側其天命"。《楚辭·天問》:"天命反側,何罰何佑?"

清華八·心中05"劐命才天",讀爲"斷命在天"。《書·盤庚》:"今不承于古,罔知天之斷命。"

清華八·心中05"天命",指人的精神意識之外,客觀無法抗拒的自然力量。《孟子·萬章上》:"莫之爲而爲者,天也;莫之致而至者,命也。"

清華八·心中05"身命",指身體生命,與"天命"相對而言。《書·盤庚中》:"恐人倚乃身,迂乃心。予迓續乃命于天,予豈汝威?用奉畜汝衆。"

清華"朕命",《書·舜典》:"命汝作納言,夙夜出納朕命,惟允!"

清華"受命",受天之命。古帝王自稱受命於天以鞏固其統治。《書·召誥》:"惟王受命,無疆惟休,亦無疆惟恤。"《史記·日者列傳》:"自古受命而王,王者之興何嘗不以卜筮決於天命哉!"

清華"天命",上天之意旨,由天主宰的命運。《書·盤庚上》:"先王有服,恪謹天命。"《楚辭·天問》:"天命反側,何罰何佑?"

清華"命尹",讀爲"令尹",春秋戰國時楚國執政官名,相當於宰相。《論語·公冶長》:"令尹子文,三仕爲令尹,無喜色;三已之,無慍色。"邢昺疏:"令尹,宰也……楚臣令尹爲長,從他國之言,或亦謂之宰。"

䇮

　清華六·子産 08 㬻（美）妮（態）䇮

～，從"立"，"命"聲。
清華六·子産 08 "䇮"，疑讀爲"愍"，《廣雅·釋詁》："亂也。"

鈴

　清華五·封許 06 䜌（鸞）鈴（鈴）索（素）旂

～，從"金"，"命"聲，"鈴"字異體。《説文·金部》："鈴，令丁也。從金從令，令亦聲。"

清華五·封許 06 "䜌鈴"，讀爲"鸞鈴"，車鈴的一種。崔豹《古今注》："《禮記》云：行前朱鳥，鸞也。前有鸞鳥，故謂之鸞。鸞口銜鈴，故謂之鸞鈴。今或爲鑾，或爲鸞，事一而義異也。"

來紐霝聲

霝

　清華一·程寤 02 卑（俾）霝（靈）名莧（蔑）敊（蔽）

　清華一·楚居 11 至霝（靈）王自爲郢遟（徙）居秦（乾）溪之上

　清華二·繫年 050 霝（靈）公高幼

　清華二·繫年 051 乃伓（抱）霝（靈）公以唐（號）于廷曰

清華二・繫年 080 以至霝（靈）王

 清華二・繫年 080 霝（靈）王即殜（世）

 清華二・繫年 053 乃立霝（靈）公

 清華二・繫年 055 霝（靈）公高立六年

 清華二・繫年 075 陳公子徵（徵）余（舒）殺亓（其）君霝（靈）公

 清華二・繫年 097 霝（靈）王爲命（令）尹

 清華二・繫年 098 霝（靈）王即立（位）

 清華二・繫年 098 霝（靈）王先起兵

 清華二・繫年 099 殺鄩（蔡）霝（靈）侯

 清華二・繫年 099 霝（靈）王見裯（禍）

 清華二・繫年 104 楚霝（靈）王立

 清華六・子儀 13 不教（穀）佰（宿）之霝（靈）㽞（陰）

清華六・管仲 09 壄(野)里霝(零)茖(落)

～，與 ■(上博一・緇 14)、■(上博七・吳 8)同，或从二口，或从三口。《説文・雨部》："霝，雨零也。从雨，吅象霝形。《詩》曰：'霝雨其濛。'"

清華一・程寤 02"霝"，讀爲"靈"。《説文》："靈，巫。"《楚辭・九歌・東皇太一》"靈偃蹇兮姣服"，王逸注："靈，謂巫也。""名"，是"靈"的名字。

清華二・繫年 050、051、053、055、075"霝公"，讀爲"靈公"，晉靈公，襄公之子。《史記・晉世家》："七年八月，襄公卒。太子夷皋少……趙盾與諸大夫皆患繆嬴，且畏誅，乃背所迎而立太子夷皋，是爲靈公。"

清華一・楚居 11，清華二・繫年 080、097、098、099、104"霝王"，讀爲"靈王"，即"楚靈王"，名圍，一作回，後改名虔，楚康王弟。《史記・管蔡世家》："楚公子圍弑其王郟敖而自立，爲靈王。"

清華二・繫年 099"鄝霝侯"，讀爲"蔡靈侯"。《史記・管蔡世家》："四十九年，景侯爲太子般娶婦於楚，而景侯通焉。太子弑景侯而自立，是爲靈侯。"《春秋・昭公十一年》："夏四月丁巳，楚子虔誘蔡侯般，殺之于申。楚公子弃疾帥師圍蔡。"

清華六・子儀 13"霝金"，讀爲"靈陰"，地名。

清華六・管仲 09"霝茖"，讀爲"零落"，凋謝。《楚辭・離騷》："惟草木之零落兮，恐美人之遲暮。"王逸注："零、落，皆墮也；草曰零，木曰落也。"

蘦

　　清華六・子産 11 辠(罪)起民蘦(矜)

《説文・艸部》："蘦，大苦也。从艸，霝聲。"

清華六・子産 11"蘦"，讀爲"矜"。《書・呂刑》陸德明《釋文》："矜，哀也。""矜"字本从"令"聲，見《説文》段注。或讀爲"零"。

精紐晶聲

星

清華三·芮良夫 23 日月星晨（辰）

清華五·三壽 11 而星月躪（亂）行

～，與 、同。《說文·晶部》："曐，萬物之精，上爲列星。从晶，生聲。一曰象形。从口，古口復注中，故與日同。![]，古文星。![]，曐或省。"

清華三·芮良夫 23"日月星晨（辰）"，《書·堯典》："曆象日月星辰。"

清華五·三壽 11"而星月躪（亂）行"，《淮南子·本經》："天地之大，可以矩表識也；星月之行，可以曆推得也；雷震之聲，可以鼓鐘寫也。"《史記·匈奴列傳》："舉事而候星月，月盛壯則攻戰，月虧則退兵。"《漢書·五行志》："時則有射妖，時則有龍蛇之孽，時則有馬禍，時則有下人伐上之痾，時則有日月亂行，星辰逆行。"

精紐井聲

丼

清華一·祭公 09 乃詔（召）畢（畢）桓、丼（井）利、毛班

～，井里有水，"井"字異體。楚文字或作 、。《說文·井部》："井，八家一井，象構韓形。丶，罋之象也。古者伯益初作井。"

清華一·祭公 09"井利"，見《穆天子傳》卷一："天子使井利受之。"郭璞注："井利，穆王之嬖臣。"

荆

清華一·皇門 01 䌛(肆)朕沖(沖)人非敢不用明荆(刑)

清華一·皇門 04 敷(敷)明荆(刑)

清華一·皇門 07 廼弗肎(肯)用先王之明荆(刑)

清華七·子犯 09 昔之舊聖折(哲)人之搏(敷)政命(令)荆(刑)罰

清華七·晉文公 07 中斝(旗)荆(刑)

清華七·越公 53 睿(審)荆(刑)

清華五·厚父 06 弗甬(用)先劼(哲)王孔甲之典荆(型)

清華五·䣭門 07 三月乃荆(形)

《說文·井部》:"荆,罰皐也。从井、从刀。《易》曰:'井,法也。'井亦聲。"《說文·刀部》:"刑,剄也。从刀,开聲。"《說文》分"荆""刑"爲二字,實爲一字。

清華一·皇門 01、04、07"明刑",指顯明的刑罰,即所謂祥刑。《詩·大雅·抑》:"罔敷求先王,克共明刑。"《書·呂刑》:"故乃明于刑之中。"

清華七·子犯 09"荆罰",即"刑罰",刑指肉刑、死刑;罰指以金錢贖罪。《書·呂刑》:"刑罰世輕世重,惟齊非齊,有倫有要。"《史記·呂太后本紀》:"刑罰罕用,罪人是希。"

清華七·越公 53"睿荆",即"審刑",審罰。《管子·問》:"審刑當罪,則人不易訟。"

清華五·厚父06"典荆",讀爲"典刑"。見於《書·舜典》"象以典刑",古書多作"典型",《詩·大雅·蕩》:"雖無老成人,尚有典型。"鄭箋:"猶有常事故法可案用也。"

清華五·啻門07"三月乃荆",讀爲"三月乃形",三個月胎兒成人形。"形",成形。《楚辭·天問》:"上下未形,何由考之?"

清華七·晉文公07"中眾荆",讀爲"中旗刑"。《左傳·隱公十一年》:"許無刑而伐之,服而舍之。"杜預注:"刑,法也。"《易·豐卦》:"君子以折獄致刑。"

型

 清華一·祭公18 型四方

 清華一·祭公21 維我周又(有)尝(常)型(刑)

 清華三·琴舞01 考(孝)隹(惟)型帀

 清華三·琴舞04 思型之

 清華三·芮良夫07 此悳(德)型(刑)不齊

 清華三·芮良夫17 莫……型

 清華三·芮良夫18 和悳(德)定型(刑)

 清華三·芮良夫19 悳(德)型(刑)態(怠)狀(墮)

清華三·芮良夫 21 政命悳（德）型（刑）各又（有）棠（常）弗（次）

清華三·芮良夫 22 亓（其）悳（德）型（刑）義（宜）利

清華五·封許 03 □司明型（刑）

清華五·湯丘 12 型（刑）亡（無）卤（攸）䜋（赦）

清華五·啻門 11 悳（德）、事、殳（役）、正（政）、型（刑）

清華五·啻門 13 岂（美）型（刑）㬅（奚）若

清華五·啻門 13 亞（惡）型（刑）㬅（奚）若

清華五·啻門 17 型（刑）情（輕）以不方

清華五·啻門 17 此胃（謂）岂（美）型（刑）

清華五·啻門 17 此胃（謂）亞（惡）型（刑）

清華五·三壽 16 寺（時）型（刑）罰詠（赦）

清華六·管仲 09 型（刑）正（政）既萬（蔑）

清華六·管仲 20 而型（刑）之方（放）

　清華六·子產 05 型（形）膿（體）

　清華六·子產 25 隶（肆）参（三）邦之型（刑）

　清華六·子產 25 以爲奠（鄭）型（刑）

　清華六·子產 25 埜（野）型（刑）

　清華六·子產 26 爲民型程

　清華七·子犯 13 思（懼）不死型（刑）以及于氒（厥）身

　清華八·邦政 04 亓（其）型（刑）瑒（易）

　清華八·邦政 09 亓（其）型（刑）墊（陷）而枳（枝）

　清華八·邦道 14 亓（其）型（刑）正（政）

　清華八·虞夏 03 型鏳（鐘）未弃（棄）文章

～，與（上博一·緇 14）、(上博二·魯 1)、(上博五·三 11)、㭁（上博六·天甲 4）同，所從的"刀"或作"刃"，或作"㓞"。《說文·土部》："型，鑄器之法也。从土，刑聲。"

　　清華一·祭公 18"型四方"，四方之典範。（《讀本一》第 268 頁）

　　清華一·祭公 21"常型"，讀爲"常刑"。《書·費誓》："汝則有常刑。"《周禮·天官·小宰》："國有常刑。"

　　清華三·琴舞 01、04"型"，效法。傳世典籍多作"刑"，《詩·周頌·烈文》："不顯維德，百辟其刑之。"

　　清華三·芮良夫 07、19、21、22"悳型"，讀爲"德刑"，恩澤與刑罰。《左傳·宣公十二年》："叛而伐之，服而舍之，德、刑成矣。伐叛，刑也；柔服，德也。二者立矣。"《國語·晉語六》："德刑不立，姦宄並至。"《韓非子·二柄》："何謂刑德？曰：殺戮之謂刑，慶賞之謂德。"《論語·里仁》"君子懷德，小人懷土；君子懷刑，小人懷惠"。

　　清華三·芮良夫 18"和悳定型"，讀爲"和德定刑"，和以德、定以刑。

　　清華五·封許 03"明型"，讀爲"明刑"，明確的法令。《詩·大雅·抑》："罔敷求先王，克共明刑。"毛傳："刑，法也。"《後漢書·阜陵質王延傳》："經有正義，律有明刑。"

　　清華五·湯丘 12"型"，讀爲"刑"，刑法，法度。《書·呂刑》："王享國百年，耄，荒度作刑，以詰四方。"《左傳·隱公十一年》："許無刑而伐之，服而舍之。"杜預注："刑，法也。"

　　清華五·䞇門 11"悳、事、役、正、型"，讀爲"德、事、役、政、刑"，五種國家的輔助。

　　清華五·䞇門 13、17"㺯型"，讀爲"美刑"，即好刑。《淮南子·詮言》："好刑，則有功者廢，無罪者誅。"

　　清華五·䞇門 13、17"亞型"，讀爲"惡刑"。《越絕書·越絕吳内傳》："紂以惡刑爭，文王行至聖，以仁義爭，此之謂也。"

　　清華五·䞇門 17、清華六·管仲 20"型"，讀爲"刑"，刑罰。

　　清華五·三壽 16"寺型罰詠"，讀爲"時刑罰赦"，刑赦有時。

　　清華六·子產 05"型體"，讀爲"形體"，身體。《莊子·達生》："齊七日，輒然忘吾有四枝形體也。"

　　清華六·子產 25"參邦之型"，讀爲"三邦之刑"，《禹刑》《湯刑》《九刑》。《左傳·昭公六年》："夏有亂政而作《禹刑》，商有亂政而作《湯刑》，周有亂政而作《九刑》。"

清華六·子產 25"以爲奠型",讀爲"以爲鄭刑",鄭之國中之刑。

清華六·子產 25"埜型",讀爲"野刑",鄭之郊野之刑。

清華六·子產 26"型程",猶云法度。

清華七·子犯 13"不死型",讀爲"不死刑",唯恐不死的刑,形容紂刑的恐怖。

清華八·邦政 04"型堭",讀爲"刑易",刑繁簡易。

清華八·邦政 09"型墊而枳",讀爲"刑陷而枝",形容刑罰之繁複,與前文"刑易"對舉。《孔叢子·刑論》:"仲弓問古之刑教與今之刑教。孔子曰:'古之刑省,今之刑繁。其爲教,古有禮,然後有刑,是以刑省;今無禮以教,而齊之以刑,刑是以繁。'"

清華六·管仲 09、清華八·邦道 14"型正",讀爲"刑政",刑法政令。《國語·周語下》:"出令不信,刑政紛紋。"

清華八·虞夏 03"型縺(鐘)未弃(棄)文章"之"型",鑄鐘的陶範。《説文》:"型,鑄器之法也。"上博四·曹沫 1:"魯莊公將爲大鐘,型既成矣。"同上 10:"乃命毀鐘型而聽邦政。"

勎

　　清華六·太伯甲 10 腂(獲)皮(彼)勎(荆)俑(寵)

　　清華七·越公 12 唯皮(彼)鶑(雞)父之遠勎(荆)

　　清華七·越公 12 勎(荆)帀(師)走

~,从"田","刑"聲,楚文字或作 ![] (上博四·昭 1),"型"字異體。

清華六·太伯甲 10、清華七·越公 12"勎",讀爲"荆",楚國的別稱。《詩·魯頌·閟宮》:"戎狄是膺,荆舒是懲。"《春秋·莊公十年》:"秋,九月,荆敗蔡師于莘。"杜預注:"荆,楚本號,後改爲楚。"

清華七·越公 12"勎帀",讀爲"荆師",楚國軍隊。

 清華六·太伯乙09 䞍（獲）皮（彼）敞〈劼〉（荆）戚（寵）

～，从"攴"，"䛸"聲。

清華六·太伯乙09"敞"，讀爲"荆"，楚國。參上。

　　清華七·越公33 廌（顔）色訓（順）必（比）而牆（將）勍（耕）者

　　清華七·越公33 而牆（將）勍（耕）者

　　清華七·越公35 乃莫不勍（耕）

～，與 （上博四·柬23）同，"井"聲，"爭（从又、力）"聲，"耕"字異體。《說文·耒部》："耕，犂也。从耒，井聲。一曰：古者井田。"

清華七·越公33"勍"，即"耕"，翻土犂田。《詩·周頌·載芟》："載芟載柞，其耕澤澤。"《孟子·梁惠王上》："深耕易耨。"《荀子·王霸》："農分田而耕。"

耕

　　清華七·越公35 乃夫婦皆耕（耕）

～，與 （上博三·周20）同，"井""爭"雙聲，"耕"字異體。

清華七·越公35"耕"，即"耕"，翻土犂田。參上。

畊

 清華七·越公30 王辟（親）自畊（耕）

～，從"田"，"羖"聲，"耕"字異體。或分析爲從"畇"，"井"聲。"畇"爲"耕"字異體。

清華七·越公30"王辟自畊"，讀爲"王親自耕"，古禮。天子於每年正月親自到田間耕作，表示重農。《禮記·祭統》："天子親耕於南郊，以共齊盛。"《穀梁傳·桓公十四年》："天子親耕，以共粢盛。"《鹽鐵論·授時》："故春親耕以勸農。"

勘

 清華一·保訓04 親勘（耕）于喦（歷）茅（丘）

～，從"力"，"喦"聲，"耕"字異體。《玉篇·田部》："畊，古文耕字。"

清華一·保訓04"親勘（耕）于喦（歷）茅（丘）"，"親耕"，古禮。參上。

精紐爭聲

爭

 清華二·繫年076 連尹襄老與之爭

 清華二·繫年078 司馬子反與繻（申）公爭少盂（孟）

 清華四·筮法34 曰爭之

 清華六·太伯甲02 與不享（穀）爭白（伯）父

　　清華六·子儀 11 可（何）爭而不好

　　清華七·越公 38 凡市賈爭訟

　　清華八·邦政 10 弟子敷（轉）遠人而爭跬（窺）於誨（謀）夫

～，從"爪""力""又"或"厷"，會意。與 （上博六·莊 5）同。《説文·受部》："爭，引也，從受、厂。"

清華二·繫年 076、078，清華四·筮法 34，清華六·子儀 11"爭"，爭奪，奪取。《左傳·隱公十一年》："公孫閼與潁考叔爭車。"《楚辭·卜居》："寧與黃鵠比翼乎，將與雞鶩爭食乎？"

清華六·太伯甲 02"爭"，乙本作"請"。

清華七·越公 38"爭訟"，爭執訴訟。《韓非子·用人》："爭訟止，技長立，則彊弱不觳力，冰炭不合形，天下莫得相傷，治之至也。"

清華八·邦政 10"弟子敷（轉）遠人而爭跬（窺）於誨（謀）夫"之"爭"，競相，搶先。《左傳·桓公十二年》："絞人爭出，驅楚役徒於山中。"

韜

　　清華五·命訓 13 事不韜（震）

　　清華五·命訓 14 事韜（震）則不攻（功）

～，從"爪""力""田""來"，"耕"字異體。

清華五·命訓 13"事不韜"，今本《逸周書·命訓》作"事不震"。"耕"，讀爲"震"。

清華五·命訓 14"事韜則不攻（功）"，今本《逸周書·命訓》作"事震則寡功"。

静

清華三·芮良夫 01 忢（恆）静（爭）于寡（富）

清華三·芮良夫 13 忢（恆）静（爭）獻亓（其）力

清華三·芮良夫 16 于可又静（爭）

～，與 同。《説文·青部》："静，審也。从青，爭聲。"

清華三·芮良夫 01"静于寡"，讀爲"爭于富"，相當於"專利"。《國語·周語上》："厲王説榮夷公，芮良夫曰：'王室其將卑乎！夫榮夷公好專利而不知大難。'"

清華三·芮良夫 13"静"，讀爲"爭"，競相，搶先。《左傳·桓公十二年》："絞人爭出，驅楚役徒於山中。"

清華三·芮良夫 16"静"，讀爲"爭"，競爭，較量。《莊子·德充符》："子既若是矣，猶與堯爭善。"

清紐青聲

青

清華三·説命下 08 弗易百青（姓）

清華三·説命下 09 虐（吾）乃專（敷）之于百青（姓）

清華四·筮法 60 東方也，木也，青色

清華五·啻門 01 古之先帝亦有良言青（情）至於今虎（乎）

清華六·子產 09 青(情)以分(勉)

　　清華八·天下 04 女(如)不旻(得)□□之青(情)

～，與 、、同。《説文·青部》："青，東方色也。木生火，从生丹。丹青之信言象然。凡青之屬皆从青。![]，古文青。"

　　清華三·説命下 08、09"百青"，讀爲"百姓"，百官。《書·堯典》："九族既睦，平章百姓。"孔傳："百姓，百官。"《國語·周語中》："官不易方，而財不匱竭；求無不至，動無不濟；百姓兆民，夫人奉利而歸諸上，是利之内也。"《大戴禮記·保傅》："此五義者既成於上，則百姓黎民化緝於下矣。"又指人民，民衆。《書·泰誓中》："百姓有過，在予一人。"孔穎達疏："此'百姓'與下'百姓懍懍'皆謂天下衆民也。"《論語·顔淵》："百姓足，君孰與不足？百姓不足，君孰與足？"

　　清華四·筮法 60"東方也，木也，青色"，《説文·青部》："青，東方色也。"《周禮·考工記》："東方謂之青，南方謂之赤，西方謂之白，北方謂之黑，天謂之玄，地謂之黃。"

　　清華五·厚門 01"青"，下文作"清"，讀爲"情"，確實。古書又作"請"。《墨子·明鬼下》："若使鬼神請有，是得其父母姒兄而飲食之也，豈非厚利哉？若使鬼神請亡，是乃費其所爲酒醴粢盛之財耳。"

　　清華六·子產 09"青"，讀爲"情"。《淮南子·繆稱》注："情，誠也。"

　　清華八·天下 04"青"，讀爲"情"，感情，情緒。《荀子·正名》："性之好惡、喜怒哀樂謂之情。"

情

　　清華一·耆夜 07 宓(密)情(精)愳(謀)猷

　　清華三·芮良夫 16 莫好安情

清華五·命訓 17 型(刑)情(輕)以不方

 清華六·管仲 04 心不情(靜)則手斀(躁)

 清華七·越公 51 王乃歸(親)徃(使)人情(請)飤(問)群大臣

 清華八·心中 02 情母(毋)又(有)所至

 清華八·天下 02 女(如)不旻(得)亓(其)民之情爲(僞)、眚(性)教

～，與 ☆(上博一·孔 10)、☆(上博一·孔 18)、☆(上博一·孔 22)同。《説文·心部》："情,人之陰气有欲者。从心,青聲。"

清華一·耆夜 07"兟情愍獣",讀爲"愍精謀獣"。

清華三·芮良夫 16"莫好安情",即没有人喜歡安於情。

清華五·命訓 17"型情以不方",讀爲"刑輕以不方"。《荀子·正論》："刑稱罪則治,不稱罪則亂。故治則刑重,亂則刑輕,犯治之罪固重,犯亂之罪固輕也。"或讀爲"刑清以不放"。(段凱)

清華六·管仲 04"心不情則手斀",讀爲"心不靜則手躁"。《管子·心術上》："'毋先物動'者,搖者不定,趮者不靜,言動之不可以觀也。"

清華七·越公 51"情飤",讀爲"請問"。《列子·黄帝》："今夫子閒矣,請問其過。"

清華八·心中 02"情",謂人之欲。《荀子·正名》："情者,性之質也。"又《儒效》"師法者,所得乎情",楊倞注："情,謂喜怒愛惡,外物所感者也。"上博一·性 35—36："用情之至[者,哀]樂爲甚。"

清華八·天下 02"情爲",讀爲"情僞"。古書習見。《左傳·僖公二十八年》："民之情僞,盡知之矣。"楊伯峻注："情,實也;情僞猶今言真僞。"

· 2139 ·

請

清華三·琴舞 13 勿請福之侃（愆）

清華五·三壽 02 尔（爾）是智（知）二又（有）邦（國）之請（情）

清華六·太伯乙 02 與不瑴（穀）請（爭）白（伯）父

清華七·越公 69 雩（越）公告孤請成

清華七·越公 71 孤請成

清華八·邦政 05 亓（其）君子旻（文）而請（情）

清華八·邦道 11 則請（情）可智（知）

清華八·邦道 18 皮（彼）智（知）上之請（情）之不可以幸

～，與 ![] （上博六·用 15）同。《説文·言部》："請，謁也。从言，青聲。"

清華三·琴舞 13 "請"，《廣雅·釋言》："乞也。"

清華六·太伯乙 02 "請"，讀爲"爭"，爭奪。

清華七·越公 69、71 "請成"，請和，求和。《左傳·隱公六年》："鄭伯侵陳，大獲。往歲，鄭伯請成于陳，陳侯不許。"杜預注："成猶平也。"《竹書紀年》卷下："翼侯伐曲沃，大捷。武公請成于翼。"

清華八·邦政 05 "請"，讀爲"情"，誠實。《戰國策·齊四》"是皆率民而出於孝情者也"，鮑彪注："情，猶誠。"

清華五·三壽02、清華八·邦道11"請",讀爲"情",實情,情況。《易·恆》:"觀其所恆,而天地萬物之情可見矣。"

骭

　　清華八·邦道25 骭(靖)悁(殟)以智(知)之于百眚(姓)

～,從"骨","青"聲。

清華八·邦道25"骭",讀爲"靖"。《國語·晉語六》:"考訊其阜以出,則怨靖。"韋昭注:"靖,安也。"

睛

　　清華七·越公30 日睛(靖)蓐(農)事以勸怠(勉)蓐(農)夫

　　清華七·越公44 王乃逨(趣)徲(使)人戠(察)睛(省)成(城)市鄢(邊)還(縣)尖=(小大)遠泥(邇)之匘(句)、苕(落)

　　清華七·越公44 佳(唯)匘(句)、苕(落)是戠(察)睛(省)

～,從"視","青"聲。

清華七·越公30"睛"讀爲"靖",治理。《詩·小雅·菀柳》:"俾予靖之,後予極焉。"毛傳:"靖,治。"或讀爲"省",省察。

清華七·越公44"戠睛",讀爲"察省",即"省察",審察,仔細考察。《楚辭·九章·惜往日》:"弗省察而按實兮,聽讒人之虛辭。"《史記·吳王濞列傳》:"陛下多病志失,不能省察。"《禮記·禮器》:"禮不可不省也。"鄭玄注:"省,察也。"《爾雅·釋詁》:"省,察也。"

隋

　　清華三·芮良夫06 卑(譬)之若童(重)載以行隋(嵴)隃(險)

～,從"阜","青"聲。"靖"之異體。

清華三•芮良夫 06"隋",即"靖",高陡險峻。《淮南子•繆稱》:"城峭者必崩,岸崝者必陀。"高誘注:"崝,峭也。"

翇

　清華七•越公 08 帯(旆)翇(旌)

～,從"羽","青"聲,"旌"字異體。

清華七•越公 08"帯翇",讀爲"旆旌",《詩•小雅•車攻》:"蕭蕭馬鳴,悠悠旆旌。"

清

　清華三•琴舞 10 備(服)才(在)清宿(廟)

　清華五•啻門 02 女(如)亡(無)又(有)良言清(情)至於今

～,與 (上博一•孔 21)、(上博六•競 6)同。《説文•水部》:"清,朖也。澄水之皃。从水,青聲。"

清華三•琴舞 10"清宿",即"清廟"。《詩•周頌•清廟》小序鄭箋:"清廟者,祭有清明之德者之宮也,謂祭文王也。"指古帝王祭祀祖先的樂章。《禮記•樂記》:"《清廟》之瑟,朱弦而疏越,壹倡而三歎。"鄭玄注:"清廟,謂作樂歌《清廟》也。"

清華五•啻門 02"清",讀爲"情",確實。古書又作"請"。《墨子•明鬼下》:"若使鬼神請有,是得其父母姒兄而飲食之也,豈非厚利哉?若使鬼神請亡,是乃費其所爲酒醴粢盛之財耳。"

靑

　清華八•邦道 21 則事靑(靖),民不援(緩)

～，从"宀"，"青"聲，與☒(上博三·亙2)、☒(上博四·相1)同。

清華八·邦道21"靑"，讀爲"靖"，安定。《國語·晉語六》："考訊其阜以出，則怨靖。"韋昭注："靖，安也。言内且謀相親愛，乃考問百姓，知其虛實，然後出軍用師，則怨惡自安息。"《國語·晉語四》："同出九人，唯重耳在，離外之患，而晉國不靖，二也。"韋昭注："靖，治也。"

心紐生聲

生

清華一·程寤01 隹王元祀貞(正)月既生朙(霸)

清華一·楚居02 爰生絚白(伯)、遠中(仲)

清華一·楚居03 生侸畧(叔)、麗季

清華二·繫年003 朿(厲)王生洹(宣)王

清華二·繫年005 生坪(平)王

清華二·繫年005 生白(伯)盤

清華二·繫年024 以同生(姓)之古(故)

清華二·繫年029 是生皇嚚(敖)及成王

清華二·繫年 052 生人可(何)鮕(辜)

清華三·說命上 04 逌(失)审(仲)是生子

清華三·說命上 04 生二戊(牡)豕

清華三·說命中 07 隹(惟)戎(干)戈生(眚)氒(厥)身

清華三·芮良夫 15 生□□戁(難)

清華三·芮良夫 27 亡(無)父母能生

清華三·芮良夫 27 亡(無)君不能生

清華三·良臣 03 又(有)柬(諫)宜生

清華四·筮法 62 曰死生

清華五·命訓 01 [天]生民而成大命

清華五·命訓 03 夫民生而侮(恥)不明

清華五·命訓 04 夫民生而樂生穀(穀)

清華五·命訓 04 夫民生而樂生穀(穀)

清華五·命訓 04 夫民生而痌(痛)死喪

清華五·湯丘 10 唯(雖)臣死而或(又)生

清華五·湯丘 19 退不勇(顧)死生

清華五·菅門 05 人可(何)旻(得)以生

清華五·菅門 07 六月生肉

清華五·菅門 08 民乃時生

清華五·三壽 01 尔(爾)是先生

清華五·三壽 27 甞(晦)而本由生光

清華六·子產 21 子產用𦥯(尊)老先生之眕(俊)

清華六·子產 28 以能智(知)亓(其)所生

清華七·越公 17 以民生之不長而自不終亓(其)命

清華七·越公 24 皆爲同生

清華七·越公 73 殹民生不刃(仍)

清華七·越公 73 民生陞(地)上

清華八·邦道 06 則芔(草)木以返(及)百穀(穀)曼(慢)生

清華八·邦道 19 以愈(偷)求生

清華八·心中 06 心氒(厥)爲生

清華八·心中 06 死生才(在)天

～,與 ☒(上博一·性 8)、☒(上博二·容 33)、☒(上博六·競 9)、☒(上博六·用 18)、☒(上博六·天甲 5)同。《說文·生部》:"生,進也。象艸木生出土上。"

清華一·程寤 01"既生朙",即"既生魄",亦作"既生霸",月既生而未大明,指從上弦至望的一段時間。《逸周書·大戒》:"維正月既生魄,王訪于周公。"《書·武成》:"既生魄,庶邦冢君,暨百工,受命于周。"孔傳:"魄生明死,十五日之後。"孔穎達疏:"月以望虧,望是月半。望在十六日爲多,通率在十六日者,四分居三,其一在十五日耳。此言既生魄,故言魄生明死,十五日之後也。"

清華一·楚居 02、03,清華二·繫年 003、005、029,清華三·說命上 04"生",生育,養育。《詩·小雅·斯干》:"乃生男子,載寢之牀。"

清華二·繫年 024"同生",讀爲"同姓",同一姓。亦指同姓之人。《周禮·秋官·司儀》:"土揖庶姓,時揖異姓,天揖同姓。"《國語·晉語四》:"黃帝之子二十五人,其同姓者二人而已:唯青陽與夷彭皆爲紀姓。"

清華二·繫年052"生人",與"死人"相對,活人。《莊子·至樂》:"視子所言,皆生人之累也,死則無此矣。"

清華三·説命上04"生子",生育幼子,生兒子。《詩·大雅·生民》:"不康禋祀,居然生子。"

清華三·説命中07"隹戎戈生氒身",讀爲"惟干戈眚厥身"。《書·説命中》:"惟口起羞,惟甲胄起戎,惟衣裳在笥,惟干戈省厥躬。""生",讀爲"眚",《國語·楚語下》"國之疾眚也",韋昭注:"猶災也。"

清華三·良臣03"朿宜生",讀爲"散宜生"。《書·君奭》:"惟文王尚克修和我有夏;亦惟有若虢叔,有若閎夭,有若散宜生,有若泰顛,有若南宫括。"

清華四·筮法62、清華五·湯丘19、清華八·心中06"死生",死亡和生存。《易·繫辭上》:"原始反終,故知死生之説。"《史記·魯仲連鄒陽列傳》:"今死生榮辱,貴賤尊卑,此時不再至,願公詳計而無與俗同。"

清華五·命訓01"〔天〕生民而成大命",今本《逸周書·命訓》作"天生民而成大命"。

清華五·命訓03"夫民生而佴(恥)不明",今本《逸周書·命訓》作"夫民生而醜不明"。

清華五·命訓04"夫民生而樂生穀(穀)",今本《逸周書·命訓》作"夫民生而樂生"。

清華五·命訓04"夫民生而痏(痛)死喪",今本《逸周書·命訓》作"夫民生而惡死"。

清華五·啻門05、清華五·湯丘10"唯臣死而或生",讀爲"雖臣死而又生"。《吕氏春秋·貴信》:"君寧死而又死乎?其寧生而又生乎?"

清華五·啻門07"生肉",長出肉來。《淮南子·覽冥》:"今夫地黄主屬骨,而甘草主生肉之藥也。"

清華五·啻門08"民乃時生",民乃按時出生。

清華五·三壽01、清華六·子産21"先生",前輩。《管子·弟子職》:"先生既息,各就其友。"

清華五·三壽27"生光",産生光明。

清華六·子産28"智亓所生",讀爲"知其所生"。

清華七·越公17"以民生之不長而自不終亓(其)命",人的壽命不長,自己不能終其命。《楚辭·離騷》:"民生各有所樂兮,余獨好脩以爲常。"朱熹《集注》:"言人生各隨氣習,有所好樂。""民生",猶言人生。

清華七·越公 24"同生",指兄弟。《國語·晉語四》:"其同生而異姓者,四母之子別爲十二姓。"《後漢書·鄭玄傳》:"咨爾煢煢一夫,曾無同生相依。"楊樹達云:"同生,謂兄弟。"

清華七·越公 73"民生",猶言人生。《國語·吳語》:"因使人告於吳王曰:'天以吳賜越,孤不敢不受。以民生之不長,王其無死！民生於地上,寓也,其與幾何？'"

清華八·邦道 06"則屮木以及百榖曼生",讀爲"則草木以及百穀慢生"。《莊子·外物》:"春雨日時,草木怒生,銚鎒於是乎始脩,草木之到植者過半而不知其然。""生",生長。

清華八·邦道 19"以愈求生",讀爲"以偷求生",苟且求活。《荀子·榮辱》:"今夫偷生淺知之屬,曾此而不知也。"《逸周書·芮良夫》:"爾執政小子,不圖善,偷生苟安,爵賄成。"

清華三·芮良夫 27、清華八·心中 06"生",活(與"死"相對)。《詩·邶風·擊鼓》:"死生契闊,與子成說。"

眚

清華一·程寤 08 眚(生)民不芛(災)

清華一·保訓 05 不諱(違)于庶萬眚(姓)之多欲

清華一·皇門 04 百眚(姓)萬民

清華四·筮法 32 子眚(姓)之立(位)

清華七·越公 06 孤亓(其)衒(率)雩(越)庶眚(姓)

清華七·越公 31 雩（越）庶民百眚（姓）乃禹（稱）嚞薹（悚）思（懼）

 清華七·越公 55 及凡庶眚（姓）

 清華八·邦道 13 是以専（敷）均於百眚（姓）之溓（兼）厲而悆（愛）者

 清華八·邦道 25 䶂（靖）恆（極）以智（知）之于百眚（姓）

 清華八·天下 02 女（如）不昪（得）亓（其）民之情爲（僞）、眚（性）教

～，與 、、同。《説文·目部》："眚，目病生翳也。从目，生聲。"

清華一·程寤 08"眚民"，讀爲"生民"，人民。《孟子·公孫丑上》："率其子弟，攻其父母，自生民以來未有能濟者也。"

清華一·保訓 05"庶萬眚"，讀爲"庶萬姓"，指庶民百姓。《書·立政》："式商受命，奄甸萬姓。"秦公鎛（《集成》00267—00270）"萬生（姓）是敕"，秦公簋（《集成》04315）"邁（萬）民是敕"，"萬姓"亦即"萬民"。

清華一·皇門 04"百眚萬民"，讀爲"百姓萬民"。《管子·輕重丁》："寡人欲爲百姓萬民藏之，爲此有道乎？"

清華四·筮法 32"子眚"，讀爲"子姓"，指子孫。《儀禮·特牲饋食禮》："子姓兄弟如主人之服，立于主人之南，西面北上。"鄭玄注："言子姓者，子之所生。"

清華七·越公 06、55"庶眚"，讀爲"庶姓"，與越王不同的衆姓。《左傳·隱公十一年》："薛，庶姓也。"杜預注："庶姓，非周之同姓。"

清華七·越公 31"庶民百眚"，讀爲"庶民百姓"，平民百姓。

清華八·邦道 13、25"百眚"，讀爲"百姓"，人民，民衆。《書·泰誓中》：

"百姓有過,在予一人。"孔穎達疏:"此'百姓'與下'百姓懍懍'皆謂天下衆民也。"《論語·顏淵》:"百姓足,君孰與不足?百姓不足,君孰與足?"

清華八·天下 02"眚教",讀爲"性教","性",指先天的本性;"教",指後天的教化。《禮記·中庸》:"天命之謂性,率性之謂道,脩道之謂教。"

眡

 清華七·越公 50 王曰侖(論)眡(省)亓(其)事

～,从"視","生"聲。"省"字異體。

清華七·越公 50"眡",即"省",省察。《禮記·禮器》:"禮不可不省也。"鄭玄注:"省,察也。"

滂紐甹聲

甹

 清華一·皇門 01 穮(蔑)又(有)耆耇憲(慮)事甹(屏)朕立(位)

 清華一·楚居 02 季繎(連)舙(聞)亓(其)又(有)甹(聘)

 清華二·繫年 018 以乍(作)周厚甹(屏)

 清華二·繫年 058 史(使)孫(申)白(伯)亡(無)悷(畏)甹(聘)于齊

清華二·繫年 066 公命邭(駒)之克先甹(聘)于齊

清華二•繫年078 王命繡(申)公哶(聘)於齊

清華二•繫年086 龏(共)王史(使)芸(郎)公哶(聘)於晉

清華二•繫年087 競(景)公史(使)翟(糴)之伐(茷)哶(聘)於楚

清華二•繫年088 龏(共)王事(使)王子唇(辰)哶(聘)於晉

～，與 𠱾 (上博八•命 4) 同，从"口"，"甹"聲，疑"甹"之繁體。《説文•丂部》："甹，亟詞也。从丂，从由。或曰甹，俠也。三輔謂輕財者爲甹。"

清華一•皇門01"穢又耆耇虡事哶朕立"，讀爲"蔑有耆耇慮事屏朕位"。"哶"，讀爲"屏"，屏藩。參《左傳•哀公十六年》："俾屏余一人以在位，煢煢余在疚。嗚呼哀哉！"

清華一•楚居02"哶"，讀爲"聘"，媒聘。《説文》作"娉"。

清華二•繫年018"厚哶"，讀爲"厚屏"，厚厚的屏障，引申爲捍蔽、保護。《左傳•定公四年》："昔武王克商，成王定之，選建明德，以蕃屏周。"

清華二•繫年058、066、078、086、087、088"哶"，讀爲"聘"，聘娶正妻。《禮記•内則》："聘則爲妻，奔則爲妾。"《左傳•文公七年》："穆伯娶于莒，曰戴己，生文伯；其娣聲己，生惠叔。戴己卒，又聘于莒，莒人以聲己辭，則爲襄仲聘焉。"

並紐平聲

坪

清華一•楚居12 競(景)坪(平)王即立(位)

清華二•繫年005 生坪(平)王

• 2151 •

清華二·繫年006 王與白(伯)盤达(逐)坪(平)王

清華二·繫年006 回(圍)坪(平)王于西繡(申)

清華二·繫年009 晉文侯乃逆坪(平)王于少鄂(鄂)

清華二·繫年015 坪(平)王東遷(遷)

清華二·繫年081 競(景)坪(平)王即立(位)

清華二·繫年082 競(景)坪(平)王即殜(世)

清華二·繫年091 晉臧(莊)坪(平)公即立(位)兀(元)年

清華二·繫年092 坪(平)公衒(率)自(師)會者(諸)侯

清華二·繫年092 爲坪(平)侌(陰)之自(師)以回(圍)齊

清華二·繫年092 坪(平)公立五年

清華二·繫年094 以返(復)坪(平)侌(陰)之自(師)

清華二·繫年094 坪(平)公衒(率)自(師)會者(諸)侯

清華二·繫年 096 晉臧（莊）坪（平）公立十又二年

清華二·繫年 099 競（景）坪（平）王即立（位）

清華二·繫年 099 晉臧（莊）坪（平）公即殜（世）

清華二·繫年 100 競（景）坪（平）王即殜（世）

清華二·繫年 104 競（景）坪（平）王即立（位）

清華二·繫年 104 競（景）坪（平）王即殜（世）

清華二·繫年 113 戉（越）公、宋公敗（敗）齊自（師）于襄坪（平）

清華二·繫年 130 郎臧（莊）坪（平）君衒（率）自（師）戠（侵）奠（鄭）

（侵）晉

清華二·繫年 133 王命坪（平）亦（夜）悼武君衒（率）自（師）戠

清華二·繫年 135 坪（平）亦（夜）恖（悼）武君

清華二·繫年 137 王命坪（平）亦（夜）悼武君麥（使）人於齊陳

淏求自（師）

清華三·芮良夫 12 坪（平）和庶民

清華五·三壽 07 肩（厭）非（必）坪（平）

清華七·趙簡子 10 𩫞（就）虗（吾）先君坪（平）公

清華七·越公 10 虘（且）皮（彼）既大北於坪（平）备（邍）

清華八·邦政 04 亓（其）政坪（平）而不𧈧（苛）

清華八·心中 06 庶人、坪（平）民

～，與 ▨（上博四·昭 5）、▨（上博二·容 18）、▨（上博四·昭 5）、▨（上博六·壽 1）、▨（上博一·孔 2）同。《說文·土部》："坪，地平也。从土、从平，平亦聲。"

清華一·楚居 12，清華二·繫年 081、082、099、100、104"競坪王"，讀爲"景平王"，即楚平王，楚靈王之弟公子弃疾。《史記·楚世家》："丙辰，弃疾即位爲王，改名熊居，是爲平王。"出土文獻多作"競（景）平王"，見新蔡簡、上博簡、楚編鐘等。

清華二·繫年 005、006、009、015"坪王"，讀爲"平王"。《史記·周本紀》："遂殺幽王驪山下，虜褒姒，盡取周賂而去。於是諸侯乃即申侯而共立故幽王太子宜臼，是爲平王，以奉周祀。平王立，東遷于雒邑，辟戎寇。"《正義》注《左傳·昭公二十六年》引《紀年》曰："平王奔西申，而立伯盤以爲大子。"

清華二·繫年 091、096、099"晉臧坪公"，讀爲"晉莊平公"，即晉平公。《史記·晉世家》："冬，悼公卒，子平公彪立。平公元年，伐齊，齊靈公與戰靡下,齊師敗走。"

清華二·繫年 092、094,清華七·趙簡子 10"坪公",讀爲"平公",晉平公,參上。

清華二·繫年 092、094"坪侌",讀爲"平陰",在今山東平陰東北三十五里。《左傳·襄公十八年》:"冬十月,會于魯濟,尋湨梁之言,同伐齊。齊侯禦諸平陰,塹防門而守之,廣里……十一月丁卯朔,入平陰,遂從齊師。"

清華二·繫年 113"襄坪",讀爲"襄平",地名。

清華二·繫年 130"郎臧坪君",讀爲"郎莊平君",楚之封君,莊平是其謚,郎爲其封地。

清華二·繫年 135"坪亦悡武君",讀爲"平夜悼武君"。"平夜君"見於曾侯乙墓簡、新蔡簡和包山簡。平夜,封君的封地,在今河南平興。悼武君可能是第三代平夜君,爲新蔡葛陵墓主平夜君成之子。

清華三·芮良夫 12"坪和",讀爲"平和",平正諧和,調和。《左傳·昭公元年》:"於是有煩手淫聲,慆堙心耳,乃忘平和,君子弗聽也。"《管子·形勢解》:"明主猶羿也,平和其法,審其廢置而堅守之,有必治之道,故能多舉而多當。"

清華五·三壽 07"坪",讀爲"平",平衡、和諧。《詩·商頌·那》"既和且平",毛傳:"平,正平也。"《左傳·僖公十二年》杜預注:"和也。"《莊子·盜跖》:"平爲福,有餘爲害者,物莫不然,而財其甚者也。"

清華七·越公 10"坪备",讀爲"平邍",古書多作"平原",廣闊平坦的原野。《左傳·桓公元年》:"秋,大水。凡平原出水爲大水。"

清華八·邦政 04"政坪",讀爲"政平",政事平和。《荀子·議兵》:"故凝士以禮,凝民以政,禮脩而士服,政平而民安。"《左傳·昭公二十年》:"是以政平而不干,民無爭心。"

清華八·心中 06"坪民",讀爲"平民",普通百姓。《左傳·成公二年》:"名以出信,信以守器,器以藏禮,禮以行義,義以生利,利以平民,政之大節也。"

並紐并聲

并

 清華三·芮良夫 23 楚(靡)所并(屏)衣(依)

清華七·趙簡子 08 宮中六窞（竈）并六祀

清華七·趙簡子 09 宮中六窞（竈）并六祀

清華八·攝命 06 女（汝）能并命

～，與（上博二·容 26）、（上博四·曹 4）同。《説文·从部》："并，相從也。从从，幵聲。一曰：从持二爲并。"

清華三·芮良夫 23"并"，讀爲"屏"，輔也。《逸周書·嘗麥》"以屏助予一人"，朱右曾《校釋》曰："屏，輔也。"簡文"靡所屏依"，即無所依屏，没有依靠。

清華七·趙簡子 08、09"宫中六窞并六祀"，大意是説把宫中祭竈的祭祀併入六祀。

清華八·攝命 06"并"，訓爲"偕"。

𢽤

清華五·三壽 19 譁（讒）繇（謡）則𢽤（屏）

清華五·三壽 21 弳（强）𢽤（并）丩（糾）出

～，从"攴"，"并"聲。

清華五·三壽 19"𢽤"，讀爲"屏"，卻退。《荀子·榮辱》："恭儉者，偋五兵也。"楊倞注："偋，當爲屏，卻也。"

清華五·三壽 21"𢽤"，讀爲"并"，兼合。《戰國策·燕三》："秦并趙。"鮑彪注："并，合也。"或讀爲"拼"。（補白）

勎

清華五·湯丘 02 身體嬽(痊)勎(平)

～，從"力"，"并"聲。

清華五·湯丘 02"勎"，讀爲"平"，《素問·調經論》"神氣乃平"，王冰注："平，謂平調也。"同書《平人氣象論》："平人者，不病也。"

萍

清華一·祭公 14 不(丕)隹(惟)周之昷(厚)萍(屏)

～，從"艸"，"并"聲。

清華一·祭公 14"昷萍"，讀爲"厚屏"。《書·康王之誥》："建侯樹屏。"

賆

清華六·子產 08 勿以賆巳(也)

清華六·子產 23 以爰(遠)賆(屏)者

～，從"貝"，"并"聲。

清華六·子產 08"賆"，疑讀爲"屏"。《說文·尸部》："屏，蔽也。"在此意指受物欲所蔽。或讀爲"費"，《說文·貝部》："費，散財用也。"意即耗費。

清華六·子產 23"賆"，讀爲"屏"。《禮記·王制》："屏之四方。"鄭玄注："屏，猶放去也。"或說"賆"應讀爲"費"，"費者"爲耗費之人。

明紐名聲

名

清華一·程寤 02 卑(俾)靁(靈)名荒(總)敚(蔽)

清華一·保訓 06 言不易實兒(變)名

清華一·楚居 09 女(焉)改名之曰福丘

清華二·繫年 001 名之曰千畮(畝)

清華四·筮法 39 乃以名亓(其)兇

清華五·三壽 15 寺(是)名曰蠱(祥)

清華五·三壽 16 寺(是)名曰義

清華五·三壽 17 寺(是)名曰惪(德)

清華五·三壽 18 寺(是)名曰音

清華五·三壽 18 寺(是)名曰恁(仁)

清華五·三壽 19 寺（是）名曰惡（聖）

 清華五·三壽 20 寺（是）名曰智

 清華五·三壽 21 寺（是）名曰利

 清華五·三壽 22 寺（是）名曰贖（叡）信之行

 清華五·湯丘 06 是名曰昌

 清華五·湯丘 07 是名曰喪

 清華六·子產 14 以成名於天下者

 清華八·心中 01 因名若蟲（響）

 清華八·心中 04 名之曰幸

～，與 ▨（上博三·亙 5）、▨（上博三·亙 6）、▨（上博二·容 28）、▨（上博四·柬 3）、▨（上博七·武 10）同，从"月"，古文字"月""夕"二旁常可通用。《說文·口部》："名，自命也。从口、从夕。夕者，冥也。冥不相見，故以口自名。"

清華一·程寤 02"霝"，讀爲"靈"。"名"，是"靈"的名字。（《讀本一》第 48 頁）

清華一·保訓 06"言不易實兌（變）名"，不變亂名實。"名實"，名稱與實質、實際。《管子·九守》："脩名而督實，按實而定名。名實相生，反相爲情。名實當則治，不當則亂。"《荀子·正名》："故王者之制名，名定而實辨，道行而志通，則慎率民而一焉。"

清華一·楚居 09、清華二·繫年 001、清華八·心中 04"名之"，引申爲稱，被叫作。《韓非子·和氏》："悲夫！寶玉而題之以石，貞士而名之以誑。"

清華四·筮法 39"名"，《荀子·正論》注："謂指名。"

清華五·三壽 15、16、17、18、19、20、21、22"寺（是）名曰"，清華五·湯丘 06、07"是名曰"，《山海經·北山經》："有鳥焉，其狀如烏，首白而身青、足黃，是名曰鶌鶌。其鳴自詨，食之不飢，可以已寓。"

清華六·子產 14"成名"，樹立名聲，得名於世。《易·繫辭下》："善不積，不足以成名。"

清華八·心中 01"名"，指根據實際確定名稱。《釋名·釋言語》："名，明也。名實事使分明也。"《孟子·告子下》："淳于髡曰：先名實者，爲人也。後名實者，自爲也。"

明紐鳴聲

鳴

 清華七·越公 03 晨（振）鳴［鐘鼓］

 清華七·越公 65 鳴鼓

～，戰國文字或作、、、、。《說文·鳥部》："鳴，鳥聲也。从鳥，从口。"

清華七·越公 03"晨（振）鳴［鐘鼓］"，參《國語·吳語》："王乃秉枹，親就鳴鍾鼓、丁寧、錞于，振鐸。""鳴"，發出聲響。《墨子·非儒下》："君子若鍾，擊之則鳴，弗擊不鳴。"

清華七·越公 65"鳴鼓",擊鼓。《論語·先進》："子曰：'非吾徒也，小子鳴鼓而攻之，可也。'"曹植《洛神賦》："馮夷鳴鼓，女媧清歌。"

明紐冥聲

榠

　　清華三·祝辭 02 屬㫳榠=（冥冥）

　　清華八·八氣 05 旬（玄）榠（冥）銜（率）水以飤（食）於行

～，與 、、同。上部與 同，即"瞑"。～，從"木"，"瞑"聲，"榠"字異體，字見《玉篇》《廣韻》《集韻》。從此偏旁者又有 、、，以及 。

清華三·祝辭 02"屬㫳榠="，或讀為"絕明冥冥"，指失火黑煙阻遮天光。"冥冥"，幽深之義。《莊子·在宥》："至道之精，窈窈冥冥；至道之極，昏昏默默。"

清華八·八氣 05"旬榠"，讀為"玄冥"，水神。《左傳·昭公十八年》："禳火于玄冥、回祿。"杜預注："玄冥，水神。"

寞

　　清華六·子產 15 不以寞=（冥冥）归（抑）福

～，從"宀"，"榠"聲。

清華六·子產 15"寞="，讀為"冥冥"。《廣雅·釋訓》："冥冥，暗也。"《呂氏春秋·論威》："宜宜乎冥冥，莫知其情，此之謂至威之誠。"

正編·脂部

脂　部

見紐皆聲

皆

清華一·尹至 02 余迡（及）女（汝）皆芒（亡）

清華一·皇門 13 皆卹尔（爾）邦

清華一·祭公 17 亓（其）皆自寺（時）审（中）叚（乂）萬邦

清華一·祭公 20 孳（兹）皆缶（保）舍（胥）一人

清華一·楚居 06 皆居喬多

清華一·楚居 11 至龏（共）王、康王、乳=（孺子）王皆居爲郢

清華二·繫年 126 宋公畋（田）、奠（鄭）白（伯）訇（駘）皆朝于楚

清華三·說命上 06 邑人皆從

 清華四·筮法 61 上下皆乍(作)

 清華五·湯丘 13 民人皆綇(督)禺(偶)衎(瑟)

 清華五·湯丘 16 五味皆哉(飤)

 清華五·湯丘 18 遠民皆匜(極)

 清華五·筦門 10 百志皆窑(窮)

 清華七·子犯 05 欲皆僉之

 清華七·晉文公 01 母(毋)糳(察)於妞(好)妝(臧)嫭(娟)䀣(斐)皆見

 清華七·晉文公 02 四坔(封)之內皆肰(然)

 清華七·晉文公 03 四峕(封)之內皆肰(然)

 清華七·晉文公 04 四峕(封)之內皆肰(然)

清華七·晉文公 05 四甾（封）之内皆肰（然）

　清華七·趙簡子 06 皆又（有）繇（由）也

　清華七·越公 11 公亓（其）故（胡）又（有）繻（帶）甲竿（八千）以
臺（敦）刃皆（偕）死

　清華七·越公 24 皆爲同生

　清華七·越公 35 乃夫婦皆耡（耕）

　清華七·越公 36 亦夫婦皆□

　清華七·越公 43 塁（舉）雩（越）邦乃皆好訐（信）

　清華七·越公 48 塁（舉）雩（越）邦乃皆好壁（徵）人

　清華七·越公 49 皆餌（聞）雩（越）陞（地）之多飤（食）

　清華七·越公 50 雩（越）邦皆備（服）壁（徵）人

　清華七·越公 52 皆好兵甲

清華七·越公 58 雩(越)邦庶民則皆霽(震)僮(動)

~,與 ,同。《說文·白部》:"皆,俱詞也。从比、从白。"

清華一·尹至 02"余及女皆芒",讀爲"余及汝皆亡",見《書·湯誓》"時日曷喪?予及汝皆亡"。《孟子·梁惠王上》引"皆"作"偕"。"皆",讀爲"偕",俱、同之意。

清華七·越公 11"皆死",讀爲"偕死",與上"偕亡"義同。

清華七·晉文公"四坪之內皆肰",讀爲"四封之內皆然"。《管子·國蓄》:"夫民者信親而死利,海內皆然。"

清華七·越公 50"皆",都,都是。《論語·顔淵》:"四海之內皆兄弟也。"

膚

 清華二·繫年 052 乃膚(皆)北(背)之曰

 清華二·繫年 099 卲(昭)公、冋(頃)公膚(皆)棗(早)殜(世)

 清華六·孺子 01 北(必)再三進夫=(大夫)而與之膚(偕)恩(圖)

 清華六·孺子 11 乳=(孺子)拜,乃膚(皆)臨

 清華六·孺子 12 人膚(皆)思(懼)

 清華六·孺子 16 二三夫=(大夫)膚(皆)虐(吾)先君斎=(之

所)仅(守)孫也

 清華八·邦政 12 慐(直)者虘(皆)曲

 清華八·邦政 12 曲者虘(皆)慐(直)

 清華八·邦道 15 虘(皆)智(知)而賜(更)之

～，與 ■（上博二·子 9）同，从"虍""皆"聲。或作 ■，省去一人；或作 ■，从二"虍"，"皆"聲。

清華六·孺子 01"虘恩"，讀爲"偕圖"，一同謀畫。《爾雅·釋詁》："圖，謀也。"

清華六·孺子 12"虘思"，即"皆懼"。《左傳·哀公元年》："吴師在陳，楚大夫皆懼。"

清華八·邦政 12"虘曲"，即"皆曲"。《吕氏春秋·適威》："周鼎有竊曲，狀甚長，上下皆曲，以見極之敗也。"

清華八·邦政 12"虘慐"，讀爲"皆直"。《詩·小雅·大東》："周道如砥，其直如矢。"孔穎達疏："傳因有二文而分之耳，其實貢賦賞罰皆平皆直，理亦兼通。"

清華八·邦道 15"虘智"，讀爲"皆智"。《墨子·非攻》："天下之君子皆知而非之，謂之不義。"

櫖

 清華六·子儀 16 㠯(仁)之櫖(楷)也

～，从"木"，"虘"聲，"楷"之異體。《説文·木部》："楷，木也。孔子冢蓋樹之者。从木，皆聲。"

清華六·子儀 16"櫖"，即"楷"，法式，典範。《禮記·儒行》："儒有今人與居，古人與稽，今世行之，後世以爲楷。"孔穎達疏："楷，法式也。言儒者行事，以爲後世楷模法式。"史岑《出師頌》:"允文允武,明詩悅禮,憲章百揆,爲世作楷。"《後漢書·吳延史盧趙列傳》:"故北中郎將盧植,名著海内,學爲儒宗,士之楷模,國之楨幹也。昔武王入殷,封商容之閭;鄭喪子産,仲尼隕涕。"

澑

 清華七·越公 23 余亓(其)與吳科(播)弃(棄)悁(怨)晉(惡)于㴾(海)澑(濟)江沽(湖)

～,從"水","皆"聲,"湝"之異體。《說文·水部》:"湝,水流湝湝也。從水,皆聲。一曰湝湝,寒也。《詩》曰:'風雨湝湝。'"

清華七·越公 23"澑",或疑讀爲"濟",古之四瀆之一。又疑讀爲"裔"。"皆",見母脂部。"裔",喻母月部。"衣",影母微部。音近可通。《淮南子·原道》:"游於江潯海裔。""海裔""江潯",指長江下游南岸、瀕臨東海的吳越之地。(陳偉)或讀爲"淮"。(袁金平)

階

 清華八·天下 03 至(臻)亓(其)橦(衝)階

《說文·自部》:"階,陛也。從自,皆聲。"

清華八·天下 03"橦階",攻城器械。"橦",讀爲"衝"。《詩·大雅·皇矣》:"以爾鉤援,與爾臨衝,以伐崇墉。"毛傳:"衝,衝車也。""階",《釋名》:"梯也。"《墨子·公輸》:"公輸盤爲楚造雲梯之械,成,將以攻宋。"

壒

 清華八·處位 03 壒(階)啻(嫡)丈(長)

～,與𡎚(上博四·昭 3)同,從"土","壒"聲,"階"之繁文。

清華八·處位 03"壒",即"階"字,到達,導致。《左傳·成公十六年》:"多怨而階亂。"

見紐癸聲

癸

　清華四·筮法44乙、癸

《說文·癸部》："癸,冬時,水土平,可揆度也。象水從四方流入地中之形。癸承壬,象人足。凡癸之屬皆从癸。癸,籀文。从癶,从矢。"

清華四·筮法44"癸",《京氏易傳》卷下有京房"納甲"說云:"分天地乾坤之象,益之以甲乙、壬癸;震巽之象配庚辛,坎離之象配戊己,艮兑之象配丙丁。"

譭

　清華四·筮法55爲譭(飢)

～,从"言","癸"聲。

清華四·筮法55"譭",或疑讀爲"飢",《說文·食部》:"餓也。"

僗

　清華四·別卦07僗(睽)

～,从"人""心","癸"聲。

清華四·別卦"僗",讀爲"睽",《易》卦名,兑下離上。《易·睽》:"睽,小事吉。"上博簡本《周易》作"楑",今本《周易》作"睽",三字諧聲可通。

嬰

　清華一·楚居10居嬰(睽)郢

清華一·楚居 10 至穆王自斝（睽）郢遷（徙）袤（襲）爲郢

～，从"昍"，"癸"聲。字見於西周金文 ▨（《集成》00716，睽士父鬲）、
▨（《集成》04298，大簋蓋）、▨（《集成》04299，大簋蓋）。

清華一·楚居 10"斝郢"，即"睽郢"。《左傳·僖公二十七年》："楚子將圍宋，使子文治兵於睽。"杜預注："睽，楚邑。"

楑

　清華三·芮良夫 22 而繩（繩）刺（剌）達（失）楑

　清華五·三壽 16 楑（揆）审（中）水㪍（衡）

　清華五·三壽 28 楑（揆）审（中）而象裳（常）

～，與▨（上博三·周 32）、▨（上博三·周 33）同，从"木"，"癸"聲，"癸"在"木"上。《說文·木部》："楑，木也，从木，癸聲。又，度也。"

清華三·芮良夫 22"失楑"，即失度。

清華五·三壽 16、28"楑审"，讀爲"揆中"，即執中，持平，不偏不倚。《韓詩外傳》卷二："聽獄執中者，皋陶也。"

見紐几聲

旨

　清華六·孺子 12 自是旨（幾）以至兓（葬）日

～，與▨（上博八·有 1）、▨（包山 221）同，从"日"，"几"聲。新蔡簡零

336、341號與"旨"相當的字作"畿",从"日","幾"省聲。"几"與"幾"都是見母字。"几"字上古音屬脂部,"幾"字屬微部,二字古通,故从"几"聲的"旨"可以寫作从"幾"省聲的"畿"。

清華六·孺子12"旨",讀爲"幾"。《詩·小雅·楚茨》:"苾芬孝祀,神嗜飲食,卜爾百福,如幾如式。"毛傳:"幾,期;式,法也。"鄭箋:"卜,予也……今予女之百福,其來如有期矣,多少如有法矣。"《墨子·尚同中》:"春秋祭祀,不敢失時幾。"俞樾《諸子平議·九·墨子一》:"幾者,期也。《詩·楚茨》篇'如幾如式',毛傳訓幾爲期,是也。不敢失時幾者,不敢失時期也。"(李家浩、裘錫圭)

飢

 清華二·繫年102 晉白(師)大疫虞(且)飢

 清華八·邦道12 飢渿(渴)

《說文·食部》:"飢,餓也。从食,几聲。"

清華二·繫年102"飢",餓,吃不飽。《書·舜典》:"黎民阻飢,汝后稷,播時百穀。"《三國志·吳志·吳主傳》:"士卒飢疫,死者大半。"

清華八·邦道12"飢渿",讀爲"飢渴",腹餓口渴。《詩·王風·君子于役》:"君子于役,苟無飢渴。"

餡

 清華五·湯丘18 餡(饑)又(有)所飤(食)

~,从"食","旨"聲,"飢"字異體。《說文·食部》:"飢,餓也。从食,几聲。"

清華五·湯丘18"餡",讀爲"饑",年成很差或顆粒無收。《詩·小雅·雨無正》:"降喪饑饉,斬伐四國。"毛傳:"穀不熟曰饑,蔬不熟曰饉。"《墨子·七患》:"一穀不收謂之饉,二穀不收謂之旱,三穀不收謂之凶,四穀不收謂之餽,五穀不收謂之饑。"

溪紐啓聲

启

 清華一·金縢 10 以攸（啓）金縢（縢）之匱

 清華三·説命中 03 攸（啓）乃心

 清華三·琴舞 01 元内（納）攸（啓）曰

 清華三·琴舞 02 元内（納）攸（啓）曰

 清華三·琴舞 03 重〈再〉攸（啓）曰

 清華三·琴舞 05 曑（三）攸（啓）曰

 清華三·琴舞 07 四攸（啓）曰

 清華三·琴舞 08 五攸（啓）曰

 清華三·琴舞 10 六攸（啓）曰

 清華三·琴舞 12 七攸（啓）曰

清華三·琴舞 13 八攼(啓)曰

　清華三·琴舞 15 九攼(啓)曰

　清華三·芮良夫 14 姿(戀)戳(仇)攼(啓)邦(國)

　清華三·芮良夫 15 二攼(啓)曰

　清華六·太伯乙 07 東攼(啓)遺(隤)、樂

～，从"攴"，从"户"，"啓"之異體。《說文·攴部》："啓，教也。从攴，启聲。《論語》曰：'不憤不啓。'"

清華一·金縢 10"以攼金紖之匱"，讀爲"以啓金縢之匱"。今本《書·金縢》作"王與大夫盡弁，以啓金縢之書"。"啓"，開，打開。《左傳·定公十年》："夫子則勇矣，然我往，必不敢啓門。"

清華三·說命中 03"啓乃心"，《國語·楚語上》作"啓乃心，沃朕心"。

清華三·琴舞"攼"，即"啓"，樂奏九曲，每曲分爲兩部分，開始部分稱"啓"，終結部分稱"亂"。篇中成王所作共九章，每章都有啓與亂兩部分。

清華三·芮良夫 14"攼邦"，即"啓國"，猶言建國。《詩·魯頌·閟宫》"大啓爾宇"，朱熹《集傳》："啓，開。""啓""開"古通用。《左傳·閔公元年》"天啓之矣"，《史記·晉世家》"啓"作"開"。《左傳·襄公二十五年》"門啓而入"，《史記·齊太公世家》"啓"作"開"。"啓"，《史記》本作"開"，避漢景帝諱。

啓

　清華二·繫年 009 晉人女(焉)訋(始)啓于京自(師)

清華二·繫年012 楚文王以啓于灘(漢)膓(陽)

 清華二·繫年020 公子啓方奔齊

 清華二·繫年021 公子啓方女(焉)

 清華二·繫年029 文王以北啓出方成(城)

 清華二·繫年115 倝(韓)啓章

 清華二·繫年116 倝(韓)啓章

 清華五·厚父02 啓隹(惟)后

 清華六·太伯甲08 東啓遺(隤)、樂

 清華七·晉文公07 五年啓東道

～，與 啓(上博四·柬9)、啓(上博三·周8)、啓(上博二·從甲17)同。《説文·攴部》："啓，教也，从攴，启聲。《論語》曰：'不憤不啓。'"

清華二·繫年009"訇啓"，讀爲"始啓"。見《國語·鄭語》："楚蚡冒於是乎始啓濮。"董增齡《國語正義》："啓是拓土，《魯頌》曰'大啓爾宇'，僖二十五年傳'晉于是始啓南陽'是也。"

清華二·繫年012"啓"，參上。

清華二·繫年020、021"公子啓方"，即公子開方，齊桓公臣。《管子·小匡》:"公子開方爲人巧轉而兌利,請使游於衛,以結交焉。"《韓非子·難一》:"願君去豎刁,除易牙,遠衛公子開方。"

清華二·繫年029"文王以北启出方成",讀爲"文王以北啓出方城",文王出方城乃嚮北開拓疆土。《左傳·僖公四年》:"楚國方城以爲城,漢水以爲池。"杜預注:"方城山在南陽葉縣南,以言竟土之遠。"

清華二·繫年115、116"馱启章",讀爲"韓啓章",韓武子啓章。《史記·韓世家》"康子卒,子武子代",《索隱》:"名啓章。"

清華五·厚父02"启",人名,禹的儿子。《晉書·束皙傳》引《竹書紀年》曰:"益干啓位,啓殺之。"《戰國策·燕一》:"禹授益,而以啓爲吏。及老,而以啓爲不足任天下,傳之益也。啓與支黨攻益,而奪之天下。是禹名傳天下於益,其實令啓自取之。"

清華七·晉文公07"五年启東道",《左傳·襄公四年》:"芒芒禹跡,畫爲九州,經啓九道。"《詩·小雅·六月》:"以先啓行。"朱熹《集傳》:"啓,開也。"

啓

 清華五·厚父02 帝亦弗䪥(鞏)启(啓)之經惪(德)

 清華五·厚父10 启(啓)之民其亡凉(諒)

～,从"又""启","启"亦聲。"啓"之異體。

清華五·厚父"启",即"啓",人名,禹的儿子。参上。

竅

 清華八·攝命30 余既明竅(啓)劼毖(毖)女(汝)

～,从"宀""卧","启"聲。與 ■(《集成》04322,戒簋"朕文母競敏竅行")形近。

清華八·攝命30"竅",讀爲"啓"。

端紐氐聲

氐

清華一·楚居 01 氐（抵）于空（穴）窮

清華一·楚居 03 氐（抵）今日楚人

清華一·楚居 05 氐（抵）今日巒

清華一·楚居 08 氐（抵）今日郢

～，與 （上博二·容 53【背】）、（上博八·李 3）同。《說文·氐部》："氐，至也。从氏下箸一。一，地也。"

　　清華一·楚居"氐"，《說文》："至也。"文獻多用"抵"字。"抵"，至，到達。《史記·蒙恬列傳》："始皇欲游天下，道九原，直抵甘泉。"

詆

清華三·說命中 07 若詆（抵）不視

《說文·言部》："詆，苛也。一曰：訶也。从言，氐聲。"

　　清華三·說命中 07"詆"，讀爲"抵"。《說文·手部》："抵，擠也。"即以手推拒。

砥

清華三·說命中 05 女（汝）隹（惟）孳（兹）敚（說）砥（底）之于乃心

～,楚文字或作(上博四·曹39),从"石","氏"聲,"厎"字或體。《説文·厂部》:"厎,柔石也。从厂,氏聲。,厎或从石。"

清華三·説命中05"女(汝)隹(惟)兹(兹)敚(説)砥(厎)之于乃心"之"砥",讀爲"厎",《爾雅·釋詁》:"止也。"

䰜(祇)

清華一·保訓07 䰜(祇)之才(哉)

清華一·保訓09 䰜(祇)備(服)不解(懈)

清華一·保訓10 今女(汝)䰜(祇)備(服)母(毋)解

清華三·芮良夫22 隹(惟)四方所䰜(祇)畏

清華五·封許03 䰜(祇)事帝(上帝)

清華五·封許08 䰜(祇)敬尔(爾)猷

清華五·三壽14 䰜(祇)神之明

清華五·三壽20 虙(淡)䰜(祇)不易

清華五·三壽27 䫉(顧)逯(復)孛(勉)䰜(祇)

清華八·攝命 05 難（勤）𦣞（祇）乃事

 清華八·攝命 23 女（汝）廼尚𦣞（祇）逆告于朕

～，戰國文字或作 ▆（《集成》00122，者梁鐘）、▆（郭店·老乙 12）、▆（《集成》02840，中山王鼎）、▆（《集成》09735，中山王方壺）、▆（《集成》11383，燕侯載作戎戈），象兩器底對底，"抵"之初文，多讀爲"祇"。三體石經"祇"字古文即作▆。《説文·示部》："祇，敬也。"

清華一·保訓 07"𦣞之才"，讀爲"祇之哉"，意即"敬之哉"。《書·吕刑》："嗚呼，敬之哉！"

清華一·保訓 09、10"𦣞備"，讀爲"祇服"，敬謹奉行。《書·康誥》："子弗祇服厥父事，大傷厥考心。"《三國志·蜀書·後主傳》："公其祇服朕命，克廣德心，以終乃顯烈。"

清華三·芮良夫 22"𦣞畏"，讀爲"祇畏"，敬畏。《書·金縢》："用能定爾子孫于下地，四方之民，罔不祇畏。"《漢書·匡衡傳》："陛下祇畏天戒，哀閔元元，大自減損。"

清華五·封許 03"𦣞事"，讀爲"祇事"，恭敬事奉，敬於其事。《南史·到仲舉傳》："帝又嘗因飲夜宿仲舉帳中，忽有神光五采照于室内，由是祇事益恭。"

清華五·封許 08"𦣞敬"，讀爲"祇敬"，恭敬。《楚辭·離騷》："湯禹儼而祇敬兮，周論道而莫差。"

清華五·三壽 20"虜𦣞"，讀爲"浹祇"，指周洽祇敬。

清華五·三壽 14、27，清華八·攝命 23"𦣞"，讀爲"祇"。《爾雅·釋詁》："祇，敬也。"

清華八·攝命 05"難𦣞乃事"，讀爲"勤祇乃事"。《書·周官》："今予小子，祇勤于德，夙夜不逮。"

透紐矢聲

矢

 清華三·說命上 02 紳（引）弼（關）辟（庫）矢

《説文·矢部》："矢，弓弩矢也。从入，象鏑栝羽之形。古者夷牟初作矢。"

清華三·說命上 02"辟矢"，讀爲"庫矢"。《周禮·夏官·司馬》："凡矢，枉矢、絜矢利火射，用諸守城、車戰；殺矢、鍭矢用諸近射、田獵；矰矢、茀矢，用諸弋射；恆矢、庳矢用諸散射。"

医

 清華八·邦道 26 医（繄）虗（吾）爲人皋（罪）戾

《説文·匚部》："医，盛弓弩矢器也。从匚、从矢。《國語》曰：'兵不解医。'"

清華八·邦道 26"医"，讀爲"繄"，句首助詞。

欧

 清華六·子儀 16 屏（開）而不廬（闔）欧（也）

～，从"欠"，"医"聲。

清華六·子儀"欧"，語助詞。相當於"也"。《古文苑·石鼓文》："汧殹沔沔。"章樵注："殹即也字。"楊樹達《〈詛楚文〉跋》："殹與也同。薛尚功《鐘鼎彝器款識》卷十八載秦權二器，第一器銘云：'其於久遠也。''也'字第二器作'殹'，是其證也。"馬王堆漢墓帛書《經法·道法》："法者，引得失以繩，而明曲直者殹。"

殹

   清華一·耆夜 05 殹(繄)民之秀

   清華一·金縢 11 殹(噫),公命我勿敢言

   清華二·繫年 120 衍(率)自(師)與戉(越)公殹(翳)伐齊

   清華三·說命上 03 帝殹(抑)尔以畀舍(余)

   清華三·說命上 03 殹(抑)非

   清華三·琴舞 06 殹(繄)莫冐(肯)曹(造)之

   清華三·芮良夫 10 殹(繄)先人又(有)言

   清華六·太伯甲 09 殹(抑)天也

   清華六·太伯甲 09 殹(抑)人也

   清華六·太伯乙 08 殹(抑)天也

   清華六·太伯乙 08 殹(抑)人也

清華七·子犯 06 誠殹（繄）蜀（獨）亓（其）志

 清華七·子犯 08 殹（抑）或易成也

 清華七·越公 73 殹（繄）民生不朸（仍）

～，與 、同，从"攴"，"医"聲，"殹"字異體。《説文·殳部》："殹，擊中聲也。从殳，医聲。"

清華一·耆夜 05、清華三·琴舞 06、清華七·越公 73"殹"，讀爲"繄"，句首助詞，相當於"惟（維）"。《左傳·隱公元年》："爾有母遺，繄我獨無。"杜預注："繄，語助。"

清華三·芮良夫 10"殹"，讀爲"繄"。或説"殹"，讀爲"也"，從上讀作"尚惥（憂）思殹（也）"。（白於藍）

清華一·金縢 11"殹（噫），公命我勿敢言"，今本《書·金縢》作"噫！公命我勿敢言"。孔傳："噫，恨辭。""殹"，讀爲"噫"。《周禮》注引鄭衆以《内則》之"醷"當《天官·酒正》之"醫"。

清華二·繫年 120"戉公殹"，讀爲"越公翳"，即越王翳。《史記·越王句踐世家》："句踐卒，子王鼫與立。王鼫與卒，子王不壽立。王不壽卒，子王翁立。王翁卒，子王翳立。王翳卒，子王之侯立。"《索隱》引《紀年》云："翳三十三年遷于吴。三十六年七月，太子諸咎弑其君翳。"

清華三·説命上 03"殹"，讀爲"抑"。《國語·晉語九》："及斷獄之日，叔魚抑邢侯，邢侯殺叔魚與雍子於朝。"韋昭注："抑，枉也。"《玉篇》："抑，冤也。"

清華三·説命上 03、清華六·太伯甲 09、太伯乙 08"殹"，讀爲"抑"，選擇連詞，參看楊樹達《詞詮》第三六八頁。

清華七·子犯 06"誠殹（繄）蜀（獨）亓（其）志"之"殹"，讀爲"繄"。《左傳·僖公五年》釋文："繄，是也"。

清華七·子犯 08"殹"，讀爲"抑"，轉折連詞。《左傳·襄公二十三年》："多則多矣，抑君似鼠。"或讀爲"繄"。（鄭邦宏）

寅

 清華四・筮法 54 寅申

 清華四・筮法 54 寅申

《説文・寅部》:"寅,髕也。正月,陽气動,去黄泉,欲上出,陰尚彊,象宀不達,髕寅於下也。凡寅之屬皆从寅。,古文寅。"

清華四・筮法 54"寅申","寅申"配"一","一"當爲"七"。(廖名春)天水放馬灘秦簡《日書乙》簡 182"寅七火"、188"申七水"。

寚

 清華二・繫年 001 禋祀不寚(寅)

～,从"皿","寅"聲。與(《集成》04649,陳侯因資敦)同。

清華二・繫年 001"寚",讀爲"寅"。《爾雅・釋詁》:"寅,敬也。"

瀢

 清華八・攝命 20 乃身砮(兹)隹(唯)明隹(唯)瀢(寅)

～,从"皿","演"聲。

清華八・攝命 20"瀢",讀爲"寅",敬。

臚

 清華八・攝命 21 乃服隹(唯)臚(寅)

～,从"皿","膑"聲。

清華八·攝命21"鹽",讀爲"寅",敬。

禋

　清華五·厚父03 廸嚴禋鬼(畏)皇天上帝之命

～,從"示","寅"聲,乃寅敬之"寅"的專字。

清華五·厚父03"廸嚴禋鬼(畏)皇天上帝之命",參《書·無逸》:"嚴恭寅畏天命。"又見秦公簋(《集成》04315)"嚴恭寅天命"。《玉篇·皿部》:"嚴,敬也。"陳逆簠(《集成》04630):"余寅事齊侯。"《爾雅·釋詁》:"寅,敬也。"

鹽

　清華一·祭公15 不(丕)則鹽(寅)言烝(哉)

～,從"皿","亞""寅"均爲聲符。上古音,"寅",屬喻紐真部;"亞",影紐真部,兩者韻部相同,所以可加注"亞"爲聲符。

清華一·祭公15"鹽",讀爲"寅"。《爾雅·釋詁》:"寅,敬也。"(程燕)或讀爲"畏"。(吳祺)

透紐尸聲

尸

清華一·耆夜03 紝(緝)尸(夷)脝(兄)俤(弟)

清華一·金縢01 王不瘳(豫)又(有)尸(遲)

清華一·祭公02 我聞(聞)且(祖)不余(豫)又(有)尸(遲)

清華二·繫年043 群縊（蠻）㠯（夷）

清華五·三壽10 四晉（海）之㠯（夷）則复（作）

清華三·良臣01 禹又（有）白（伯）㠯（夷）

清華三·祝辭02 旨（詣）五㠯（夷）

清華六·太伯甲11 逹（佚）之㠯（夷）

清華六·太伯乙10 逹（佚）之㠯（夷）

清華六·子儀16 㠯（仁）之櫨（楷）也

清華七·子犯11 四方㠯（夷）莫句（後）

清華七·越公49 東㠯（夷）

清華七·越公49 西㠯（夷）

清華七·越公56 㠯（夷）訐縊（蠻）吳

清華七·越公57 東㠯（夷）

清華七·越公57 西尸（夷）

～，與🔲（上博一·孔21）、🔲（上博三·周51）、🔲（上博五·鬼3）同。《説文·尸部》：“尸，陳也。象臥之形。”

清華一·耆夜03"紝尸"，讀爲"緝夷"，和樂。《國語·晉語八》："端刑法，緝訓典，國無姦民。"韋昭注："緝，和也。"《詩·鄭風·風雨》："云胡不夷。"毛傳："夷，說（悦）也。"（《讀本一》第122頁）或讀爲"恁仁"，誠信仁愛。

清華一·金縢01、清華一·祭公02"尸"，讀爲"遲"。《廣韻》："遲，久也。"

清華二·繫年043"䜌尸"，讀爲"蠻夷"，古代對四方邊遠地區少數民族的泛稱。亦專指南方少數民族。《書·舜典》："柔遠能邇，惇德允元，而難任人，蠻夷率服。"《史記·武帝本紀》："天下名山八，而三在蠻夷，五在中國。"

清華五·三壽10"四昏之尸則复"，讀爲"四海之夷則作"。《論衡·恢國篇》："武王伐紂，庸、蜀之夷佐戰牧野。成王之時，越常獻雉，倭人貢暢。幽、厲衰微，戎狄攻周，平王東走，以避其難。至漢，四夷朝貢。"

清華三·良臣01"白尸"，讀爲"伯夷"。見《書·呂刑》："伯夷降典，折民惟刑；禹平水土，主名山川；稷降播種，農殖嘉穀。"《國語·鄭語》："伯夷，能禮於神以佐堯者也。"

清華三·祝辭02"五尸"，或讀爲"武夷"，見九店簡（參看《九店楚簡》第50頁）、馬王堆帛書。

清華六·太伯甲11、清華六·太伯乙10"逢之尸"，讀爲"佚之夷"，人名。《左傳·僖公三十年》："晉軍函陵，秦軍氾南。佚之狐言於鄭伯曰：'國危矣，若使燭之武見秦君，師必退。'"佚之狐薦燭之武以退秦師，事在鄭文公四十三年，與簡文之"佚之夷"不知是否爲一人。

清華六·子儀16"尸（仁）之檣（楷）也"，郭店簡《性自命出》："篤，仁之方也；仁，性之方也。"

清華七·子犯11"四方尸"，讀爲"四方夷"。《後漢書·百官志》："及拜諸侯、諸侯嗣子及四方夷狄封者，臺下鴻臚召拜之。"

清華七·越公49、57"東尸"，讀爲"東夷"，古代對我國中原以東各族的統稱。《禮記·曲禮下》："其在東夷、北狄、西戎、南蠻，雖大曰子。"

清華七·越公49、57"西尸"，讀爲"西夷"，古代指我國西部地區的部族。

· 2187 ·

《書·仲虺之誥》:"東征西夷怨,南征北狄怨。"《孟子·離婁下》:"文王生於岐周,卒於畢郢,西夷之人也。"

清華七·越公56"𡰥",讀爲"夷",泛稱中原以外的各族。《禮記·王制》:"東方曰夷。"《孟子·梁惠王上》:"莅中國而撫四夷也。"

眉

 清華五·三壽21 而天目母(毋)眉(眱)

~,從"目","𡰥(夷)"聲,"眱"之異體。《玉篇》:"眱,目小視也。"《說文·目部》有"睇"字,段注曰:"按眱亦睇。"

清華五·三壽21"眉",讀爲"眱"。《說文·目部》:"眱,艸入目中也。"

秜

 清華三·芮良夫24 則女(如)禾之又(有)秜(稺)

~,從"禾","𡰥(夷)"聲,爲"稺"之異體。《說文·禾部》:"稺,幼禾也。從禾,屖聲。"

清華三·芮良夫24"秜",即"稺",晚種的糧食作物,幼禾。《詩·魯頌·閟宮》:"黍稷重穋,稙稺菽麥。"毛傳:"後種曰稺。"

衪

 清華六·子儀05 衪₌(遲遲)可(兮)

~,從"衣","𡰥(夷)"聲,可能是"袳"之異體。《集韻·齊韻》以"袳"爲衣名。

清華六·子儀05"衪",讀爲"遲遲"。《詩·豳風·七月》:"春日遲遲,采蘩祁祁。"毛傳:"舒緩也。"

伓

　清華七·越公 35 羣=（至于）鄢（邊）㶣（縣）尖=（小大）遠伓（邇）

　清華七·越公 44 王乃逓（趣）使（使）人戠（察）腈（省）成（城）市鄢（邊）還（縣）尖=（小大）遠伓（邇）之俍（句）、苔（落）

～，從"亻"，"尼"聲，"迡"字異體。所從"尼"與 、、、同。所從的"人"旁下部均加有飾筆。（程燕）

清華七·越公 35"遠伓"，遠邇。《書·盤庚上》："乃不畏戎毒于遠邇。""迡"，《廣韻》："近也。""迡""邇"音義並近。

层

　清華一·楚居 05 夜而内层（尸）

～，與 、同，從"示"，"尸"聲，楚文字"尸"之繁構。楚簡中楚國月名"習层"，雲夢秦簡作"刑尸""刑夷"或"刑屎"；鄂君啓節"夏层"，秦簡作"夏尸"或"夏夷"。

清華一·楚居 05"层"，祭祀名。楚月名習层、夏层，秦簡作刑夷、夏夷。"尸"與"夷"通。《禮記·喪大記》："男女奉尸夷于堂。"孔穎達疏曰："夷，陳也。"簡文之"层"，疑指陳列犧牲以祭。

屎

　清華二·繫年 014 成王屎（踐）伐商邑

～,與(《集成》04649,陳侯因𰯼敦)同。

清華二·繫年014"屎伐",讀爲"踐伐",猶翦伐、誅滅。《呂氏春秋·古樂》:"成王立,殷民反,王命周公踐伐之。"一說爲前往討伐。或隸作"㞒",讀爲"纘"。(清華大學出土文獻讀書會)

樨

清華六·太伯乙02 不穀(穀)以能與䢐(就)樨(次)

～,從"木","犀"聲。《說文·牛部》:"犀,南徼外牛。一角在鼻,一角在頂,似豕。從牛,尾聲。"

清華六·太伯乙02"樨",清華六·太伯甲02作"宋",均讀爲"次",所居之處。《周禮·天官·宮伯》:"授八次八舍之職事。"鄭注引鄭司農云:"庶子衛王宮,在內爲次,在外爲舍。"引申爲朝堂之位。《周禮·春官·大史》:"祭之日,執書以次位常。"《左傳·僖公元年》:"里克殺奚齊于次。"簡文"就次"指繼嗣君位。

迣(遲)

清華一·楚居02 穴酓(熊)迣(遲)遟(徙)於京宗

～,與 (上博七·吳7)同,從"辵","犀"省聲,"遲"字或體。《說文·辵部》:"遲,徐行也。從辵,犀聲。《詩》曰:'行道遲遲。' ,或從尼。 ,籀文遲,從屖。"

清華一·楚居02"迣",即"遲",緩慢。《荀子·修身》:"則千里雖遠,亦或遲或速,或先或後,胡爲乎其不可以相及也!"

定紐夷聲

埶

 清華一·楚居 04 思（使）若（鄀）嗸（噬）卜遷（徙）於埶屯

清華一·楚居 05 聿（盡）居埶屯

～，从"土"，"夷"聲，"夷"字繁體。《說文·大部》："夷，平也。从大、从弓。東方之人也。"

清華一·楚居 4、5"埶屯"，讀爲"夷陵"，是楚先祖居住在丹陽時的陵墓所在地，簡文"夷陵"指代丹陽。《史記·楚世家》："（楚頃襄王）二十一年，秦將白起遂拔我郢，燒先王墓夷陵。楚襄王兵散，遂不復戰，東北保於陳城。"（李家浩）

鵋

 清華七·子犯 10 卑（譬）若從鵋（雉）狀（然）

～，與上博五·競 2"鵋（雉）廆（雛）"之"鵋"同，从"鳥"，"埶"聲，"雉"字異體。《說文·隹部》："雉，有十四種：盧諸雉，喬雉，鳴雉，鷩雉，秩秩海雉，翟山雉，翰雉，卓雉，伊洛而南曰翬，江淮而南曰搖，南方曰𥀅，東方曰甾，北方曰稀，西方曰蹲。从隹、矢聲。𪁗，古文雉从弟。"

清華七·子犯 10"鵋"，疑讀爲"雉"。《書·高宗肜日序》："高宗祭成湯，有飛雉升鼎耳而雊，祖己訓諸王，作《高宗肜日》。"《說苑·辨物》："昔者高宗、成王感於雊雉、暴風之變，脩身自改，而享豐昌之福也。"《漢書·杜周傳》："高宗遭雊雉之戒，飭己正事，享百年之壽，殷道復興。"

定紐弟聲

弟

清華二·繫年007 乃立幽王之弟舍（余）臣于虢（虢）

清華二·繫年011 亓（其）夫=（大夫）高之巨（渠）爾（彌）殺卲（昭）公而立亓（其）弟子釁（眉）壽

清華二·繫年033 而立亓（其）弟悼子

清華二·繫年051 乃命左行瘧（蔑）与（與）陀（隨）會卲（召）襄公之弟癰（雍）也于秦

清華六·孺子07 以腥（兄）弟昏（婚）因（姻）之言

清華六·子儀12 救兄弟以見東方之者（諸）侯

清華七·越公16 兹（使）虖（吾）弍（二）邑之父兄子弟朝夕棧（殘）

清華七·越公19 孤用衒（率）我壹（一）弍（二）子弟

清華八·邦政06 弟子不敷（轉）遠人

清華八·邦政 10 弟子敹（轉）遠人而爭跬（窺）於誨（謀）夫

清華八·邦道 26 價（贅）位亓（其）子弟

～，楚文字或作 、、、、。《說文·弟部》："弟，韋束之次弟也。从古字之象。凡弟之屬皆从弟。![]，古文弟，从古文韋省，丿聲。"

清華六·繫子 07"胜弟"，即"兄弟"，哥哥和弟弟。《爾雅·釋親》："男子先生爲兄，後生爲弟。"《詩·小雅·常棣》："凡今之人，莫如兄弟。"鄭箋："人之恩親，無如兄弟之最厚。"

清華六·子儀 12"救兄弟以見東方之者（諸）侯"，拯救嬴姓國家和會盟東方諸侯是秦國對外擴張宣示的兩大理由。《左傳·僖公二十八年》："夏四月戊辰，晉侯、宋公、齊國歸父、崔夭、秦小子憖次于城濮。""冬，公會晉侯、齊侯、宋公、蔡侯、鄭伯、陳子、莒子、邾人、秦人于溫。"

清華七·越公 16"父兄子弟"，代指百姓。《左傳·襄公八年》："民死亡者，非其父兄，即其子弟。"

清華七·越公 19、清華八·邦道 26"子弟"，子與弟，對父兄而言。《孟子·梁惠王下》："若殺其父兄，係累其子弟，毀其宗廟，遷其重器，如之何其可也？"

清華八·邦政 06、10"弟子"，爲人弟者與爲人子者。《易·師》："長子帥師，弟子輿尸，貞凶。"《論語·學而》："弟子入則孝，出則悌。"邢昺疏："男子後生爲弟。言爲人弟與子者，入事父兄則當孝與弟也。"

悌

清華一·耆夜 03 紝（緝）旦（夷）胜（兄）俤（弟）

清華一·金縢 07 官(管)弔(叔)返(及)亓(其)群𪚣(兄)俤(弟)

　清華三·芮良夫 08 㑩(兄)俤(弟)愿(鬩)矣

～，與🈶(上博二·民 1)、🈶(上博四·逸·交 1)、🈶(上博四·內 4)同，從"人"，"弟"聲，當是兄弟之"弟"的專字。

　　清華一·耆夜 03"𪚣俤"、清華三·芮良夫 08"㑩俤"，即"兄弟"。《左傳·襄公十四年》："自王以下，各有父兄子弟，以補察其政。史爲書，瞽爲詩，工誦箴諫，大夫規誨，士傳言，庶人謗，商旅于市，百工獻藝。"

　　清華一·金縢 07"官弔返亓群𪚣俤"，讀爲"管叔及其群兄弟"。今本《書·金縢》作"武王既喪，管叔及其群弟乃流言於國"。

定紐示聲

示

　清華一·皇門 05 先(先人)神示(祇)返(復)式〈式〉用休

《說文·示部》："示，天垂象，見吉凶，所以示人也。从二。三垂，日月星也。觀乎天文，以察時變。示，神事也。凡示之屬皆从示。𧚌，古文示。"

　　清華一·皇門 05"神示"，讀爲"神祇"，天神與地神。《書·湯誥》："爾萬方百姓，罹其凶害，弗忍荼毒，並告無辜于上下神祇。"孔傳："並告無罪稱冤訴天地。"《史記·宋微子世家》："今殷民乃陋淫神祇之祀。"裴駰《集解》引馬融曰："天曰神，地曰祇。"

視

　清華一·祭公 02 余隹(惟)寺(時)逨(來)視

清華三·說命中 06 女(汝)克睍(覵)視四方

清華三·說命中 06 乃府(俯)視坒(地)

清華三·說命中 07 若詆(抵)不視

清華三·說命下 03 以嗌(益)視事

清華三·說命下 06 晝女(如)視日

清華三·說命下 06 夜女(如)視晨(辰)

清華三·琴舞 08 晝之才(在)視日

清華三·琴舞 08 夜之才(在)視晨(辰)

清華三·赤鵠 06 視而不能言

清華四·筮法 39 乃蠚(惟)兇之所集於四立(位)是視

清華六·子儀 03 以視楚子義(儀)於杏會

清華六·子儀 06 逆視達化

清華七·越公 75 孤余系（奚）面目以視于天下

清華八·邦政 06 則視亓（其）民必女（如）腸（傷）矣

清華八·邦政 10 則視亓（其）民女（如）艹（草）薊（芥）矣

清華八·心中 02 目古（故）視之

清華八·心中 05 䛔（聞）係（訊）視聖（聽）

～，與 、、同，目下直立人形是"視"的表意初文。"見"字作![]，下部爲跪坐的人形。《説文》以"視"訓"見"，"見"與"視"本來應是一組同源字。《説文·見部》："視，瞻也。从見、示。![]，古文視。![]，亦古文視。"

清華一·祭公 02"余隹（惟）寺（時）逨（來）視"，今本《逸周書·祭公》作"予惟敬省"。

清華三·説命中 06"睍視"，讀爲"觀視"，典籍或作"宣視"。《漢書·王莽傳下》："崔發、張邯説莽曰：'德盛者文縟，宜崇其制度，宣視海內，且令萬世之後無以復加也。'"顏師古注："視讀曰示。"《晉書·郭默傳》："胤尚與妾臥，默牽下斬之。出取胤僚佐張滿、荀楷等，誣以大逆。傳胤首于京師，詐作詔書，宣視內外。"

清華三·説命中 06"府視"，讀爲"俯視"，嚮下看。《淮南子·泰族》："俯視地理，以制度量，察陵陸水澤肥墽高下之宜，立事生財，以除饑寒之患。"宋玉《高唐賦》："俯視崝嶸，窒寥窈冥。"

清華三·説命下 03"視事"，就職治事。《左傳·襄公二十五年》："饗諸北郭，崔子稱疾，不視事。"

清華三·説命下 06、清華三·琴舞 08"視日",看太陽。

清華三·説命下 06、清華三·琴舞 08"視晨",讀爲"視辰",看星辰。朱駿聲《説文通訓定聲》辰字條云:"辰者,二十八宿也。"

清華七·越公 75"孤余系(奚)面目以視于天下",參《國語·越語上》:"寡人請死,余何面目以視於天下乎!"

清華八·邦政 06、10"則視亓民必女腸矣",或讀爲"則視其民必如傷矣"。參《左傳·哀公元年》:"臣聞國之興也,視民如傷,是其福也。其亡也,以民爲土芥,是其禍也。"

清華八·邦政 10"則視亓民女茓薊矣",讀爲"則視其民如草芥矣"。參上。

清華八·心中 05"視聖",讀爲"視聽",看和聽。《書·蔡仲之命》:"詳乃視聽。"《墨子·尚同中》:"夫唯能使人之耳目,助己視聽;使人之吻,助己言談。"

清華八·心中 02"視",看。《易·履》:"眇能視,不足以有明也。"《荀子·勸學》:"目不能兩視而明;耳不能兩聽而聰。"

定紐彝聲

彝

 清華一·皇門 07 乃隹(維)叞=(急急)疌(胥)區(驅)疌(胥)敄

(教)于非彝

 清華五·厚父 06 湳湎于非彝

 清華五·封許 06 贈尔廌(薦)彝

 清華八·攝命 19 是亦尚弗毀(逢)乃彝

 清華八·攝命 20 乃克甬(用)之彝

清華三·琴舞 10 命不彝箸（歇）

《說文·糸部》："彝，宗廟常器也。从糸；糸，綦也。廾持米，器中寶也。彑聲。此與爵相似。《周禮》：'六彝：雞彝、鳥彝、黃彝、虎彝、蠱彝、斝彝。以待祼將之禮。'𢆶、𢆶，皆古文彝。"

清華一·皇門 07、清華五·厚父 06"非彝"，非法。《逸周書·皇門》："維時及胥學于非夷。"莊述祖注："夷，常。夷、彝通。"孫詒讓注："莊說是也。《酒誥》云：'誕惟厥縱淫佚于非彝。'《召誥》云：'其惟王，勿以小民淫用非彝。'《洛誥》云：'女于棐民彝。'棐、非、夷、彝字通。非彝，猶言非法也。"

清華五·封許 06"薦彝"，讀爲"薦彝"，即祭祀獻神的禮器。《說文·糸部》："彝，宗廟常器也。"王國維《觀堂集林·說彝》："尊、彝，皆禮器之總名也。"

清華八·攝命 19、20"彝"，常，常規，一成不變的法度。《詩·大雅·烝民》："民之秉彝，好是懿德。"毛傳："彝，常。"朱熹《集傳》："是乃民所執之常性，故其情無不好此美德者。"《國語·周語中》："天道賞善而罰淫，故凡我造國，無從非彝，無即慆淫，各守爾典，以承天休。"韋昭注："彝，常也。"

泥紐二聲

二

清華一·尹至 02 龍（寵）二玉

清華一·耆夜 03 愸（宴）以二公

清華一·金縢 01 二公告周公曰

清華一·金縢 07 周公乃告二公曰

清華一·金縢 13 二公命邦人䒸（盡）返（復）竺（築）之

清華一·皇門 02 我酮（聞）昔才（在）二又（有）或（國）之折（哲）王

清華二·繫年036 文公十又二年居翟(狄)

 清華二·繫年039 二邦伐䣙(鄀)

 清華二·繫年096 晉臧(莊)坪(平)公立十又二年

 清華二·繫年108 二邦爲好

 清華二·繫年116 二年

 清華三·說命上04 生二戊(牡)豕

 清華三·芮良夫15 二攺(啓)曰

 清華三·赤鵠07 二黃它(蛇)

 清華三·赤鵠07 二白兔

 清華三·赤鵠08 帝命句(后)土爲二莕(陵)屯

 清華三·赤鵠11 二黃它(蛇)

 清華三·赤鵠11 二白兔

 清華三·赤鵠12 帝命句(后)土爲二莕(陵)屯

 清華三·赤鵠14 殺二黃它(蛇)與一白兔

 清華三·赤鵠14 又(有)二莕(陵)

 清華四·筮法48 二五夾四

 清華五·蛮門07 二月乃裹

 清華五·三壽 02 尔（爾）是智（知）二又（有）郞（國）之請（情）

清華六·孺子 09 昔虗（吾）先君史（使）二三臣

清華六·孺子 13 二三老母（毋）交於死

清華六·孺子 14 二三臣史於邦

清華六·孺子 16 二三夫=（大夫）不尚（當）母（毋）然

 清華六·孺子 16 二三夫=（大夫）膚（皆）虗（吾）先君斋=（之所）仅（守）孫也

清華六·孺子 16 虗（吾）先君智（知）二三子之不忈=（二心）

清華六·孺子 17 今二三夫=（大夫）畜孤而乍（作）女（焉）

清華六·管仲 16 能旻（得）儳（僕）二人同心

清華六·子儀 18 臣見二人戠（仇）競

清華七·子犯 06 二子事公子

清華七·趙簡子 07 掌又（有）二氏（宅）之室

清華七·越公 66 雩（越）人分爲二帀（師）

清華八·處位 05 二懋（忧）

清華八·八氣 01 二旬又五日

清華八·八氣 02 二旬又五日

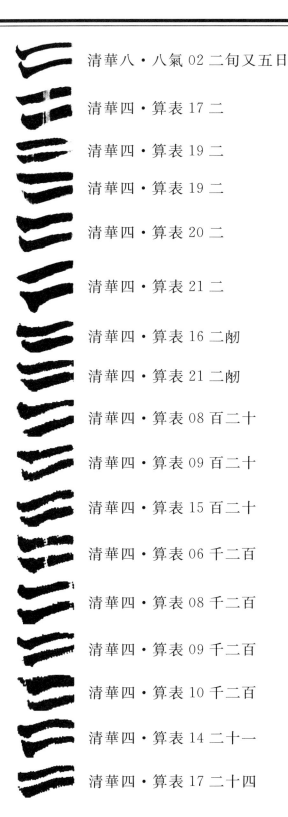

清華八·八氣 02 二旬又五日

清華四·算表 17 二

清華四·算表 19 二

清華四·算表 19 二

清華四·算表 20 二

清華四·算表 21 二

清華四·算表 16 二朌

清華四·算表 21 二朌

清華四·算表 08 百二十

清華四·算表 09 百二十

清華四·算表 15 百二十

清華四·算表 06 千二百

清華四·算表 08 千二百

清華四·算表 09 千二百

清華四·算表 10 千二百

清華四·算表 14 二十一

清華四·算表 17 二十四

清華四·算表15 二十四

清華四·算表14 二十八

清華四·算表17 二十八

清華四·算表07 二百

清華四·算表08 二百

清華四·算表10 二百

清華四·算表11 二百

清華四·算表16 二百

清華四·算表17 二百

清華四·算表05 二百一十

清華四·算表09 二百十

清華四·算表14 二百十

清華四·算表18 二百十

清華四·算表04 二百四十

清華四·算表06 二百四十

清華四·算表08 二百四十

清華四·算表09 二百四十

清華四·算表13 二百四十

清華四·算表15 二百四十

清華四·算表17 二百四十

清華四·算表18 二百四十

清華四·算表07 二百𠎣=（五十）

清華四·算表16 二百𠎣=（五十）

清華四·算表03 二百七十

清華四·算表09 二百𠦜=（七十）

清華四·算表12 二百𠦜=（七十）

清華四·算表18 二百𠦜=（七十）

清華四·算表05 二百𠔿=（八十）

清華四·算表08 二百𠔿=（八十）

清華四·算表17 二百𠔿=（八十）

清華四·算表07 二千

清華四·算表08 二千

清華四·算表05 二千一百

清華四·算表09 二千一百

清華四·算表04 二千四百

清華四·算表06 二千四百

清華四·算表08 二千四百

清華四·算表09 二千四百

清華四·算表07 二千五百

清華四·算表03 二千七百

清華四·算表09 二千七百

清華四·算表05 二千八百

清華四·算表08 二千八百

清華四·算表17 三十二

清華四·算表13 卅=（三十）二

清華四·算表04 三千二百

清華四·算表08 三千二百

清華四·算表14 四十二

清華四·算表15 四十二

清華四·算表15 四百二十

清華四·算表 06 四千二

清華四·算表 05 四千二百

清華四·算表 13 丰₌（七十）二

清華四·算表 12 丰（七十）二

清華四·算表 03 七百二十

清華四·算表 04 七百二十

清華四·算表 03 七千二百

清華四·算表 04 七千二百

清華四·算表 15 十二

清華四·算表 17 十二

清華四·算表 18 十二

清華四·算表 19 十二

清華一·尹至 02（背）二

清華一·尹誥 02（背）二

清華一·耆夜 02（背）二

清華一·金縢 02（背）二

清華一·皇門 02（背）二

清華一·祭公 02(背)二

清華二·繫年 002(背)二

清華二·繫年 102(背)百二

清華二·繫年 112(背)百十二

清華二·繫年 122(背)百廿(二十)二

清華二·繫年 132(背)(殘)百卅(三十)二

清華三·說命上 02(背)二

清華三·說命中 02(背)二

清華三·說命下 02(背)二

清華三·琴舞 02(背)二

清華三·芮良夫 02(背)二

清華三·赤鵠 02(背)二

清華五·厚父 02(背)二

清華五·封許 02(背)二

清華五·命訓 02(背)二

清華五·三壽 02(背)二

清華八·攝命 02(背)二

清華八·處位 02(背)二

～,與 ◆(上博一·孔 6)同。《説文·二部》:"二,地之數也。从偶一。凡二之屬皆从二。弍,古文。"

清華一·尹至 02"龍二玉",讀爲"寵二玉",指寵愛琬、琰二女。《太平御覽》卷一三五引《紀年》:"后桀伐岷山,岷山女于桀二人,曰琬曰琰。桀受二女,無子,刻其名于苕華之玉,苕是琬,華是琰。"事亦見《吕氏春秋·慎大》及上海博物館藏簡《容成氏》等。

清華一·耆夜 03"二公",指周公和畢公。

清華一·金縢 01、07、13"二公",《魯世家》以爲太公、召公。

清華一·皇門 02"二又或",讀爲"二有國",指夏、商二朝。

清華二·繫年 039"二邦伐緒",讀爲"二邦伐都"。《左傳·僖公二十五年》:"秋,秦、晉伐鄀。楚鬬克、屈禦寇以申、息之師戍商密……圍商密……秦師囚申公子儀、息公子邊以歸。"

清華六·孺子 09、14"二三臣","二三"爲約數,不定數,表示較少的數目,猶言幾。《國語·吴語》:"勾踐用帥二三之老,親委重罪,頓顙於邊。"

清華六·孺子 13"二三老",《左傳·昭公十九年》:"寡君與其二三老曰:'抑天實剥亂是,吾何知焉?'"

清華六·孺子 16、17"二三夫=",讀爲"二三大夫"。《國語·晉語一》:"二三大夫其戒之乎,亂本生矣!"

清華六·孺子 16"二三子",這裏是人君呼大夫之稱。《左傳·僖公十五年》:"秦獲晉侯以歸,晉大夫反首拔舍從之,秦伯使辭焉,曰:'二三子何其慼也。'"《國語·晉語五》:"皆告諸大夫曰:二三子可以賀我矣。"

清華六·管仲 16"二人同心",《易·繫辭上》:"子曰:'君子之道,或出或處,或默或語。二人同心,其利斷金。同心之言,其臭如蘭。'"

弍

　清華一·程寤 06 朕䎽(聞)周長不弍(貳)

清華四·筮法 20 上去弍(二)

 清華四·算表 01 弍

 清華七·子犯 04 虗(吾)宔(主)之弍(二)晶(三)臣

 清華七·晉文公 02 以孤之舊(久)不旻(得)繇(由)弍(二)厽(三)夫=(大夫)

 清華七·晉文公 02 以孤之舊(久)不旻(得)繇(由)弍(二)厽(三)夫=(大夫)

 清華七·越公 16 兹(使)虗(吾)弍(二)邑之父兄子弟

 清華七·越公 19 孤用銜(率)我壹(一)弍(二)子弟

 清華八·邦道 12 鼠-(一)之則亡(無)弍(二)心

 清華八·天下 01 天下之道弍(二)而改(已)

 清華八·天下 06 弍(二)曰儱(勸)之

～，與 、同，乃《説文》古文所本。![]，从"戉"，與 同。

· 2208 ·

清華一•程寤 06"弍",讀爲"貳",變易,變化。《國語•周語下》:"成事不貳,樂之至也。"韋昭注:"貳,變也。"《詩•小雅•都人士序》:"古者長民,衣服不貳。"鄭箋:"變易無常謂之貳。"

清華七•子犯 04"弍晶"、晉文公 02"弍厸",即"二三",參上。

清華七•越公 16"弍邑",即"二邑",指吳國、越國。

清華七•越公 19"壹弍",即"一二",少許。《書•康誥》:"(文王)用肇造我區夏,越我一二邦,以修我西土。"

清華八•邦道 12"亡弍心",讀爲"無二心",沒有異心,忠實。《書•康王之誥》:"則亦有熊羆之士,不二心之臣,保乂王家。"《左傳•昭公十三年》:"君苟有信,諸侯不貳,何患焉?"

清華八•天下 01"天下之道弍而改",讀爲"天下之道二而已",簡文謂攻、守即天下之道。

清華八•天下 06"弍曰",即"二曰",序數,第二。《墨子•七患》:"城郭溝池不可守,而治宮室,一患也;邊國至境,四鄰莫救,二患也。"

酨

清華六•太伯甲 04 卑(譬)若饡(饋)而不酨(貳)

～,從"酉","弍"聲。所從"弍"與☒(郭店•五行 48)、☒(清華八•邦道 12)同。(程燕)

清華六•太伯甲 04"卑若饡而不酨",讀爲"譬若饋而不貳"。"不貳",義爲沒有兩樣,相同。《韓非子•難三》:"君令不二,除君之惡,惟恐不堪。"簡文"爲臣而不諫,卑若饋而不貳",作臣子的如果不能進諫,就如同進來的食物沒有什麽兩樣,亦即與普通人沒什麽異樣。(程燕)《論衡•名雩》:"詠而饋,詠歌饋祭也,歌詠而祭也。"《文選•王僧達〈祭顏光祿文〉》:"敬陳奠饋。"李善注引《倉頡篇》:"饋,祭名也。"《文選•顏延之〈宋文皇帝元皇后哀策文〉》:"皇帝親臨祖饋。"李周翰注:"饋,祭也。"《廣雅•釋詁》:"貳,益也。"《管子•弟子職》:"周還而貳。"尹知章注:"貳,謂再益。"《周禮•天官•酒正》:"大祭三貳,中祭再貳,小祭一貳。"鄭玄引鄭司農云:"三貳,三益副之也。"簡文"饋而不貳"猶如"祭而不貳"。(白於藍)或說"譬若饋而不貳",猶如饋食祇有一種食物,稱不上

2209

饋食。(曹方向)或釋爲"醎",應爲飲食"咸和"所造的專字。(季旭昇)

恣

　　清華七・越公24 恣志於雩(越)公

《說文・心部》:"恣,縱也。从心,次聲。"

清華七・越公24"恣志",《國語・晉語四》:"君若恣志以用重耳,四方諸侯,其誰不惕惕以從君命!"《呂氏春秋・適威》:"驕則恣,恣則極物。"

胔

　　清華二・繫年031 欲亓(其)子瓢(奚)胔(齊)之爲君也

　　清華二・繫年032 乃立瓢(奚)胔(齊)

　　清華二・繫年032 亓(其)夫=(大夫)里之克乃殺瓢(奚)胔(齊)

～,从"肉","次"聲。

清華二・繫年032"瓢胔",讀爲"奚齊",驪姬之子。《國語・晉語一》:"獻公伐驪戎,克之,滅驪子,獲驪姬以歸,立以爲夫人,生奚齊。"

瘠

　　清華一・楚居16 邦大瘠(瘠)

～,从"疒","胔"聲。上博四・柬18作 ．

清華一・楚居16"邦大瘠",讀爲"邦大瘠",邦大病。上博四・柬18"邦家大旱疪瘠",義同"大瘠"。《公羊傳・莊公二十年》:"大災者何?大瘠也。大瘠者何?痾也。"何休注:"瘠,病也。"

疨

　　清華八·邦道 06 以疨不成

～，从"疒"，"次"聲。

清華八·邦道 06"疨"，疑讀爲"瘠"。《公羊傳·莊公二十年》："大瘠也。"何休注："瘠，病也。"簡文可參《墨子·尚同中》："故當若天降寒熱不節，雪霜雨露不時，五穀不孰，六畜不遂，疾菑戾疫，飄風苦雨，荐臻而至者，此天之降罰也，將以罰下人之不尚同乎天者也。"

歠

　　清華六·孺子 10 歠虞（吾）先君而孤乳=（孺子）

《說文·歹部》："歠，戰見血曰傷，亂或爲惽，死而復生爲歠。从歹，次聲。"《字彙補》："歠，同歠"。

清華六·孺子 10"歠"，與"歠"同。歠，《廣雅·釋詁》："病也。"此指爲難。

秎

　　清華三·琴舞 13 秎（咨）尔多子

～，从"禾"，"次"聲。

清華三·琴舞 13"秎"，讀爲"咨"。《書·堯典》："帝曰：咨，汝羲暨和。"孔傳："咨，嗟。"《詩·大雅·蕩》："文王曰咨，咨女殷商。"

資

　　清華七·越公 42 貨資

清華八·邦道 13 古（故）資裕以易足

～，與 （上博四·曹 17）同。《說文·貝部》："資，貨也。从貝，次聲。"

清華七·越公 42"貨資"，同義連用，貨物資財。《韓非子·解老》："故服文采，帶利劍，厭飲食而貨資有餘者，是之謂盜竽矣。"

清華八·邦道 13"資裕"，物資充裕。

螆

 清華八·處位 06 從取螆（資）女（焉）

～，从"虫"，"資"聲。或从"貝"，"盗"聲。

清華八·處位 06"螆"，讀爲"資"。《廣雅·釋詁》："資，用也。"

泥紐尔聲

尔

 清華一·保訓 11 不及尔（爾）身受大命

 清華一·金縢 03 尔（爾）元孫發（發）也

 清華一·金縢 03 尔（爾）母（毋）乃又（有）備子之責才（在）上

 清華一·金縢 03 佳（惟）尔（爾）元孫發（發）也

清華一·金縢 04 以奠（定）尔（爾）子孫于下陞（地）

清華簡文字聲系正編·脂部

清華一·金縢 05 尔(爾)之訢(許)我

清華一·金縢 05 尔(爾)不我訢(許)

清華一·皇門 12 夫明尔(爾)悳(德)

清華一·皇門 13 母(毋)隹(惟)尔(爾)身之䛊(閱)

清華一·皇門 13 皆䏌尔(爾)邦

清華一·祭公 16 女(汝)母(毋)以俾(嬖)訢(御)息(疾)尔(爾)戕(莊)句(后)

清華一·祭公 19 型(刑)四方克审(中)尔(爾)罰

清華三·說命上 03 帝殹(抑)尔(爾)以畀舍(余)

清華三·說命上 03 隹(惟)帝以余畀尔(爾)

清華三·說命上 03 尔(爾)右頴=(稽首)

清華三·琴舞 09 者(諸)尔(爾)多子

清華三·琴舞 13 秋(咨)尔(爾)多子

 清華三·芮良夫 03 以繡(申)尔(爾)愳(謀)猷

 清華三·芮良夫 09 迡(及)尔(爾)聿(盡)臣

 清華三·芮良夫 10 各壡(當)尔(爾)悳(德)

 清華三·赤鵠 03 尔(爾)不我嘗

 清華三·赤鵠 03 虐(吾)不亦殺尔(爾)

 清華三·赤鵠 10 尔(爾)隹(惟)曷

 清華三·赤鵠 10 女(如)尔(爾)天晉(巫)

 清華五·封許 05 女(汝)隹(惟)壼(臧)耆尔(爾)猷

 清華五·封許 06 贈尔(爾)鷹(薦)彝

 清華五·封許 08 女(汝)亦隹(惟)嘼(淑)章尔(爾)遠(慮)

 清華五·封許 08 肸(祇)敬尔(爾)猷

清華五·三壽 01 尔（爾）是先生

清華五·三壽 01 尔（爾）是智（知）二又（有）邦（國）之請（情）

清華五·三壽 08 句（苟）我與尔（爾）相念相㥛（謀）

清華二·繫年 011 亓（其）大=（大夫）高之巨（渠）爾（彌）殺卲（昭）公而立亓（其）弟子釁（眉）壽

清華二·繫年 012 車歇（轄）高之巨（渠）爾（彌）

清華二·繫年 089 爾（弭）天下之虢（甲）兵

清華二·繫年 097 爾（弭）天下之虢（甲）兵

清華八·邦道 24 覜（盜）惖（賊）不爾（弭）

介，與 ⺈（上博四·曹 32）同。《説文·八部》："尔，詞之必然也。从入、丨、八；八象氣之分散。"《説文·㸚部》："爾，麗爾，猶靡麗也。从冂从㸚，其孔㸚，尓聲。此與爽同意。"

清華一·皇門 12"夫明尔㥯"，讀爲"夫明爾德"。《詩·大雅·蕩》："不明爾德，時無背無側。爾德不明，以無陪無卿。"上博一·孔 7"裹爾顆㥯"，讀爲"懷爾明德"。

清華三·琴舞 09"者尔多子"，讀爲"諸爾多子"。《書·多方》："惟爾多方，罔堪顧之。"

清華二·繫年 097"爾天下之虢兵"，讀爲"弭天下之甲兵"。《左傳·襄公二十七年》:"晉、楚許之,我焉得已。且人曰弭兵,而我弗許,則固攜吾民矣,將焉用之?""爾",讀爲"弭",止息。《左傳·襄公二十五年》:"自今以往,兵其少弭矣。"杜預注:"弭,止也。"

清華八·邦道 24"不爾",讀爲"不弭",不止。《論衡·累害篇》:"不理身冤,不弭流言,受垢取毀,不求潔完,故惡見而善不彰,行缺而迹不顯。"

清華二·繫年 011、012"高之巨爾",讀爲"高之渠彌",即高渠彌。《左傳·桓公十八年》:"秋,齊侯師于首止,子亹會之,高渠彌相。七月戊戌,齊人殺子亹而轘高渠彌。"

罞

　　清華三·說命下 04 叀(厥)亓(其)悤(禍)亦羅于罝罞

～,從"网","尔"聲。

清華三·說命下 04"罝罞",讀爲"罝罬",捕鳥的網。《說文·网部》:"罬,捕鳥覆車也。从网,叕聲。輟,罬或从車。"《爾雅·釋器》:"罬,罦也。罦謂之罿。罿,覆車也。"《詩·王風·兔爰》"有兔爰爰,雉離于罿",毛傳:"罿,罬也。"(孟蓬生)

珥

　　清華六·太伯甲 11 皇之俞珥(彌)

　　清華六·太伯乙 10 皇之俞珥(彌)

～,從"玉","爾"聲。

清華六·太伯"皇之俞珥(彌)",即"䵣之俞彌",疑讀爲"士之俞彌"。《左傳·僖公二十年》:"夏,鄭公子士洩、堵寇帥師入滑。"《左傳·僖公二十四年》:"鄭公子士洩、堵俞彌帥師伐滑。"舊說皆讀作"公子士""洩堵俞彌",以"洩堵"爲"俞彌"之氏,非是。《左傳·宣公三年》稱鄭文公"娶于江,生公子士",或疑"士""洩"一名一字,或名"士洩"而單稱"士"。頗疑《左傳》"士洩、堵俞彌",即"士之俞彌",或釋爲"堵之俞彌"。

來紐豐聲

豐

清華一·金縢 12 我邦冢(家)豊(禮)亦宜之

清華五·命訓 12 俈(訓)之以豊(禮)

清華五·命訓 13 豊(禮)又(有)峕(時)

清華五·命訓 14 豊(禮)［亡(無)峕(時)］則不貴

清華六·管仲 19 丌(其)童(動)亡(無)豊(禮)

清華五·三壽 15 戠(申)豊(禮)懃(勸)忣(規)

清華六·子產 06 夈(秩)所以𠔏(從)即(節)行豊(禮)

清華六·子儀 04 豊(禮)子義(儀)亡(舞)

清華六·子儀 05 豊(禮)䜴(隋)貨以贛(贛)

清華七·趙簡子 07 丌(其)䌛(由)豊(禮)可䎽(聞)也

清華八·邦政 03 亓(其)豊(禮)肥(菲)

清華八·邦政 08 亓(其)豊(禮)菜(采)

清華八·邦道 21 祭以豊(禮)

～,楚文字或作豊(上博一·孔 25)、豊(上博二·從甲 2)、豊(上博五·三 3)、豊(上博一·緇 13)、豊(上博六·天乙 3)。《說文·豊部》:"豊,行禮之器也。从豆,象形。凡豊之屬皆从豊。讀與禮同。"

清華一·金縢 12 "我邦豪(家)豊(禮)亦宜之",今本《書·金縢》作"我國家禮亦宜之"。

清華五·命訓 12 "俹(訓)之以豊(禮)",今本《逸周書·命訓》作"慎之以禮"。

清華五·命訓 13 "豊(禮)又(有)凷(時)",今本《逸周書·命訓》作"禮有時"。

清華五·命訓 14 "豊(禮)[亡(無)凷(時)]則不貴",今本《逸周書·命訓》作"禮無時則不貴"。

清華六·管仲 19 "亡豊",讀爲"無禮",不循禮法,沒有禮貌。《詩·鄘風·相鼠》:"相鼠有體,人而無禮;人而無禮,胡不遄死?"《史記·秦本紀》:"秦師無禮,不敗何待!"

清華五·三壽 15 "戠豊懇悹",讀爲"申禮勸規"。"申禮""勸規"義近。

清華六·子產 06 "行豊",讀爲"行禮",按一定的儀式或姿勢致敬。《禮記·曲禮下》:"君子行禮,不求變俗。"《史記·劉敬叔孫通列傳》:"叔孫通曰:'上可試觀。'上既觀,使行禮,曰:'吾能爲此。'"

清華六·子儀 04、05 "豊子義""豊櫱貨",讀爲"禮子儀""禮隋貨",禮遇、厚待子儀、隋貨。《禮記·月令》:"(季春之月)聘名士,禮賢者。"《史記·孟嘗君列傳》:"於是嬰迺禮文,使主家待賓客。"

清華七·趙簡子 07 "亓所繇豊可䎹也",讀爲"其所由禮可聞也"。《論語·爲政》:"道之以德,齊之以禮。""禮",指某種制度和行爲的規範。一說

"豊"是"豈"的訛字,訓爲"其"。

清華八·邦政 03"亓豊肥",讀爲"其禮菲"。《論語·八佾》:"林放問禮之本。子曰:'大哉問!禮,與其奢也,寧儉。'"

清華八·邦政 08"亓豊采",讀爲"其禮采"。《漢書·嚴安傳》:"禮失而采。"顏師古注:"采者,文過其實也。"

清華八·邦道 21"祭以豊",讀爲"祭以禮"。《論語·爲政》:"子曰:'生,事之以禮;死,葬之以禮,祭之以禮。'"

體

 清華三·赤鵠 09 亓(其)赱(上)K(刺)句(后)之體

 清華五·湯丘 02 身體譔(痊)敁(平)

 清華五·菅門 17 民咸解體自卹

 清華八·心中 02 百體四叜(相)莫不畾(逸)湬(沈)

～,與 、同。《説文·骨部》:"體,總十二屬也。从骨,豊聲。"

清華三·赤鵠 09"體",身體。

清華五·湯丘 02"身體",指人或動物的全身。《戰國策·楚四》:"襄王聞之,顏色變作,身體戰慄。"《漢書·王商傳》:"爲人多質而威重,長八尺餘,身體鴻大。"

清華五·菅門 17"解體",人心散亂。《左傳·成公八年》:"信不可知,義無所立;四方諸侯,其誰不解體?"

清華八·心中 02"百體",指全身。"四相",即四官。《書·益稷》"帝曰臣作朕股肱耳目",孔穎達疏:"君爲元首,臣爲股肱耳目,大體如一身也。足行手取,耳聽目視,身雖百體,四者爲大,故舉以爲言。鄭玄云:'動作視聽皆由臣也。'"《禮記·樂記》:"使耳、目、鼻、口、心知、百體,皆由順正,以行其義。"

膿

　清華六·子産 05 型(形)膿(體)

～,與(郭店·窮達以時 10)、(上博二·民 11)所從同,從"肉","豊"聲,爲"體"字異體。

清華六·子産 05"型膿",讀爲"形體",身體。《莊子·達生》:"齊七日,輒然忘吾有四枝形體也。"

來紐履聲

頿(履)

　清華一·祭公 15 乃又(有)頿(履)宗

清華四·别卦 01 頿(履)

清華五·三壽 18 憙(喜)神而履(禮)人

～,與 (上博二·子 12)、 (上博七·吴 8)同。《説文·履部》:"履,足所依也。从尸从彳从夂,舟象履形。一曰尸聲。凡履之屬皆从履。 ,古文履从頁从足。"

清華一·祭公 15"又頿宗",讀爲"有履宗",有福佑於宗室。《爾雅·釋詁》:"履,福也。"

清華四·别卦 01"頿",即"履",六十四卦之一,兑下乾上。《易·履》:"彖曰:履,柔履剛也。"

清華五·三壽 18"憙神而履人",讀爲"喜神而禮人"。《穀梁傳·僖公二

十二年》:"禮人而不答,則反其敬;愛人而不親,則反其仁;治人而不治,則反其知。"(段凱)

精紐尗聲

尗

清華三·芮良夫 21 政命悳(德)型(刑)各又(有)棠(常)尗(次)

清華三·芮良夫 23 而莫旻(得)亓(其)尗(次)

清華三·說命中 02 尗(咨)！各(格)女(汝)敚(說)

清華四·筮法 33 而見同尗(次)於四立(位)之中

清華四·筮法 35 尗(次)軍之立(位)

《說文·尗部》:"尗,止也。从宋盛而一橫止之也。"

清華三·芮良夫 21、23"尗",讀爲"次"。《管子·侈靡》"故有次浮也",《集校》引何如璋云:"次,謂次第。"

清華四·筮法 33"同尗",讀爲"同次",四個經卦的中爻相同。

清華四·筮法 35"尗軍",讀爲"次軍",或疑即偏軍,在三軍之次。《史記·燕召公世家》:"燕王不聽,自將偏軍隨之。"

清華三·說命中 02"尗(咨)！各(格)女(汝)敚(說)"之"尗",讀爲"咨",歎詞,多表贊賞。《書·堯典》:"帝曰:'咨!汝羲暨和。'"孔傳:"咨,嗟。"《論語·堯曰》:"堯曰:'咨,爾舜!天之曆數在爾躬。允執其中。'"朱熹《集注》:"咨,嗟歎聲。"(徐俊剛)

宋

 清華六·太伯甲 02 不亭（穀）以能與遷（就）宋（次）

 清華六·太伯甲 08 遺鋁（陰）樓宋（次）

 清華七·越公 55 秅（唯）立（位）之宋（次）尻、備（服）衪（飾）、群勿（物）品采之侃（愆）于者（故）棠（常）

～，與 （上博三·周 53）、（上博五·三 4）同，从"宀"，"弔"聲。

清華六·太伯甲 02"宋"，讀爲"次"，謂所居之處，《周禮·天官·宮伯》："授八次八舍之職事。"鄭司農云："庶子衛王宮，在內爲次，在外爲舍。"引申爲朝堂之位，《周禮·春官·大史》："祭之日，執書以次位常。"《左傳·僖公九年》："冬十月，里克殺奚齊于次。"簡文"就次"指繼嗣君位。

清華六·太伯甲 08"遺鋁（陰）樓宋（次）"，太伯乙 07 作"遺鋁（陰）樓事"。"樓宋"，讀爲"喪事"。

清華七·越公 55"宋尻"，讀爲"次尻"，次舍。《周禮·天官·宮正》："次舍之衆寡。"孫詒讓《正義》："凡吏士有職事，常居宮內者爲官府，官府之小者爲舍。"

清紐妻聲

妻

 清華一·皇門 10 卑（譬）女（如）豎（匹）夫之又（有）悆（媚）妻

 清華一·楚居 03 乃妻之

清華二·繫年005 周幽王取（娶）妻于西繡（申）

清華二·繫年023 䣙（蔡）哀侯取（娶）妻於陳

清華二·繫年023 賽（息）侯亦取（娶）妻於陳

清華二·繫年024 䣙（蔡）哀侯妻之

清華二·繫年027 賽（息）侯之妻甚娙（美）

清華二·繫年035 秦穆公以亓（其）子妻之

清華二·繫年074 陳公子諻（徵）䣙（舒）取（娶）妻于奠（鄭）穆公

清華二·繫年078 氏（是）余受妻也

清華二·繫年078 取（娶）以爲妻

清華三·赤鵠02 湯句（后）妻紝冘胃（謂）少（小）臣曰

清華四·筮法01 妻夫同人

清華四·筮法08 妻夫

清華四·筮法 14 凸(凡)取(娶)妻

清華四·筮法 15 筶(筮)死妻者

清華四·筮法 16 凸(凡)取(娶)妻

清華四·筮法 20 妻夫相見

清華四·筮法 35 妻之立(位)也

清華四·筮法 62 曰取(娶)妻

清華五·湯丘 01 取(娶)妻於又(有)䣄(莘)

～，與 (上博五·姑 9)、 (郭店·語叢一 34)同。《說文·女部》："妻，婦與夫齊者也。从女从中从又。又，持事，妻職也。 ，古文妻从肖、女。肖，古文貴字。"戰國文字"妻"字的上半與"貴"字的上半同形，《說文》"妻"字的古文"叟"當是由戰國文字"妻"訛誤而成。（李家浩）

清華二·繫年 024"鄎哀侯妻之"，讀爲"蔡哀侯妻之"，蔡哀侯娶息嬀爲妻。

清華四·筮法"妻夫"，即夫妻。《韓非子·內儲說下》："其說在衛人之妻夫禱祝也。"

清華"取妻"，即娶妻。《禮記·曲禮》："取妻不取同姓，故買妾不知其姓則卜之。"

清華"妻"，男子的嫡配。《易·小畜》："九三，輿說輻，夫妻反目。"《詩·齊風·南山》："取妻如之何，必告父母。"班固《白虎通·嫁娶》："妻者，齊也，與夫齊體。"

諆

　　清華六·管仲 20 肙（怨）亦未諆（濟）

　　清華八·攝命 28 亦則隹（唯）肇（肈）不諆（咨）逆所（許）朕命

～，從"言"，"妻"聲。

清華六·管仲 20"諆"，讀爲"濟"。《詩·鄘風·載馳》："既不我嘉，不能旋濟？"毛傳："止也。"

清華八·攝命 28"諆"，讀爲"咨"。《說文》："謀事曰咨。"《書·君牙》："夏暑雨，小民惟曰怨咨；冬祁寒，小民亦惟曰怨咨。"《書·盤庚上》："盤庚五遷，將治亳殷，民咨胥怨。"

悽

　　清華八·攝命 14 是女（汝）則隹（唯）肈悽（咨）弜羕

《說文·心部》："悽，痛也。從心，妻聲。"

清華八·攝命 14"悽"，讀爲"咨"。《說文》："謀事曰咨。"

淒

　　清華一·皇門 13 醫（翳）余于淒（濟）

　　清華六·子儀 18 敢舩迶（徛）淒（濟）

　　清華五·湯丘 18 罙（深）㫐（淵）是淒（濟）

·2225·

清華七·趙簡子 09 以綱（治）河淒（濟）之閼（間）之矞（亂）

～，與 （上博四·曹 43）同。《說文·水部》："淒，雲雨起也，从水，妻聲。《詩》曰：有渰淒淒。"

清華一·皇門 13"醫余于淒"，讀爲"閱余于濟"。今本《逸周書·皇門》作"乃而予于濟"，盧文弨注："濟，渡也。"

清華五·湯丘 18"罙冏是淒"，讀爲"深淵是濟"。《書·大誥》："予惟小子若涉淵水，予惟往求朕攸濟。"孔傳："往求我所以濟渡。"《詩·邶風·匏有苦葉》："匏有苦葉，濟有深涉。"毛傳："濟，渡也。"

清華七·趙簡子 09"淒"，讀爲"濟"，亦作"泲"。"河淒（濟）"，是黃河與濟水的並稱，與長江、淮河合稱"四瀆"。《周禮·夏官·職方氏》："河東曰兗州……其川河、泲。"《史記·孫子吳起列傳》："夏桀之居，左河濟，右泰華。"王闓運《珍珠泉銘》序："昔在周公，論列河泲，以成四瀆。"

懠

 清華四·別卦 07 懠（濟）

～，从"心"，"淒"聲。

清華四·別卦 07"懠"，讀爲"濟"。"既濟"，卦名。《易·既濟》："亨小，利貞。初吉終亂。""《象》曰：水在火上，既濟。君子以思患而豫防之。"

從紐齊聲

齊

 清華二·繫年 011 齊襄公會者（諸）侯于首沚（止）

清華二·繫年 020 公子啓方奔齊

清華二·繫年 020 齊趄（桓）公會者（諸）侯以成（城）楚丘

 清華二·繫年 036 乃迈（適）齊

 清華二·繫年 041 楚成王銜（率）者（諸）侯以回（圍）宋伐齊

 清華二·繫年 041 晉文公囟（思）齊及宋之惪（德）

 清華二·繫年 042 伐䧹（衛）以敓（脱）齊之戍及宋之回（圍）

 清華二·繫年 043 文公銜（率）秦、齊、宋及群戎之𠂤（師）

 清華二·繫年 058 史（使）孫（申）白（伯）亡（無）悁（畏）䎹（聘）

于齊

 清華二·繫年 066 公命卲（駒）之克先䎹（聘）于齊

 清華二·繫年 067 齊冋（頃）公

 清華二·繫年 067 卲（駒）之克牉（將）受齊侯尚（幣）

 清華二·繫年 068 所不返（復）頕（仇）於齊

清華二・繫年069 齊三辟(嬖)夫=(大夫)

 清華二・繫年070 齊卪(頃)公回(圍)魯

 清華二・繫年071 歇(敗)齊自(師)于㕻(靡)幵(笄)

 清華二・繫年071 齊人爲成

 清華二・繫年072 齊卪(頃)公朝于晉競(景)公

 清華二・繫年072 卸(駒)之克走敓(援)齊侯之繡(帶)

 清華二・繫年072 齊侯之㔻(來)也

 清華二・繫年078 王命繡(申)公嘳(聘)於齊

 清華二・繫年079 自齊述(遂)逃迈(適)晉

 清華二・繫年091 齊高厚自自(師)逃歸(歸)

 清華二・繫年092 爲坪(平)舍(陰)之自(師)以回(圍)齊

 清華二・繫年093 鄉(樂)絰(盈)出奔齊

清華二·繫年093 齊臧(莊)公涉河龕(襲)朝訶(歌)

　清華二·繫年094 伐齊

　清華二·繫年095 齊莪(崔)芧(杼)殺亓(其)君臧(莊)公

　清華二·繫年103 至今齊人以不服于晉

　清華二·繫年112 述(遂)以伐齊

　清華二·繫年113 灼(趙)狗衒(率)𠂤(師)與戉(越)公株(朱)

句伐齊

　清華二·繫年113 戉(越)公、宋公敗(敗)齊𠂤(師)于襄坪(平)

　清華二·繫年120 衒(率)𠂤(師)與戉(越)公殹(翳)伐齊

　清華二·繫年120 戉(越)公與齊侯貣(貸)

　清華二·繫年121 齊侯晶(參)簹(乘)以內(入)

　清華二·繫年122 晉師大貶(敗)齊𠂤(師)

清華二·繫年122 齊𠂤(師)北

清華二·繫年122 齊人旻(且)又(有)陳麋子牛之𥚽(禍)

清華二·繫年122 齊與晉成

清華二·繫年122 齊侯明(盟)於晉軍

清華二·繫年123 晉三子之夫=(大夫)内(入)齊

清華二·繫年124 晉公獻齊俘馘於周王

清華二·繫年124 齊侯貣(貸)

清華二·繫年137 王命坪(平)亦(夜)悼武君㝵(使)人於齊陳

浿求𠂤(師)

清華二·繫年138 齊𠂤(師)至喦

清華三·芮良夫05 而莫肎(肯)齊好

清華三·芮良夫07 此悳(德)型(刑)不齊

清華三·良臣06 齊桓(桓)公又(有)龠寺(夷)虗(吾)

清華五·三壽21 經緯忎(順)齊

清華六·管仲01 齊桓(桓)公䌛(問)於𥷚(管)中(仲)曰

清華六·管仲29 唯(雖)齊邦區=(區區)

清華六·太伯甲08 乃東伐齊䕫之戎爲散(徹)

清華六·太伯乙07 乃東伐齊䕫之戎爲散(徹)

清華六·子產05 共(恭)儉(儉)整齊

清華七·趙簡子05 齊君逵(失)政

清華七·趙簡子05 敢䌛(問)齊君逵(失)之𦎧(奚)繇(由)

清華七·趙簡子05 齊君逵(失)正(政)

清華七·越公06 齊郯同心

清華七·越公20 臺(敦)齊兵刃以攺(捍)御(禦)募(寡)人

清華七·越公24 齊執同力

　　清華七·越公59 民乃整（救）齊

～，與齊（上博一·緇19）、齊（上博四·曹13）同。《説文·亝部》："齊，禾麥吐穗上平也。象形。"

清華二·繫年020、清華六·管仲01、清華三·良臣06"齊趄公""齊輒公"，讀爲"齊桓公"，公子小白，齊襄公之子。《史記·齊太公世家》："魯送糾者行益遲，六日至齊，則小白已入，高傒立之，是爲桓公……桓公既得管仲，與鮑叔、隰朋、高傒修齊國政，連五家之兵，設輕重魚鹽之利，以贍貧窮，祿賢能，齊人皆説。"

清華二·繫年011"齊襄公"，《史記·齊太公世家》："三十三年，釐公卒，太子諸兒立，是爲襄公……齊襄公故嘗私通魯夫人。魯夫人者，襄公女弟也，自釐公時嫁爲魯桓公婦，及桓公來而襄公復通焉。"

清華二·繫年067、070、072"齊同公"，讀爲"齊頃公"。《史記·齊太公世家》："十年，惠公卒，子頃公無野立……十一年，晉初置六卿，賞鞌之功。齊頃公朝晉，欲尊王晉景公，晉景公不敢受，乃歸。歸而頃公弛苑囿，薄賦斂，振孤問疾，虛積聚以救民，民亦大説。"

清華二·繫年093"齊臧公"，讀爲"齊莊公"。《史記·齊太公世家》："靈公疾，崔杼迎故太子光而立之，是爲莊公。莊公殺戎姬。五月壬辰，靈公卒，莊公即位，執太子牙於句竇之丘，殺之。"

清華二·繫年071"齊人"，齊國人。

清華二·繫年120"齊侯貣"，讀爲"齊侯貸"，即齊康公貸。《史記·齊太公世家》："宣公五十一年卒，子康公貸立。"

清華二·繫年122"齊𠂤"，讀爲"齊師"，齊國軍隊。

清華三·芮良夫05"齊好"，上博七·凡甲27："和屍和氣齊聖（聲）好色。"《詩·小雅·小宛》"人之齊聖"，孔穎達疏："中正謂齊。"

清華六·子產05"整齊"，有秩序，有條理。《商君書·賞刑》："當此時也，賞祿不行，而民整齊。"

清華七·越公06"齊𠚣"，猶步調一致。"齊𠚣同心"，同心協力。或説"齊

卻"讀爲"齊節",恭敬有節度之義。(滕勝霖)

清華七·越公 24"齊執同力",6 號簡有"齊卻同心"。"齊執"猶共舉,"齊卻"猶步調一致,皆同心協力之謂。

清華七·越公 20"臺齊",讀爲"敦齊",猶敦比、治理。《荀子·榮辱》："孝弟原慤,軥録疾力,以敦比其事業而不敢怠傲。"

清華七·越公 59"民乃整齊",讀爲"民乃敕齊",民乃整飭。又疑即整齊。《商君書·賞刑》："當此時也,賞禄不行,而民整齊。"

歋

 清華八·邦政 04 亓(其)未(味)不歋(齊)

 清華八·邦政 08 亓(其)未(味)𪛗(雜)而歋(齊)

～,從"欠","齊"聲。

清華八·邦政 04、08"歋",讀爲"齊",調和。《禮記·少儀》："凡羞有湆者,不以齊。"鄭玄注："齊,和也。"《墨子·節用中》："不極五味之調,芬香之和,不致遠國珍怪異物。"

濟

 清華二·繫年 112 齊人女(焉)訋(始)爲長城於濟

《説文·水部》："濟,水。出常山房子贊皇山,東入泜。從水,齊聲。"

清華二·繫年 112"齊人女訋爲長城於濟",讀爲"齊人焉始爲長城於濟",齊人開始建長城是以濟水的防護堤壩爲基礎的。

心紐西聲

西

清華一·尹至 03 才(在)西才(在)東

清華一·尹至 05 自西戬(翦)西邑

清華一·尹至 05 西邑

清華一·尹誥 01 尹念天之敗(敗)西邑顕(夏)

清華二·繫年 005 周幽王取(娶)妻于西繡(申)

清華二·繫年 006 坪(平)王走西繡(申)

清華二·繫年 006 回(圍)坪(平)王于西繡(申)

清華二·繫年 006 曾(繒)人乃降西戎

清華二·繫年 014 西𨚔(遷)商盍(蓋)之民于邾虡

清華二·繫年 046 奠(鄭)之賈人弦高牆(將)西市

清華三·良臣 06 楚卲（昭）王又（有）命（令）𦘞（尹）子西

 清華四·筮法 42 西方也

 清華四·筮法 44 乃西祭

 清華六·太伯甲 07 西䣙（城）𥄳（伊）閒（澗）

 清華六·太伯乙 06 西䣙（城）𦔳（伊）閒（澗）

 清華七·越公 49 西𡰥（夷）

 清華七·越公 57 王乃徹（趣）埶（設）戍于東𡰥（夷）、西𡰥（夷）

～，與 ▨（上博三·周35）同。《説文·西部》：“西，鳥在巢上。象形。日在西方而鳥棲，故因以爲東西之西。凡西之屬皆从西。▨，西或从木、妻。▨，古文西。▨，籀文西。”

清華一·尹至 03 “才（在）西才（在）東”，讀爲“在西在東”。在西爲夏之祥，在東爲商之祥。

清華一·尹至 05、清華一·尹誥 1 “西邑”，夏代都城安邑的别稱。《書·太甲上》：“惟尹躬先見于西邑夏，自周有終，相亦惟終。”孔傳：“夏都在亳西。”

清華二·繫年 005、006 “西繻”，讀爲“西申”。見《左傳·昭公二十六年》孔穎達疏：“汲冢書《紀年》云：‘平王奔西申，而立伯盤以爲大子，與幽王俱死于戲。’”

清華二·繫年 006 “西戎”，古代西北戎族的總稱。《書·禹貢》：“織皮昆侖、析支、渠、搜，西戎即敘。”《詩·小雅·出車》：“赫赫南仲，薄伐西戎。”

清華二·繫年 014 “西䢰（遷）商盍（蓋）之民於邾虘”，《史記·周本紀》：

"召公爲保,周公爲師,東伐淮夷,殘奄,遷其君薄姑。"

清華二·繫年047"奠(鄭)之賈人弦高牂(將)西市",《吕氏春秋·悔過》:"鄭賈人弦高、奚施將西市於周,道遇秦師。"

清華三·良臣06"命君子西",讀爲"令尹子西"。《國語·楚語下》:"子西曰:'請聽其辭,夫其有故。'"韋昭注:"子西,平王之子,昭王之庶兄,令尹公子申也。"《荀子·非相》:"然白公之亂也,令尹子西、司馬子期皆死焉,葉公子高入據楚,誅白公,定楚國,如反手爾,仁義功名善於後世。"

清華四·筮法42"西方",東、西、南、北四個方位之一。

清華四·筮法44、清華六·太伯甲07、太伯乙06"西",方位詞,日落的方嚮,西方。《詩·大雅·桑柔》:"自西徂東,靡所定處。"

清華七·越公49、57"西尸",讀爲"西夷",古代指我國西部地區的部族。《書·仲虺之誥》:"東征西夷怨,南征北狄怨。"《孟子·離婁下》:"文王生於岐周,卒於畢郢,西夷之人也。"

禋

 清華二·繫年001 禋祀不盃(寅)

《説文·示部》:"禋,潔祀也。一曰精意以享爲禋。从示,垔聲。䆠,籀文从宀。"《説文·土部》:"垔,塞也。《尚書》曰:'鯀垔洪水。'从土,西聲。𡎯,古文垔。"

清華二·繫年001"禋祀",古代祭天的一種禮儀。先燔柴升煙,再加牲體或玉帛於柴上焚燒。《周禮·春官·大宗伯》:"以禋祀祀昊天上帝,以實柴祀日月星辰,以槱燎祀司中、司命、飌師、雨師。"鄭玄注:"禋之言煙。周人尚臭,煙氣之臭聞者。槱,積也……三祀皆積柴、實牲體焉。或有玉帛燔燎,而升煙所以報陽也。"孫詒讓《正義》:"竊以意求之,禋祀者蓋以升煙爲義,實柴者蓋以實牲體爲義,槱燎者蓋以焚燎爲義。禮各不同,而禮盛者得下兼其燎柴則一。"《漢書·禮樂志》:"恭承禋祀,醖豫爲紛,黼繡周張,承神至尊。"

睯

清華一·尹至04 女(汝)告我頤(夏)睯(隱)衝(率)若寺(時)

清華五·三壽22 天下睯(甄)禹(稱)

清華五·三壽23 睯(診)頤(夏)之逗(歸)商

清華八·邦道03 以睯(甄)卡=(上下)正(政)惪(德)之昏(晦)明

～，从"視"，"亜"聲。

清華一·尹至04"睯"，讀爲"隱"。《詩·邶風·柏舟》："如有隱憂。"毛傳："隱，痛也。"《書·盤庚下》："尚皆隱哉。"《國語·周語上》："勤恤民隱而除其害也。"

清華五·三壽22、清華八·邦道03"睯"，讀爲"甄"。《後漢書·光武紀》："靈覩自甄。"李賢注："甄，明也。"

清華五·三壽23"睯"，讀爲"診"，《說文》："視也。"

醯

清華一·耆夜08 念(飲)氒(厥)醯(禋)明(盟)

～，从"酉"，"亜"聲。

清華一·耆夜08"醯明"，讀爲"禋盟"。鄭太子與兵壺(《近二》878)作"禋纍"，泛指祭祀。

憖

清華三·芮良夫20 覍(研)憖(甄)嘉惟

~,从"心","敄"聲。

清華三·芮良夫20"憨",讀爲"甄",甄別,鑒別。葛洪《抱朴子·論仙》:"執太璞於至醇之中,遺末務於流俗之外,世人猶尠能甄別。"劉勰《文心雕龍·雜文》:"總括其名,並歸雜文之區;甄別其義,各入討論之域。"

心紐死聲

死

清華二·繫年051 死人可(何)辠(罪)

清華二·繫年077 墨(黑)要也死

清華二·繫年090 朿(厲)公亦見祒(禍)以死

清華二·繫年128 競(景)之賈與醫(舒)子共戠(止)而死

清華二·繫年135 三執珪之君與右尹卲(昭)之妃(竢)死女

(焉)

清華三·祝辭03 牂(將)敢(注)爲死

清華四·筮法02 瘥(病)哭死

清華四·筮法04 弌(一)産(虛),死

· 2238 ·

清華四·筮法06 兌,寺(待)死

 清華四·筮法08 吉,寺(待)死

 清華四·筮法11 今旃(也)死

 清華四·筮法14 今旃(也)死

 清華四·筮法15 簹(筮)死妻

 清華四·筮法17 乃曰死

 清華四·筮法20 乃曰牆(將)死

 清華四·筮法21 簹(筮)死夫

 清華四·筮法23 乃曰死

 清華四·筮法44 八乃妐(奴)以死

 清華四·筮法46 女子大面端虘(嚇)死

 清華四·筮法46 長女爲妾而死

清華四·筮法 62 曰死生

 清華五·湯丘 10 唯(雖)臣死而或(又)生

 清華五·湯丘 19 退不募(顧)死生

 清華六·孺子 14 二三老母(毋)交於死

 清華六·管仲 19 老者忎(願)死

 清華六·太伯甲 01 子人成子既死

 清華六·太伯乙 01 [子]人成子既死

 清華五·命訓 04 夫民生而痌(痛)死喪

 清華五·命訓 14 [害]不智(知)死

 清華七·子犯 13 思(懼)不死型(刑)以及于氒(厥)身

 清華七·晉文公 07 遠羿(旗)死

 清華七·越公 08 以觀句戔(踐)之以此伞(八千)人者死也

清華七·越公 11 今雩(越)公亓(其)故(胡)又(有)繡(帶)甲牟(八千)以臺(敦)刃皆(偕)死

 清華七·越公 14 凡吳之善士酒(將)中畔(半)死巳(矣)

 清華七·越公 14 虐(吾)於膚(胡)取牟(八千)人以會皮(彼)死

 清華七·越公 60 死者昏=(三百)人

 清華七·越公 73 王亓(其)母(毋)死

 清華八·攝命 10 女(汝)亦母(毋)敢豕才(在)乃死(尸)服

 清華八·心中 06 心氏(是)爲死

 清華八·心中 06 死生才(在)天

～，與 、、、同。《説文·死部》："死，澌也，人所離也。从歹、从人。凡死之屬皆从死。![]，古文死如此。"

清華二·繫年 051"死人"，失去生命的人。《詩·小雅·小弁》："行有死人，尚或墐之。"《國語·晉語二》："葬死者，養生者，死人復生不悔，生人不媿。"《荀子·天論》："道路有死人。"

清華三·祝辭 03"死"，死尸。

清華四·筮法 02"痁(病)哭死"，《史記·循吏列傳》："子產病死，鄭民號哭。"

清華四·筮法 06、08"寺死",讀爲"待死",猶將死。

清華四·筮法 46"虞死",讀爲"嚇死",驚嚇而死。

清華四·筮法 62"死生",死亡和生存。《易·繫辭上》:"原始反終,故知死生之説。"《史記·魯仲連鄒陽列傳》:"今死生榮辱,貴賤尊卑,此時不再至,願公詳計而無與俗同。"

清華五·湯丘 10"唯(雖)臣死而或(又)生",《吕氏春秋·貴信》:"曹翽曰:'聽臣之言,國必廣大,身必安樂,是生而又生也;不聽臣之言,國必滅亡,身必危辱,是死而又死也。'"

清華五·湯丘 19"退不鼻(顧)死生",上博五·弟 8"死不顧生"。《三國志·魏書·公孫度傳》:"近郊農民,釋其耒鎛,伐薪制梃,改案爲櫓,賓士赴難,軍旅行成,雖蹈湯火,死不顧生。"

清華六·孺子 14"二三老母(毋)交於死",幾個老臣未能以死報君。

清華六·管仲 19"老者忞死",讀爲"老者願死"。《吴越春秋·勾踐入臣外傳》:"今大王哀臣孤窮,使得生全還國,與種蠡之徒願死於轂下。"

清華五·命訓 04"夫民生而痼(痛)死喪(喪)",今本《逸周書·命訓》作"夫民生而惡死"。

清華七·子犯 13"慐不死型",讀爲"懼不死刑",唯恐不死的刑,形容紂刑的恐怖。

清華七·越公 11"皆死",讀爲"偕死"。《三國志·吴書·吴范傳》:"滕嘗有罪,權責怒甚嚴,敢有諫者死,范謂滕曰:'與汝偕死。'"

清華七·越公 60"死者言=(三百)人",《公羊傳·宣公十二年》:"南郢之與鄭相去數千里,諸大夫死者數人,廝役扈養死者數百人,今君勝鄭而不有,無乃失民臣之力乎?"

清華七·越公 73"王亓毋死",讀爲"王其毋死"。《左傳·文公十年》:"城濮之役,王思之,故使止子玉曰:'毋死。'"

清華八·攝命 10"女(汝)亦母(毋)敢豕才(在)乃死(尸)服"之"死",讀爲"尸",訓爲"主"。"服",事。追簋蓋(《集成》04222)有"追虔夙夕卹厥死事"。

清華八·心中 06"死生才天",讀爲"死生在天"。《論語·顏淵》:"商聞之矣,死生有命,富貴在天。"

心紐衰聲

蓑

 清華二·繫年 095 齊蓑(崔)芧(杼)殺亓(其)君臧(莊)公

～,从"艸""衰"。"衰"或作 ■(上博一·孔 3)、■(上博一·孔 8)。《說文·衣部》:"衰,艸雨衣。秦謂之萆。从衣,象形。■,古文衰。"

清華二·繫年 095"蓑芧",讀爲"崔杼",齊莊公與崔杼妻私通,崔杼殺莊公。《戰國策·楚四》:"齊崔杼之妻美,莊公通之。崔杼帥其君黨而攻莊公。莊公請與分國,崔杼不許;欲自刃於廟,崔杼不許。莊公走出,逾於外牆,射中其股,遂殺之,而立其弟景公。"

心紐厶聲

厶

 清華一·皇門 03 自釐(釐)臣至于又(有)貧(分)厶(私)子

 清華六·子產 10 以厶(私)事=(事使)民

 清華七·越公 30 又(有)厶(私)舊(昵)

 清華七·越公 35 人又(有)厶(私)舊(昵)

 清華七·越公 62 弁(變)鬲(亂)厶(私)成

 清華七·越公 64 以亓(其)厶(私)卒(卒)君子卒=(六千)以爲中軍

清華七·越公67 雩（越）王句戔（踐）乃以亓（其）厶（私）卒卒=（六千）敵（竊）涉

　清華二·繫年004（背）厶（四）

　清華八·處位04（背）厶（四）

　清華五·命訓14（背）十厶（四）

　清華二·繫年104（背）百厶（四）

　清華二·繫年114（背）百十厶（四）

　清華二·繫年124（背）百廿（二十）厶（四）

　清華二·繫年134（背）百卅（三十）厶（四）

～，與▱（上博一·緇21）、▱（上博四·昭4）、▱（上博六·競4）同。《說文·厶部》："厶，姦衺也。韓非曰：'倉頡作字，自營爲厶。'"

清華一·皇門03"自釐（釐）臣至于又（有）貧（分）厶（私）子"，此句今本《逸周書·皇門》作"其善臣以至于有分私子"。陳逢衡注："善臣，猶藎臣也。分，分土也。有分私子，謂有采邑之庶孽。"

清華六·子產10"厶事"，讀爲"私事"。《孟子·滕文公上》："公事畢，然後敢治私事，所以別野人也。"

清華七·越公30、35"厶舊"，讀爲"私畦"，親耕之私田。古書又稱"籍田"。《史記·孝文本紀》："上曰：'農，天下之本，其開籍田，朕親率耕，以給宗廟粢盛。'"

清華七·越公62"厶成"，讀爲"私成"，猶私行，行爲變亂，私自枉爲。又疑厶爲"已"之訛。"變亂已成"，指改變已有的和平條約。

清華七·越公64"厶采君子"，讀爲"私卒君子"。《國語·吳語》："越王乃中分其師以爲左右軍。以其私卒君子六千人爲中軍。"與簡六十一"王卒君子"相對。《國語·吳語》韋昭注:"王所親近有志行者,猶吳所謂賢良,齊所謂士。"

清華七·越公 67"厶臸",指"私卒君子",參上。

清華二·繫年 004(背)、清華八·處位 04(背)"厶",讀爲"四"。"厶""四"兩字聲母同爲心母,韻部脂質對轉,音近可通。

心紐帀聲

帀

清華一·皇門 11 是受(授)司事帀(師)長

清華二·繫年 025 郋(蔡)哀侯衛(率)帀(師)以救(救)賽(息)

清華二·繫年 056 宋右帀(師)芋(華)孫兀(元)欲袭(勞)楚帀(師)

清華二·繫年 056 欲袭(勞)楚帀(師)

清華二·繫年 081 少帀(師)亡(無)䣠(極)譖(讒)連尹䛱(奢)而殺之

清華二·繫年 088 王或(又)事(使)宋右帀(師)芋(華)孫兀(元)行晉楚之成

清華三·良臣 01 黃帝之帀(師)

清華三·良臣03 又(有)帀(師)上(尚)父

清華三·良臣08 又(有)左帀(師)

清華三·良臣09 子產之帀(師)

清華三·琴舞01 言(享)隹(惟)滔(慆)帀

清華三·琴舞01 考(孝)隹(惟)型帀

清華三·琴舞02 天隹(惟)㬎(顯)帀

清華三·琴舞02 文非易帀

清華三·琴舞16 非墮(惰)帀

清華三·琴舞16 純隹(惟)敬帀

清華三·琴舞16 文非勪(動)帀

清華四·筮法49 莫日,雨帀(師)

清華四·別卦05 帀(師)

清華五·厚父 05 复(作)之君,复(作)之帀(師)

清華六·太伯甲 11 帀(師)之佢鹿

清華六·太伯乙 10 帀(師)之佢鹿

清華六·管仲 12 帀(師)胥(尹)堂(當)日

清華六·子產 04 官政眔帀(師)栗

清華七·趙簡子 01 帀(師)保之皋(罪)也

清華七·越公 01 乃史(使)夫=(大夫)住(種)行成於吳帀(師)

清華七·越公 12 劼(荊)帀(師)走

清華七·越公 25 帀(師)乃還

清華七·越公 39 又(有)管(官)帀(師)之人

清華七·越公 40 亓(其)才(在)邑司事及官帀(師)之人則發(廢)也

· 2247 ·

清華七・越公 40 凡成(城)邑之司事及官帀(師)之人

清華七・越公 62 吳帀(師)未迡(起)

清華七・越公 63 吳帀(師)乃迡(起)

清華七・越公 63 吳王起帀(師)

清華七・越公 63 雩(越)王起帀(師)

清華七・越公 63 中分亓(其)帀(師)

清華七・越公 66 吳帀(師)乃大烖(駭)

清華七・越公 66 雩(越)人分爲二帀(師)

清華七・越公 66 乃中分亓(其)帀(師)

清華七・越公 67 大臄(亂)吳帀(師)

清華七・越公 68 吳帀(師)乃大北

清華七・越公 68 雩(越)帀(師)乃因軍吳

清華七·越公 68 吳人昆奴乃内（入）雩（越）帀（師）

　清華八·邦道 26 以量亓（其）帀（師）尹之諹（徵）

～，楚文字或作 ❈（上博二·容 41）、❈（上博四·曹 42）、❈（上博三·周 14）、❈（上博六·天甲 13）、❈（上博六·天甲 13）、❈（上博七·武 3）、❈（上博七·鄭乙 3）、❈（上博七·吳 8）。《說文·帀部》："帀，周也。从反之而帀也。"

　　清華一·皇門 11"帀長"，讀爲"師長"，指官職。今本《逸周書·皇門》作"是授司事于正長"。

　　清華二·繫年 056、088"宋右帀芋孫兀"，讀爲"宋右師華孫元"。《左傳·成公十五年》："秋八月，葬宋共公。於是華元爲右師，魚石爲左師，蕩澤爲司馬，華喜爲司徒，公孫師爲司城，向爲人爲大司寇，鱗朱爲少司寇，向帶爲大宰，魚府爲少宰。"

　　清華二·繫年 081"少帀亡亟讒連尹額而殺之"，讀爲"少師無極讒連尹奢而殺之"。《左傳·昭公十九年》載楚平王生太子建，"及即位，使伍奢爲之師，費無極爲少師"。

　　清華三·良臣 01"黄帝之帀"，讀爲"黄帝之師"。《漢書·古今人表》上中載黄帝師，有封鉅、大填、大山稽。

　　清華三·良臣 03"帀上父"，讀爲"師尚父"，"師"爲職，"尚"爲名，"父"乃敬稱。即"吕尚"，或作"姜尚"，又稱太公望，俗稱姜太公，輔佐文王、武王滅商。《詩·大雅·大明》："維師尚父，時維鷹揚。"

　　清華三·良臣 08"左帀"，讀爲"左師"，指公子目夷，字子魚，爲襄公庶兄，其後世爲左師，見《漢書·古今人表》上下。

　　清華三·良臣 09"子産之帀"，讀爲"子産之師"。

　　清華三·琴舞 01、02、16"帀"，句末語氣詞。

　　清華四·筮法 49"雨帀"，讀爲"雨師"，古代傳說中司雨的神。《周禮·春官·大宗伯》："以槱燎祀司中、司命，飌師、雨師。"

· 2249 ·

清華四·別卦 05"帀",讀爲"師",卦名,《周易》第七卦,坎下坤上。"帀",與上博簡本、阜陽漢簡本《周易》寫法相同。王家臺秦簡本、馬國翰輯本《歸藏》、馬王堆帛書本、今本《周易》作"師"。

清華五·厚父 05"复之君,复之帀",讀爲"作之君,作之師"。《孟子·梁惠王下》:"《書》曰:'天降下民,作之君,作之師。'"

清華六·太伯甲 11、太伯乙 10"帀之佢鹿",讀爲"師之佢鹿",人名。

清華六·管仲 12、清華八·邦道 26"帀胥",讀爲"師尹",各屬官之長。《書·洪範》:"王省惟歲,卿士惟月,師尹惟日,歲月日時無易,百穀用成。"孔穎達疏:"師,衆也。尹,正也。衆正官之吏,謂卿士之下有正官大夫,與其同類之官爲長。"《國語·魯語下》:"(天子)日中考政,與百官之政事,師尹維旅、牧、相,宣序民事。"韋昭注:"三君云:'師尹,大夫官也。'"

清華六·子產 04"帀",讀爲"師",《爾雅·釋詁》:"衆也。"

清華七·趙簡子 01"帀保",讀爲"師保",古時候輔弼帝王和教導王室子弟的官,有師有保,統稱師保。《國語·晉語九》:"及景子長於公宮,未及教訓而嗣立矣,亦能纂修其身以受先業,無謗於國,順德以學子,擇言以教子,擇師保以相子。"

清華七·越公"吳帀",讀爲"吳師",吳國軍隊。

清華二·繫年 056"楚帀(師)"、清華七·越公 12"刲(荊)帀(師)",楚國軍隊。

清華七·越公 63"记帀",讀爲"起師",發兵,出兵。《左傳·僖公二年》:"宮之奇諫,不聽,遂起師。"《淮南子·人間》:"重耳返國,起師而伐曹。"

清華七·越公 68"雩帀",讀爲"越師",越國軍隊。

清華七·越公 25"帀乃還",讀爲"師乃還"。

清華七·越公 39、40"管帀",讀爲"官師",有所執掌的各級官吏。《國語·吳語》:"陳王卒,百人以爲徹行百行。行頭皆官師,擁鐸拱稽。"

清華七·越公 25、63、66"帀",讀爲"師",軍旅,軍隊。《詩·秦風·無衣》:"王於興師,脩我戈矛,與子同仇。"《春秋·僖公元年》:"公子友帥師敗莒師於犂。"《史記·齊太公世家》:"十一年正月甲子,誓於牧野,伐商紂。紂師敗績。"

師

 清華七·晉文公 05 爲陞(升)龍之羿(旗)師(師)以進

清華七·晉文公05 爲降龍之羿（旗）䏦（師）以退

清華七·晉文公06 爲𢇻（角）龍之羿（旗）䏦（師）以戰（戰）

清華七·晉文公06 爲交龍之羿（旗）䏦（師）以豫（舍）

清華七·晉文公06 爲日月之羿（旗）䏦（師）以舊（久）

清華七·晉文公08 敗楚䏦（師）於城僕（濮）

《說文·帀部》："師，二千五百人爲師。从帀从𠂤。𠂤，四帀，衆意也。，古文師。"

清華"師"，軍旅，軍隊。《左傳·莊公二十八年》："諸侯救鄭，楚師夜遁。"

枾

清華七·越公22 陟枾（棲）於會旨（稽）

～，从"木"，"帀"聲。

清華七·越公22"枾"，讀爲"棲"。《國語·越語上》："越王句踐棲於會稽之上。"

幫紐匕聲

牝

 清華四·筮法02 屯（純）牝，乃鄉（饗）

《説文·牛部》:"牝,畜母也。从牛,匕聲。《易》曰:'畜牝牛,吉。'"
清華四·筮法 02"純牝""純牡",無雜色的犧牲。

比

清華一·皇門 05 百眚(姓)萬民用亡(無)不胹(擾)比才(在)王廷

清華一·楚居 01 女曰比(妣)隹

清華三·説命中 01 王韵(原)比氒(厥)夢

清華五·三壽 20 内亞(基)而外比

清華五·三壽 21 夂=(左右)㥂(毋)比

～,與 ⺮(上博三·周 10)、⺮(上博四·采 4)同。《説文·比部》:"比,密也。二人爲从,反从爲比。凡比之屬皆从比。㍿,古文比。"

　　清華一·皇門 05"百眚(姓)萬民用亡(無)不胹(擾)比才(在)王廷",今本《逸周書·皇門》作"百姓兆民,用罔不茂在王庭"。"胹比",讀爲"擾比",柔順親近。《爾雅·釋詁》:"比,俌(輔)也。"郝懿行疏:"比者,親之俌也……是比爲親密不苟從也。"《詩·大雅·皇矣》:"克順克比。"朱熹《集傳》:"比,上下相親也。"

　　清華一·楚居 01"比隹",讀爲"妣隹"。

　　清華三·説命中 01"比",比較,考校。《周禮·天官·内宰》:"比其大小與其麤良,而賞罰之。"《周禮·地官·小司徒》:"及三年,則大比。"

　　清華五·三壽 20"比",輔。《詩·小雅·杕杜》:"胡不比焉。"鄭箋:"比,輔也。"簡文"外比",以外爲輔。

　　清華五·三壽 21"比",《論語·爲政》:"君子周而不比。"孔注:"阿黨爲比。"

訛

　　清華三·芮良夫 19 民所訛訛（僻）

　　清華三·芮良夫 20 繟（繩）刺（剌）既政而五（互）桯（相）柔訛（比）

　　清華三·芮良夫 28 虐（吾）甬（用）复（作）訛（毖）再終

～，从"言"，"比"聲。

清華三·芮良夫 19"訛"，讀爲"僻"，邪僻，偏離正道。《論語·先進》："師也僻。"孔穎達疏："子張才過人，失在邪僻。"袁宏《後漢紀·順帝紀》："是時，朝政多僻，競崇侈靡。"

清華三·芮良夫 20"訛"，讀爲"比"，親近，和睦。《周禮·夏官·大司馬》："比小事大以和邦國。"鄭玄注："比，猶親也。"

清華三·芮良夫 28"虐（吾）甬（用）复（作）訛（毖）再終"，芮良夫 02 作"内（芮）良夫乃复（作）詖再終"。"訛""詖"，均讀爲"毖"，戒敕之意。《書·酒誥》："厥誥毖庶邦庶士。"蔡沈《集傳》："毖，戒謹也。"

妣

　　清華一·楚居 03 爰旻（得）妣𣅦

　　清華一·楚居 03 妣𣅦賓于天

《説文·女部》："妣，殁母也。从女，比聲。𥚸，籀文妣省。"

清華一·楚居 03"妣𣅦"，人名。

麗

 清華七·子犯 11 若霝雨方奔之而麗雁(膺)女(焉)

～，从"鹿"，"比"聲。

清華七·子犯 11"麗雁"，讀爲"庇蔭"，義爲遮蔽。《國語·晉語九》："木有枝葉，猶庇蔭人，而況君子之學乎？"《詩·小雅·隰桑》："隰桑有阿，其葉有難。"鄭箋："其葉又茂盛，可以庇蔭人。"引申有"庇護"義，顏之推《顏氏家訓·勉學》："父兄不可常依，鄉國不可常保，一旦流離，無人庇廕，當自求諸身耳。"（滕勝霖）或釋爲"鹿"。

朼

 清華一·楚居 05 栾(夕)朼(必)夜

 清華五·命訓 15 尚不朼(必)中

 清華六·孺子 01 朼(必)再三進夫=(大夫)而與之虘(偕)恩（圖）

 清華六·孺子 11 虘(吾)先君朼(必)牁(將)相乳=(孺子)

～，與虫(上博一·緇 20)同，从"才"，"匕"聲。

清華一·楚居 05，清華六·孺子 01、11"朼"，讀爲"必"，副詞，必然，一定。《詩·邶風·旄丘》："何其處也？必有與也；何其久也？必有以也。"

清華五·命訓 15"不朼"，讀爲"不必"，沒有一定，未必。《商君書·修權》："夫釋權衡而斷輕重，廢尺寸而意長短，雖察，商賈不用，爲其不必也。"《史記·樂毅列傳》："善作者不必善成，善始者不必善終。"

閟

　　清華八·攝命05 母（毋）閟（閉）于乃佳（唯）澄（沖）子少（小）子

~，從"門"，"北"聲，"閉"字異體。

清華八·攝命05"閟"，即"閉"，閉塞。《書·大誥》："予不敢閉于天降威用。"

旨

　　清華一·程寤05 旨味既甬（用）

　　清華三·祝辭02 旨（詣）五旦（夷）

　　清華五·湯丘02 䕍（絕）䒦（芳）旨以飿（粹）

　　清華五·湯丘15 飤（食）時不旨（嗜）饌（饗）

　　清華六·子產03 子產所旨（嗜）欲不可智（知）

　　清華七·越公01 趕陞（登）於會旨（稽）之山

　　清華七·越公04 趕才（在）會旨（稽）

　　清華七·越公22 陟栖（棲）於會旨（稽）

· 2255 ·

清華七·越公 42 旨(稽)之而訐(信)

清華八·心中 04 旨(稽)之

～，與🔸(上博二·從甲 9)、🔸(上博八·李 1)同，从"口"，"匕"聲。"口"中或加一小橫，遂與"甘"形同。《説文·旨部》："旨，美也。从甘，匕聲。凡旨之屬皆从旨。𠮛，古文旨。"

清華一·程寤 05"旨味"，美味。《新唐書·儒學傳下·元澹》："(元澹)嘗謂仁傑曰：'下之事上，譬富家儲積以自資也，脯腊膴胰以供滋膳，參術芝桂以防疾疢。門下充旨味者多矣，願以小人備一藥石，可乎？'"

清華三·祝辭 02"旨五皀"，讀爲"詣武夷"。"詣"，訓至、到。《史記·孝文本紀》："張武等六人乘傳詣長安。"

清華五·湯丘 02"飰旨"，讀爲"芳旨"，香美之味。應璩《與滿公琰書》："鮮魚出於潛淵，芳旨發自幽巷。"張協《七命》："芳旨萬選，承意代奏。"

清華五·湯丘 15"旨"，讀爲"嗜"。《説文》："嗜，嗜欲，喜之也。"

清華六·子産 03"旨欲"，讀爲"嗜欲"，嗜好與欲望。多指貪圖身體感官方面享受的欲望。《荀子·性惡》："妻子具而孝衰於親，嗜欲得而信衰於友，爵禄盈而忠衰於君。"《南史·沈約傳》："約性不飲酒，少嗜欲，雖時遇隆重，而居處儉素。"

清華七·越公 01、04、22"會旨之山"，讀爲"會稽之山"。《國語·越語上》："越王句踐棲於會稽之上。"

清華七·越公 42、清華八·心中 04"旨"，讀爲"稽"，考察。《禮記·緇衣》："行必稽其所敝。"鄭玄注："稽，猶考也，議也。"孔穎達疏："稽，考也。言欲行之時，必須先考校此行至終敝之時，無損壞以否。"《周禮·天官·宫正》"稽其功緒"，孫詒讓《正義》："稽，引申爲審慎考稽之意。"

詣

清華一·保訓 04 自詣(稽)氒(厥)志

 清華一·保訓 05 廼(乃)易立(位)埶(設)詣(稽)

清華三·芮良夫 25 虗(吾)埜(靡)所爰(援)□詣

《說文·言部》:"詣,候至也。从言,旨聲。"

清華一·保訓 04"詣",讀爲"稽",考核。《易·繫辭下》:"於稽其類,其衰世之以邪?"王弼注:"稽,猶考也。"

清華一·保訓 05"詣",讀爲"稽",文書簿籍。《國語·吳語》:"行頭皆官師,擁鐸拱稽,建肥胡,奉文犀之渠。"韋昭注引鄭衆云:"稽,計兵名籍也。"

清華三·芮良夫 25"詣",《小爾雅·廣詁》:"詣,進也。"或讀爲"稽"。(黃傑)

貽

 清華三·琴舞 03 貽(示)告舍(余)㬎(顯)悳(德)之行

～,與 (上博一·緇 21)同,从"視""旨",是雙聲符的字。

清華三·琴舞 03"貽",讀爲"示",教導。《禮記·檀弓下》:"國奢則示之以儉,國儉則示之以禮。"上博一·緇 21"貽我周行",今本《禮記·緇衣》作"示我周行"。

勯

 清華八·邦道 14 進退不勯(稽)

～,从"力","旨"聲。

清華八·邦道 14"勯",讀爲"稽",考核,查考。《漢書·司馬遷傳》:"網羅天下放失舊聞,考之行事,稽其成敗興衰之理。"(滕勝霖)

郘

清華一·耆夜 01 武王八年,証（征）伐郘（黎）

清華一·耆夜 14（背）郘（黎）夜（舍）

～,从"邑","旨"聲。黎國之"黎"的專字。

清華一·耆夜"郘",讀爲"黎"或"耆"等。在今山西長治市西南。《書·西伯戡黎》："西伯既戡黎,祖伊恐,奔告于王。"《史記·周本紀》作"耆"。《漢書·地理志》上黨郡"壺關"下顏注引應劭曰："黎,侯國也,今黎亭是。"這個"黎亭"在今長治市南面的長治縣韓店鎮黎嶺村。（吳良寶）

氈

清華七·越公 32 亓（其）見蓐（農）夫氈（稽）顑（頂）足見

～,从"毛","旨"聲。

清華七·越公 32"氈顑",疑讀爲"稽頂",義同稽首。《周禮·春官·大祝》："辨九拜,一曰稽首,二曰頓首,三曰空首,四曰振動,五曰吉拜,六曰凶拜,七曰奇拜,八曰襃拜,九曰肅拜,以享右祭祀。"鄭玄注："稽首,拜頭至地也。"簡文"稽頂足見",似言禮敬周至。或讀爲"黎頂",臉色黝黑。《説苑·復恩》："顔色黎黑,手足胼胝者在後。"《韓非子·外儲説左上》："面目黧黑。"

脂

清華一·耆夜 03 乍（作）訶（歌）一終曰《藥=（樂樂）脂（旨）酉（酒）》

清華一·耆夜 07 王又（有）脂（旨）酉（酒）

清華三·赤鵠 01 脂(旨)鬻(羹)之

《說文·肉部》:"脂,戴角者脂,無角者膏。从肉,旨聲。"

清華一·耆夜 03"藥=脂酉",讀爲"樂樂旨酒"。參《詩·小雅·鹿鳴》:"我有旨酒,以燕樂嘉賓之心。"《小雅·頍弁》:"樂酒今夕。"《大雅·鳧鷖》:"旨酒欣欣。"

清華一·耆夜 07"脂酉",讀爲"旨酒",美酒。《孟子·離婁下》:"禹惡旨酒,而好善言。"

清華三·赤鵠 01"脂",讀爲"旨",美味。《禮記·學記》:"雖有嘉肴,弗食,不知其旨也。"《論語·陽貨》:"夫君子之居喪,食旨不甘,聞樂不樂。"何晏《集解》:"孔曰:旨,美也。"《詩·邶風·谷風》毛傳:"美也。"

䤊

 清華七·越公 31 乃以䈞(熟)飤(食)䤊(脂)䤯(醓)肴(脯)脼多從

～,从"皿","脂"聲。疑"脂"字繁體。

清華七·越公 31"䤊",即"脂",泛指油脂、油膏。《國語·越語上》:"句踐載稻與脂於舟以行,國之孺子之遊者,無不餔也,無不歠也,必問其名。"韋昭注:"脂,膏。"簡文"䤊䤯",即"脂醓",肉醬。《詩·大雅·行葦》:"醓醢以薦,或燔或炙。"毛傳:"以肉曰醓醢。"高亨注:"醓,肉醬。"《漢書·英布傳》:"漢誅梁王彭越,盛其醢以徧賜諸侯。"

皆

 清華三·說命下 03 𣊫(既)亦皆(詣)乃備(服)

～,从"臼","脂"聲。

清華三·說命下 03"皆",讀爲"詣",前往,到。《史記·孝文本紀》:"乃命宋昌參乘,張武等六人乘傳詣長安。"或讀爲"祗"。(白於藍)

耆

　　清華一·皇門 01 穮（蔑）又（有）耆耇愳（慮）事㫄（屏）朕立（位）

　　清華五·封許 05 女（汝）隹（惟）痮（臧）耆尔猷

～，與（上博一·緇6）同。《說文·老部》："耆，老也。从老省，旨聲。"

清華一·皇門 01"耆耇"，年高望重者。王褒《四子講德論》："龐眉耆耇之老，咸愛惜朝夕，願濟須臾。"《後漢書·隗囂傳》："望無耆耇之德，而猥託賓客之上，誠自愧也。"

清華五·封許 05"耆"，《左傳·宣公十二年》："耆昧也。"杜預注："耆，致也。"

敔

　　清華八·攝命 29 余亦隹（唯）肇（肁）敔（耆）女（汝）悳（德）行

～，从"攴"，"耆"聲。

清華八·攝命 29"敔"，讀爲"耆"。《詩·周頌·武》："嗣武受之，勝殷遏劉，耆定爾功。"毛傳："耆，致也。"

明紐米聲

米

　　清華八·邦道 26 亓（其）粟（粟）米六頪（擾）斁（敗）渴（竭）

《說文·米部》："米，粟實也。象禾實之形。凡米之屬皆从米。"

清華八·邦道 26"粟米"，即"粟米"，泛指糧食。《管子·輕重乙》："故五穀粟米者，民之司命也；黃金刀布者，民之通貨也。"《孟子·盡心下》："有布縷之征，粟米之征，力役之征。"

· 2260 ·

迷

清華一·皇門 11 正（政）用迷圂（亂）

清華五·三壽 12 古民人迷䰟（亂）

清華八·處位 01 史臣欲迷

～，與 （上博二·容 37）、 （上博六·孔 22）同。《説文·辵部》："迷，惑也。从辵，米聲。"

清華一·皇門 11、清華五·三壽 12"迷亂"，迷惑錯亂。《莊子·秋水》："以其至小，求窮其至大之域，是故迷亂而不能自得也。"

清華八·處位 01"迷"，迷誤，迷惑。《詩·小雅·節南山》："俾民不迷。"《莊子·盜跖》："以迷天下之主。"

籹

清華三·芮良夫 20 籹（敉）和庶民

～，从"力"，"米"聲。"敉"字異體。《説文·攴部》："敉，撫也。从攴，米聲。《周書》曰：'亦未克敉公功。'讀若弭。 ，敉或从人。"

清華三·芮良夫 20"籹"，即"敉"，安撫，安定。《書·洛誥》："四方迪亂，未定于宗禮，亦未克敉公功。"孔傳："禮未彰，是亦未能撫順公之大功。"孫星衍注引鄭玄曰："敉，安也。"（白於藍）或釋爲"料"。《國語·周語上》："乃料民於太原。"韋昭注："料，數也。"

麋

 清華二·繫年 057 穆王思(使)毆(驅)累(孟)者(諸)之麋

《説文·鹿部》:"麋,鹿屬。从鹿,米聲。麋冬至解其角。"

清華二·繫年 057"孟諸",宋藪澤名。"孟諸之麋",孟諸的麋鹿。《左傳·僖公二十八年》:"先戰,夢河神謂己曰:'畀余,余賜女孟諸之麋。'"

正編·質部

質　部

影紐一聲

一

一　清華一・尹至 05 一勿遺
一　清華一・尹誥 01 咸又（有）一悳（德）
一　清華一・耆夜 03 夂（作）訶（歌）一終
一　清華一・耆夜 05 夂（作）訶（歌）一終
一　清華一・耆夜 06 夂（作）訶（歌）一終
一　清華一・耆夜 08 夂（作）祝誦一終
一　清華一・耆夜 10［周］公夂（作）訶（歌）一終
一　清華一・金縢 02 爲一坦（壇）於南方
一　清華一・皇門 12 以蘁（助）余一人憂（憂）
一　清華一・祭公 9 聿（盡）𡩠（付）畀余一人
一　清華一・祭公 20 孳（兹）皆缶（保）舍（胥）一人
一　清華二・繫年 008 立廿=（二十）又一年
一　清華二・繫年 086 一年
一　清華二・繫年 101 晉與吳會爲一
一　清華二・繫年 106 獻惠王立十又一年
一　清華二・繫年 109 悼公立十又一年

・2265・

清華二·繫年 111 晉敬公立十又一年

清華三·說命上 05 乃殺一豕

清華三·說命上 05 一豕乃觀（旋）保以適（逝）

清華三·說命上 06 一豕坓（地）审（中）之自行

清華三·說命下 03 乍（作）余一人

清華三·琴舞 09 曰言（享）含（答）舍（余）一人

清華三·赤鵠 14 殺二黃它（蛇）與一白兔

清華三·赤鵠 14 亓（其）一白兔

清華四·筮法 48 一四一五

清華四·筮法 48 一四一五

清華四·筮法 54 寅申一

清華四·算表 18 一叨

清華四·算表 21 一叨

清華四·算表 19 一

清華四·算表 21 一

清華四·算表 20 一

清華四·算表 20 一

清華四·算表 14 一百仐=（八十）

清華四·算表 14 二十一

清華四·算表 18 廿=（二十）一

清華四·算表 05 二百一十

清華四·算表 05 二千一百

清華四·算表 09 二千一百

清華四·算表 03 八千一百

清華四·算表 03 八百一十

清華五·封許 05 巨（柜）鬯一卣

清華五·命訓 14 均一不和

清華六·子儀 18 一人至

清華七·子犯 09 事（使）衆若事（使）一人

清華八·攝命 01 余一人無晝夕難（勤）卹

清華八·攝命 11 弗界（功）我一人才（在）立（位）

清華八·攝命 13 自一話一言

清華八·攝命 13 自一話一言

清華八·攝命 26 余一人害（曷）叚（假）

清華八·攝命 27 亦余一人永膏（安）才（在）立（位）

清華八·攝命 31 弗爲我一人腏（羞）

清華八·邦道 10 母（毋）以一人之口毀懇（譽）

清華八·邦道 16 非一人是爲

清華八·邦道 19 女（如）亡（無）能於一官

清華八·天下 03 以叕（發）亓（其）一日之奴（怒）

清華一·尹至 01（背）一

清華一·尹誥 01（背）一

清華一·耆夜 01（背）一

清華一·金縢 01（背）一

清華一·皇門 01（背）一

清華一·祭公 01（背）一

清華二·繫年 001（背）一

清華二·繫年 101（背）百一

清華二·繫年 111（背）百十一

清華二·繫年 121（背）百廿（二十）一

清華二·繫年 131（背）百卅（三十）一

清華三·説命上 01（背）一

清華三·説命中 01（背）一

清華三·琴舞 01(背)一
清華三·芮良夫 01(背)一
清華三·赤鵠 01(背)一
清華五·命訓 01(背)一
清華五·三壽 01(背)一
清華八·攝命 01(背)一
清華八·處位 01(背)一

《説文·一部》:"一,惟初太始,道立於一,造分天地,化成萬物。凡一之屬皆从一。弌,古文一。"

清華一·尹至 05"一",副詞,都,一概,表示總括。《書·金縢》:"乃卜三龜,一習吉。"孔穎達疏:"用三王之龜卜,一皆相因而吉。"《詩·邶風·北門》:"王事適我,政事一埤益我。"朱熹《集傳》:"一,猶皆也。"

清華一·尹誥 01"咸又一悳",讀爲"咸有一德"。《禮記·緇衣》鄭注:"咸,皆也。君臣皆有壹德不貳,則無疑惑也。"《書·咸有一德》僞孔傳:"言君臣皆有純一之德。"郭店簡《緇衣》作"《尹叀(誥)》員(云):'隹(惟)尹允及湯咸又(有)一悳(德)。'"

清華一·耆夜 03、05、06、10"夏詞一終",讀爲"作歌一終"。《吕氏春秋·音初》:"有娀氏有二佚女……二女作歌一終,曰《燕燕往飛》。"古時的詩都可入樂,演奏一次叫作"一終"。

清華一·金縢 02"爲一坦(壇)於南方",今本《書·金縢》作"爲壇於南方,北面,周公立焉"。

清華一·祭公 20"一人",指王。

清華"予一人""余一人",古代天子自稱。《左傳·昭公三十二年》:"(天子曰):'余一人無日忘之,閔閔焉如農夫之望歲。'"《國語·周語上》:"在《湯誓》曰:'余一人有罪,無以萬夫;萬夫有罪,在余一人。'"韋昭注:"天子自稱曰余一人。"

清華二·繫年 008"廿(二十)又一年",《左傳·昭公二十六年》,孔穎達《正義》引《紀年》:"二十一年,攜王爲晉文公所殺,以本非適,故稱攜王。"

清華二·繫年 101"晉與吳會爲一",指聯合而成的整體。《戰國策·秦五》:"四國爲一,將以攻秦。"賈誼《過秦論》:"諸侯恐懼,會盟而謀弱秦,不愛珍器重寶、肥饒之地,以致天下之士,合從締交,相與爲一。"

清華三·說命上 05、06"一豕",指失仲的一個兒子。

清華三·赤鵠 14"一白兔",一隻白色的兔子。

清華四·筮法 48"一四一五",一四爻一五爻。

清華五·封許 05"巨鬯一卣",讀爲"秬鬯一卣"。《書·文侯之命》:"用賚爾秬鬯一卣,彤弓一,彤矢百,盧弓一,盧矢百,馬四匹。"

清華五·命訓 14"均一不和",公允如一,均匀無別。劉向《列女傳·魏芒慈母》:"君子謂慈母一心。《詩》云:'尸鳩在桑,其子七兮。淑人君子,其儀一兮。其儀一兮,心如結兮。'言心之均一也。"《詩·曹風·鳲鳩序》:"《鳲鳩》,刺不壹也。在位無君子,用心之不壹也。"孔穎達疏:"在位之人,既用心不壹,故《經》四章皆美用心均壹之人,舉善以駮時惡。"

清華七·子犯 09,清華八·邦道 10、16"一人",一個人。《詩·鄭風·野有蔓草》:"有美一人,清揚婉兮。"

清華八·攝命 11"弗羿我一人才立",讀爲"弗功我一人在位",略同於毛公鼎(《集成》02841)"毋童(動)余一人在位"。《書·文侯之命》"有績予一人,永綏在位","予一人"即"我一人"。

清華八·攝命 13"自一話一言",《書·立政》:"自一話一言,我則末惟成德之彥,以乂我受民。"孔傳:"言政當用一善,善在一言而已。欲其口無擇言。如此我則終惟有成德之美,以治我所受之民。"

清華八·攝命 31"我一人",即"余一人",參上。

清華八·天下 03"一日之怒",《荀子·子道》:"君子,其未得也,則樂其意,既已得之,又樂其治,是以有終身之樂,無一日之憂。"

弋

 清華四·算表 01 弋(一)

 清華四·筮法 04 同弋(一)虗(虚)

 清華四·筮法 19 弋(一)剉(卦)亢之

清華四·筮法 20 下去弋(一)

清華四·筮法 28 参(三)同弋(一)

清華四·筮法 47 弋(一)四弋(一)五

清華四·筮法 47 弋(一)四弋(一)五

清華八·邦道 21 各堂(當)弋(一)官

清華八·邦道 27 毎(每)弋(一)之癹(發)也

清華八·天下 01 弋(一)者獸(守)之=(之之)器

清華八·天下 01 弋(一)者攻之=(之之)器

清華八·天下 05 弋(一)曰

清華八·天下 05 弋(一)曰

清華八·天下 05 弋(一)曰

清華八·天下 06 弋(一)曰

清華八·八氣02 或弌(一)旬日南〈北〉至

～，與 、同，從"戈"，"一"聲，爲《說文》古文所本。王筠《說文釋例》卷六："弌，蓋從一，弋聲也。"

　　清華四·筮法04"同弌(一)虗(虛)"，左下卦惟有一陽爻，故爲"同一虛"。
　　清華四·筮法19"弌(一)刲(卦)亢之"，被同一艮卦遮蔽。
　　清華四·筮法20"下去弌(一)"，下卦去其自下一爻。
　　清華四·筮法28"叁(三)同弌(一)"，三震與一坎共見，故云"三同一"。
　　清華四·筮法47"弌(一)四弌(一)五"，一四爻一五爻。
　　清華八·邦道21"弌(一)官"，《商君書·修權》："今亂世之君臣，區區然皆擅一國之利，而管一官之重，以便其私，此國之所以危也。"
　　清華八·天下01"弌者"，即"一者"，同時稱舉幾個人或幾件事物，分別逐一敘述時用之。《公羊傳·文公十一年》："兄弟三人，一者之齊，一者之魯，一者之晉。"
　　清華八·天下05、06"弌曰"，即"一曰"，序數的第一位。《書·洪範》："五行：一曰水。"《詩序》："故詩有六義焉：一曰風。"班彪《王命論》："蓋在高祖，其興也有五：一曰帝堯之苗裔。"
　　清華八·八氣02"弌旬"，即"一旬"，十天。

罷

　清華五·啻門06 而罷(一)亞(惡)罷(一)好

　清華五·啻門06 而罷(一)亞(惡)罷(一)好

～，與 、同。或認爲象一動物奔逸之狀，當爲"逸"字古文異體。"一""逸"二字古音同在質部，聲紐皆屬喉音，讀音極其相近，故中山文字以"逸"加標於"一"上爲聲符，而楚文字則借之爲"一"。又可表"熊"，用爲"能"。郭沫若認爲是從"羽"從"能"聲。郭店·六德19"能與之齊",《禮記·郊特牲》中與之對應的話作"壹與之齊",可見"能"與"壹"通。"一""壹"皆影母質部字。"罷"的聲符"能"是泥母之部字,而"一""壹"都是影母質部字。兩者韻部不近,但是聲母是有關係的。如從"勺"得聲的字中,"約"是影母字,但是"酌"可以和"弱"相通,從"弱"得聲的"溺""嫋""搦"等都是泥母字。"罷"與"一"相通,大概是雙聲通假現象。(張世超)或認爲"罷"是羽翼的異體,所從的"能"形是由甲骨文羽翼之"翼"的象形初文演變而來的。(石小力)

清華五·皆門"罷",讀爲"一",或者。"一惡一好",參上博六·天甲 6"一憙一怒"、《左傳·昭公元年》:"疆埸之邑,一彼一此,何常之有?"

鼠₁

清華五·命訓 08 亓(其)亟(極)鼠₁(一)

清華五·命訓 13 均不鼠₁(一)

清華五·皆門 06 鼠₁(一)月訂(始)匌(揚)

清華八·邦道 12 鼠₁(一)之則亡(無)戉(二)心

~,與 ✱(上博四·柬 05)同。從"鼠"省,"一"聲。

清華五·命訓 08"亓(其)亟(極)鼠₁(一)",今本《逸周書·命訓》作"其極一也"。孔晁注:"一者,善之謂也。不行善,不知故也。"

清華五·命訓 13"均不鼠₁(一)",今本《逸周書·命訓》作"均不壹"。"鼠₁",讀爲"一"。《詩·小雅·都人士序》孔穎達疏:"齊一之義。"

清華五·皆門 06"鼠₁月",即"一月"。《文子·九守》:"人受天地變化而生,一月而膏,二月血脈,三月而胚,四月而胎,五月而筋,六月而骨,七月而成形,八月而動,九月而躁,十月而生,形骸已成,五藏乃分。"

清華八·邦道 12"鼠₁",即"一",相同,一樣。《孟子·離婁下》:"先聖後聖,其揆一也。"趙岐注:"言聖人之度量同也。"《淮南子·說山》:"所行則異,所歸則一。"

影紐乙聲

乙

　　清華四·筮法 44 乙、癸

《説文·乙部》:"乙,象春艸木冤曲而出,陰气尚彊,其出乙乙也。與丨同意。乙承甲,象人頸。"

清華四·筮法 44"乙、癸",《京氏易傳》卷下有京房"納甲"説云:"分天地乾、坤之象,益之以甲乙、壬癸;震巽之象配庚、辛,坎、離之象配戊、己,艮、兑之象配丙、丁。"

曉紐肙聲歸八聲

曉紐血聲

血

　　清華一·祭公 17 肰(然)莫血(恤)亓(其)外

　　清華四·筮法 54 爲血

　　清華五·封許 05 虘(虘)血(恤)王豪(家)

～,與 (上博三·周 02)、(郭店·語叢一 45)同。《説文·血部》:"血,祭所薦牲血也。从皿,一象血形。"

清華一·祭公 17"肰(然)莫血(恤)亓(其)外",今本《逸周書·祭公》作

"汝無以家相亂王室而莫恤其外"。《晉書·載記》:"超繼已成之基,居霸者之業,政刑莫恤,畋游是好,杜忠良而讒佞進,暗聽受而勳戚離。"

清華四·筮法 54"血",指血液。《易·歸妹》:"士刲羊,无血。"

清華五·封許 05"虔血",讀爲"虔恤",敬慎。叔尸鐘、鎛(《集成》00272—00278、00282、00285):"虔恤不易,左右余一人。"西周追簋(《集成》04219—04224):"追虔夙夕恤厥死事。"癲鐘(《集成》00251—00256):"今癲夙夕虔敬恤厥死事。"

卹

  清華一·皇門 02 則不共于卹

  清華一·皇門 03 堇(勤)卹王邦王豪(家)

  清華一·皇門 08 弗卹王邦王豪(家)

  清華一·皇門 13 皆卹尔(爾)邦

  清華三·芮良夫 01 莫卹邦之不寍(寧)

  清華三·芮良夫 06 卹邦之不捊(臧)

  清華五·啇門 17 民咸解體自卹

  清華五·三壽 18 卹(恤)遠而炎(謀)新(親)

清華八·攝命 02 余一人無晝夕難(勤)卹

清華八·攝命 07 孜（虔）卹乃事

　　清華八·攝命 24 隹（唯）余其卹

～，或從"血"，或從"皿"，或從" "。《說文·血部》："卹，憂也。從血，卩聲。一曰鮮少也。"

清華一·皇門 02"則不共于卹"，今本《逸周書·皇門》作"我聞在昔有國誓王之不綏于卹"。"卹"，讀爲"恤"。《爾雅·釋詁》："恤，憂也。"

清華一·皇門 03"堇卹"、清華八·攝命 02"難卹"，讀爲"勤恤"，憂憫，關懷。《書·召誥》："上下勤恤。"《左傳·哀公元年》："勤恤其民而與之勞逸，是以民不罷勞，死知不曠。"

清華一·皇門 08"弗卹王邦王豪（家）"，今本《逸周書·皇門》作"弗卹王國王家"。《書·酒誥》："有斯明享，乃不用我教辭，惟我一人弗恤弗蠲，乃事時同于殺。"

清華一·皇門 13，清華三·芮良夫 01、06，清華五·三壽 18"卹"，憂義。《國語·晉語三》："吾君慙焉，其亡之不卹。"韋昭注："卹，憂也。"

清華五·啻門 17"卹"，讀爲"恤"，救濟。《國語·周語中》："侈則不恤匱，匱而不恤，憂必及之。"

清華八·攝命 07"孜卹乃事"，讀爲"虔卹乃事"，敬慎乃事。

恖

　　清華八·邦道 25 乃恖（恤）亓（其）正（政）

～，從"心"，"卹"聲，"恤"字繁體。

清華八·邦道 25"恖"，即"恤"，慎。《晏子春秋·問下二十》："共恤上令，弟長鄉里。"于省吾《雙劍誃諸子新證·晏子二》："恤，慎也。"

匣紐頁聲歸幽部首聲

匣紐彗聲

雪

 清華四·筮法 59 爲雪（雪）

～，甲骨文或作（《合集》21023）、（《合集》34039），楚文字或作（包山185）。《說文·雨部》："雪，凝雨，說物者。从雨，彗聲。"

清華四·筮法 59"雪"，即"雪"。《詩·邶風·北風》："北風其涼，雨雪其雱。"

匣紐惠聲

惠

 清華一·皇門 08 不肎（肯）惠聖（聽）亡（無）辠（罪）之辭（辭）

 清華一·楚居 13 至獻惠王自㽞（熾）郢遷（徙）袭（襲）爲郢

 清華二·繫年 007 是矔（攜）惠王

 清華二·繫年 008 晉文侯戁（仇）乃殺惠王于虢（虢）

 清華二·繫年 018 周惠王立十又七年

 清華二·繫年 032 或（又）讒（讒）惠公及文公

清華二·繫年 032 惠公奔于梁

 清華二·繫年 033 秦穆公乃内惠公于晉

 清華二·繫年 033 惠公賂秦公曰

 清華二·繫年 034 惠公既内(入)

 清華二·繫年 035 秦公衒(率)自(師)与(與)惠公戬(戰)于韔(韓)

 清華二·繫年 035 戠(止)惠公以歸

 清華二·繫年 035 惠公女(焉)以亓(其)子裏(懷)公爲執(質)于秦

 清華二·繫年 038 晉惠公采(卒)

 清華二·繫年 106 獻惠王立十又一年

 清華五·三壽 17 惠民由壬(任)

 清華六·管仲 18 既惠於民

清華六·太伯甲 02 今天爲不惠

清華六·子產 16 袋(勞)惠邦政

清華六·太伯乙 02……不惠

清華七·越公 05 君女(如)爲惠

清華八·攝命 08 惠不惠

清華八·攝命 09 惠不惠

清華八·攝命 09 惠于少(小)民

～,與(上博一·緇 21)同。《說文·叀部》:"惠,仁也。从心,从叀。，古文惠从芔。"

清華一·皇門 08"不肎(肯)惠聖(聽)亡(無)辠(罪)之詢(辭)",今本《逸周書·皇門》作"不屑惠聽,無辜之亂辭是羞于王"。

清華一·楚居 13、清華二·繫年 106"獻惠王",亦見於新蔡卜筮簡,即昭王之子惠王章。楚王酓章鐘(《集成》00083、00084)、鎛(《集成》00085)、楚王劍(《集成》11659)作"酓章"。

清華二·繫年 007、008"䚗惠王",讀爲"攜惠王"。《左傳·昭公二十六年》:"至于幽王,天不弔周,王昏不若,用愆厥位,攜王奸命。"孔穎達疏引《紀年》:"二十一年,攜王爲晉文公所殺,以本非適,故稱攜王。"

清華二·繫年 018"周惠王",《史記·衛康叔世家》:"二十五年,惠公怨周之容舍黔牟,與燕伐周。周惠王奔溫,衛、燕立惠王弟穨爲王。"

清華二·繫年 032－035、038"惠公"，即夷吾。《國語·晉語二》："驪姬既殺太子申生，又譖二公子曰：'重耳、夷吾與知共君之事。'公令閹楚刺重耳，重耳逃于狄；令賈華刺夷吾，夷吾逃于梁。盡逐群公子，乃立奚齊焉。"《史記·秦本紀》："重耳、夷吾出犇。"《正義》："重耳奔翟，夷吾奔少梁也。"在今陝西韓城境。

清華五·三壽 17"惠民"，施恩惠於民，愛民。《書·泰誓》："惟天惠民，惟辟奉天。"《呂氏春秋·懷寵》："上不順天，下不惠民"。《管子·君臣下》："以急爲緩，緩可以惠民。"

清華六·管仲 18"既惠於民"、清華八·攝命 09"惠于少（小）民"，參上。

清華六·太伯甲 02、太伯乙 02"不惠"，不仁愛、不寬厚。《墨子·天志上》："故凡從事此者，寇亂也，盜賊也，不仁不義，不忠不惠，不慈不孝，是故聚斂天下之惡名而加之。"

清華七·越公 05"爲惠"，施加恩惠。《睡虎地·爲吏之道》簡 38－39："爲人君則鬼（惠）。"《嶽麓壹·爲吏》簡 85："爲人君則惠。"（滕勝霖）

清華八·攝命 08、09"惠不惠"，《書·康誥》："怨不在大，亦不在小，惠不惠，懋不懋。"孔傳："言怨不可爲，故當使不順者順，不勉者勉。"《左傳·昭公八年》引之云："《周書》曰'惠不惠，茂不茂'，康叔所以服弘大也。"杜預注："言當施惠於不惠者，勸勉於不勉者。"

見紐吉聲

吉

清華一·尹至 01 女（汝）亓（其）又（有）吉志

清華一·尹至 02 余兇（閔）亓（其）又（有）顗（夏）衆□吉好

清華一·尹誥 04 舍（予）之吉言

清華一·程寤 03 王及大（太）子發（發）並拜吉夢

清華一·程寤 04 女（汝）敬聖（聽）吉夢

清華三·說命上 05 勿殺是吉

清華三·說命中 07 吉不吉

清華三·說命中 07 吉不吉

清華四·筮法 05 參（三）吉同兌

清華四·筮法 08 參（三）兌同吉

清華四·筮法 09 參（三）吉同兌

清華四·筮法 13 參（三）兌同吉

清華四·筮法 15 參（三）女同男，吉

清華四·筮法 29 屯（純）吉

清華四·筮法 29 乃吉

清華四·筮法 37 坴（來）巽大吉

清華四·筮法 37 裚（勞）少（小）吉

清華四·筮法 37 裚（勞）大吉

清華四·筮法 37 來（來）巽少（小）吉

清華四·筮法 38 兌大吉

清華四·筮法 38 艮羅（離）少（小）吉

清華四·筮法 38 艮羅（離）大吉

清華四·筮法 38 兌少（小）吉

清華四·筮法 39 凸（凡）乾（乾），月=（月夕）吉

清華四·筮法 39 臾（坤），月朝吉

清華六·管仲 06 吉凶会（陰）易（陽）

清華七·越公 19 以交（徼）求卡=（上下）吉羕（祥）

清華八·攝命 03 卜吉

～,與 吉(上博三·周 2)、吉(上博三·周 26)、吉(上博三·周 37)、吉(上博六·用 13)同。《說文·口部》:"吉,善也。从士、口。"

清華四·筮法"吉",吉利,吉祥。《易·繫辭上》:"吉,无不利。"《逸周書·武順》:"禮義順祥曰吉。"

清華六·管仲 06"吉凶佥易",讀爲"吉凶陰陽",猶禍福。《易·乾》:"與鬼神合其吉凶。"《史記·日者列傳》:"方辯天地之道,日月之運,陰陽吉凶之本。"

清華七·越公 19"吉羕",讀爲"吉祥",預示好運之徵兆,祥瑞。《莊子·人間世》:"虛室生白,吉祥止止。"成玄英疏:"吉者,福善之事;祥者,嘉慶之徵。"《史記·范雎蔡澤列傳》:"豈道德之符而聖人所謂吉祥善事者與?"

故

 清華三·說命下 07 余既訊(諰)故(劼)毖(毖)女(汝)

～,从"攴","吉"聲。

清華三·說命下 07"故毖",讀爲"劼毖",勤勉,敬慎。(黃德寬)《書·酒誥》:"汝劼毖殷獻臣。"

劼

 清華五·厚父 01 □□□□王監劼練(績)

 清華六·子產 07 此胃(謂)劼殺(救)

 清華七·越公 38 則劼(詰)燭(誅)之

 清華七·越公 38 則劼(詰)燭(誅)之

清華八·攝命01 劼姪卹（愻）奘（攝）

　清華八·攝命30 余既明竅（啓）劼卹（愻）女（汝）

～，从"力"，"吉"聲。或下加"皿"。《說文·力部》："劼，慎也。从力，吉聲。《周書》曰：'汝劼愻殷獻臣。'"

清華五·厚父01"劼"，勤勉，敬慎。《廣雅·釋詁》："劼，勤也。"（黃德寬）或認爲"嘉"字省變。（李學勤、馬楠）"嘉績"，美善的功績。《書·盤庚下》："古我先王，將多于前功，適于山，用降我凶德，嘉績于朕邦。"孔傳："下去凶惡之德，立善功於我國。"《國語·周語下》："帥象禹之功，度之於軌儀，莫非嘉績，克厭帝心。"或讀爲"懿"。（白於藍）

清華六·子產07"劼敉"，讀爲"劼敕"，勤謹自敕。（黃德寬）"劼"，或讀爲"懿"，《玉篇·壹部》："懿，大也。"（白於藍）

清華七·越公38"劼燭"，讀爲"詰誅"，問罪懲罰。《禮記·月令》："（孟秋之月）詰誅暴慢，以明好惡。"鄭玄注："詰，謂問其罪，窮治之也。"《呂氏春秋·季夏紀》："詰誅不義，以懷遠方。"

清華八·攝命01"劼姪卹奘"讀爲"劼姪愻攝"，30"劼卹"，讀爲"劼愻"，勤勉，敬慎。（黃德寬）《書·酒誥》："汝劼愻殷獻臣。"

壹

　清華七·越公19 孤用衔（率）我壹（一）弌（二）子弟以逩（奔）告於鄥（邊）

～，秦文字或作 （詛楚文）、（秦封宗邑瓦書）、（商鞅量，《集成》10372）等。《說文·壹部》："壹，專壹也。从壺，吉聲。"

清華七·越公19"壹弌"，即一二，少許。《書·康誥》："（文王）用肇造我區夏，越我一二邦，以修我西土。"《左傳·襄公三年》："使士匄告於齊曰：'寡君使匄，以歲之不易，不虞之不戒，寡君願與一二兄弟相見，以謀不協，請君臨之，使匄乞盟。'"

· 2283 ·

詰

　清華八·邦道 08 詰亓(其)行

～,與🔲(上博五·鮑 5)、🔲(上博五·鬼 3)同。《説文·言部》:"詰,問也。从言,吉聲。"

清華八·邦道 08"詰",詰問。

結

　清華三·芮良夫 19 約結纆刺(剌)

《説文·糸部》:"結,締也。从糸,吉聲。"

清華三·芮良夫 19"約結纆刺",讀爲"約結繩剌"。"約結"與"繩剌"義同,按法度判决。《鶡冠子·天權》:"釋約解刺。"陸佃注:"約,如繩約之約。"猶法度。《漢書·嚴延年傳》:"以結延年。"顔師古注:"結,正其罪也。"

見紐季聲

季

　清華一·楚居 01 季繼(連)初降於騩山

　清華一·楚居 02 季繼(連)䎽(聞)亓(其)又(有)嗅(聘)

　清華一·楚居 03 生㚤叴(叔)、麗季

　清華三·良臣 08 魯哀公又(有)季孫

清華五·命訓 11 杝(撫)之以季(惠)

清華五·命訓 13 季(惠)必仞₌(忍人)

清華五·命訓 13 季(惠)而不仞₌(忍人)

～，與 ᵜ(上博五·弟2)同。《説文·子部》："季，少偁也。从子，从稚省，稚亦聲。"

清華一·楚居"季繼"，讀爲"季連"。《史記·楚世家》："陸終生子六人，坼剖而産焉。其長一曰昆吾，二曰參胡，三曰彭祖，四曰會人，五曰曹姓，六曰季連，羋姓，楚其後也。"據安大簡，"季連"與"穴熊""鬻熊"是一人，是祝融的兒子。

清華一·楚居 03"麗季"，人名。

清華三·良臣 08"季孫"，指季康子，季桓子之子，名"肥"，謚"康子"，又名"季孫肥"，春秋時魯國大夫，魯上卿諸臣之師。魯哀公三年（公元前四九二），季桓子卒，康子立。《左傳·哀公三年》："季孫卒，康子即位。"《論語·季氏》："吾恐季孫之憂，不在顓臾，而在蕭牆之内也。"

清華五·命訓 11"杝之以季"，讀爲"撫之以惠"。與今本《逸周書·命訓》同。

清華五·命訓 13"季"，讀爲"惠"，與簡 11 同。

溪紐器聲

器

清華三·芮良夫 25 而器不再利

清華五·湯丘 16 器不敝(雕)鏤

清華六·孺子 14 女(焉)宵(削)昔(錯)器於巽(選)贜(藏)之中

清華六·管仲 25 此胃（謂）成器

 清華八·邦政 03 亓（其）器少（小）而觳（粹）

清華八·邦政 07 亓（其）器大

 清華八·邦道 16 君獸（守）器

 清華八·天下 01 弌（一）者獸（守）之=（之之）器

 清華八·天下 01 弌（一）者攻之=（之之）器

 清華八·天下 05 昔三王者之所以取之=（之之）器

 清華八·虞夏 01 祭器四羅（璉）

清華八·虞夏 02 祭器六臣（簠）

 清華八·虞夏 03 祭器八叚（簋）

～，與 （上博二·從甲 17）同。《說文·朋部》："器，皿也。象器之口，犬所以守之。"

清華三·芮良夫 25、清華八·邦政 03、清華八·邦政 07"器"，用具，器具。《易·繫辭上》："備物致用，立成器以爲天下利。"簡文"而器不再利"，《論語·衛靈公》:"工欲善其事,必先利其器。"孔安國注:"言工以利器爲用。"

清華五·湯丘 16"器不敝鏤",即"器不雕鏤"。《禮記·少儀》:"國家靡敝,則車不雕幾,甲不組縢,食器不刻鏤,君子不履絲屨,馬不常秣。"《左傳·哀公元年》:"二三子恤不相睦,無患吳矣。昔闔廬食不二味,居不重席,室不崇壇,器不彤鏤,宮室不觀,舟車不飾,衣服財用,擇不取費。"

清華六·孺子 14"昔器",讀爲"錯器",藏器。

清華六·管仲 25"成器",有用的人材。《禮記·學記》:"玉不琢,不成器。"

清華八·邦道 16"君獸器",讀爲"君守器"。《墨子·備城門》:"子墨子曰:我城池修,守器具,推粟足,上下相親,又得四鄰諸侯之救,此所以持也。"

清華八·天下 01、05"器",指有形的具體事物,與"道"相對。《易·繫辭上》:"形而上者謂之道,形而下者謂之器。"孔穎達疏:"道是无體之名,形是有質之稱。"

清華八·虞夏 03"祭器",祭祀時所陳設的各種器具。《禮記·王制》:"祭器未成,不造燕器。"《戰國策·齊四》:"願請先王之祭器,立宗廟於薛。"《史記·張儀列傳》:"出兵函谷而無伐,以臨周,祭器必出。"司馬貞《索隱》:"凡王者大祭祀必陳設文物軒車彝器等,因謂此等爲祭器也。"

溪紐棄聲

棄

清華二·繫年 117 多云(棄)幬(旆)莫(幕)

清華二·繫年 135 楚人妻(盡)云(棄)丌(其)幬(旆)、幕、車、兵

(田)
清華二·繫年 004 洹(宣)王是訇(始)弃(棄)帝□(籍)弗畋

清華六·子產 26 此胃(謂)張兇(美)弃(棄)亞(惡)

· 2287 ·

 清華七·越公 04 枓(播)弃(棄)宗畬(廟)

 清華七·越公 19 余弃(棄)啙(惡)周好

 清華七·越公 21 印(抑)犹(荒)弃(棄)孤

 清華七·越公 23 余亓(其)與吳枓(播)弃(棄)悁(怨)啙(惡)于湝(海)濫(濟)江沽(湖)

 清華七·越公 27 蔑弃(棄)悁(怨)皐(罪)

清華八·虞夏 03 型鐘(鐘)未弃(棄)文章

～,楚文字或作(上博六·莊 7)、(上博六·用 4),从"廾"、从倒子,與《説文》古文同,會雙手抛棄孩子之意。或省作 ,乃源於(曾公子棄疾之行壺)、(曾公子棄疾之行缶)、(曾公子棄疾之行鼎)等形,省去雙手,僅保留倒子形。有的形體倒子的頭部和身體分離,變得匪夷所思。《説文·華部》:"棄,捐也。从廾推華棄之,从𠫓。𠫓,逆子也。,古文棄。,籒文棄。"

清華二·繫年 117、135"𠫓",即"弃(棄)",抛棄。《書·大誥》:"厥考翼,其肯曰:'予有後,弗棄基。'"孔傳:"其肯言我有後不棄我基業乎?"《韓非子·難勢》:"夫棄隱栝之法,去度量之數,使奚仲爲車,不能成一輪。"

清華二·繫年 004、清華八·虞夏 03"棄",廢棄。《左傳·昭公二十九年》:"龍,水物也。水官棄矣,故龍不生得。"杜預注:"棄,廢也。"

清華六·子產 26、清華七·越公 19"弃亞",讀爲"棄惡"。《左傳·成公十三年》:"吾與女同好棄惡,復脩舊德,以追念前勳。"

清華七·越公04、23"科弃",讀爲"播棄",棄置。《國語·吳語》:"今王播棄黎老,而孩童焉比謀。"

清華七·越公21"犹弃",讀爲"荒棄",廢棄。

清華七·越公27"蔑棄",拋棄。《國語·周語下》:"上不象天,而下不儀地,中不和民,而方不順時,不共神祇,而蔑棄五則。"

定紐聿聲

聿

 清華七·越公29 雫(越)王句戔(踐)女(焉)旨(始)复(作)絽(紀)五政之聿(律)

 清華七·越公41 凡此聿(類)也

 清華七·越公56 非郼(越)裳(常)聿(律)

～,與 (上博三·周7)同。《説文·聿部》:"聿,所以書也。楚謂之聿,吳謂之不律,燕謂之弗。从聿,一聲。"

清華七·越公29"聿",讀爲"律",法也。《爾雅·釋詁》:"律,法也。"

清華七·越公41"聿",讀爲"類",種類。《易·乾》:"本乎天者親上,本乎地者親下,則各從其類也。"

清華七·越公56"裳聿",讀爲"常律",《國語·越語下》:"肆與大夫觴飲,無忘國常。"韋昭注:"常,舊法。"

定紐矞聲

矞

 清華一·耆夜12 戠(歲)矞(聿)員(云)莫(暮)

清華一·耆夜 13 戢（歲）矞（聿）［員］（云）□

清華三·芮良夫 20 矞（遹）易兌心

《説文·矞部》：“矞，以錐有所穿也。从矛、从矞。一曰滿有所出也。”

清華一·耆夜 12、13“戢矞員莫”，讀爲“歲聿云莫”，參《詩·唐風·蟋蟀》“歲聿其莫”。“矞”，讀爲“聿”，助詞。

清華三·芮良夫 20“矞”，讀爲“遹”，語首助詞。《詩·大雅·文王有聲》：“文王有聲，遹駿有聲，遹求遹寧，遹觀厥成，文王烝哉！”

端紐至聲

至

清華一·尹至 01 彔至才（在）湯

清華一·尹誥 04 乃至（致）衆于白（亳）审（中）邑

清華一·保訓 09 至于成康（湯）

清華一·金縢 13 王乃出逆公至郊（郊）

清華一·皇門 03 自釐（釐）臣至于又（有）貧（分）厶（私）子

清華一·皇門 07 至于氒（厥）逡（後）嗣立王

清華一·祭公 14 至于萬啻(億)年

清華一·楚居 04 至酓(熊)狂(狂)亦居京宗

清華一·楚居 04 至酓(熊)繹(繹)與屈紃(紃)

清華一·楚居 05 至酓(熊)乂、酓(熊)䏁、酓(熊)樊(樊)及酓(熊)錫、酓(熊)䢼(渠)

清華一·楚居 05 至酓(熊)朔、酓(熊)摯(摯)居癹(發)漸

清華一·楚居 06 至酓(熊)繢(延)自旁屽遷(徙)居喬多

清華一·楚居 06 至酓(熊)甬(勇)及酓(熊)嚴

清華一·楚居 07 至焚冒酓(熊)帥(率)自箬(郜)遷(徙)居焚

清華一·楚居 07 至宵囂(敖)酓(熊)鹿自焚遷(徙)居宵

清華一·楚居 07 至武王酓(熊)髸自宵遷(徙)居免

清華一·楚居 08 至文王自疆淫遷(徙)居湫(沈)郢

清華一·楚居 09 至臯囂(敖)自福丘遷(徙)袤(襲)箬(郜)郢

清華一·楚居09 至成王自䈞（郢）䣱遱（徙）袭（襲）淋（沈）淫

 清華一·楚居10 至穆王自㷭（睽）䣱遱（徙）袭（襲）為䣱

 清華一·楚居10 至臧（莊）王遱（徙）袭（襲）䕡（樊）䣱

 清華一·楚居11 至龏（共）王、康王、乳=（孺子）王皆居為䣱

 清華一·楚居11 至需（靈）王自為䣱遱（徙）居秦（乾）溪之上

 清華一·楚居12 至卲（昭）王自秦（乾）溪之上遱（徙）居媺（嬭）䣱

 清華一·楚居13 至獻惠王自媺（嬭）䣱遱（徙）袭（襲）為䣱

 清華一·楚居16 至㥯（悼）折（哲）王猷居䣱（鄩）䣱

 清華二·繫年034 至于梁城

 清華二·繫年069 高之固至莆池

 清華二·繫年080 以至需（靈）王

 清華二·繫年103 至今齊人以不服于晉

清華二·繫年 108 以至晉悼公

清華二·繫年 113 至今晉、戉（越）以爲好

清華二·繫年 122 内（入）至汧水

清華二·繫年 138 齊自（師）至喦

清華三·芮良夫 21 風雨寺（時）至

清華三·赤鵠 10 至于顕（夏）句（后）

清華五·三壽 08 殜=（世世）至於逡（後）飤（嗣）

清華五·命訓 06 則厇（度）至于亟（極）

清華五·命訓 13 哀不至

清華五·命訓 14 哀至則貴（匱）

清華五·命訓 14 褢（勞）而不至

清華四·筮法 09 至，四正之刲（卦）見

清華四·筮法 10 乃至

清華四·筮法 12 乃亦至

清華四·筮法 13 聞(昏)聞(聞)不至

清華四·筮法 62 曰至

清華五·命訓 02 則庀(度)至于亟(極)

清華五·命訓 03 則庀(度)至于亟(極)

清華五·命訓 03 則庀(度)至于亟(極)

清華五·命訓 04 則庀(度)至于亟(極)

清華五·命訓 05 則庀(度)至于亟(極)

清華五·啻門 01 古之先帝亦有良言青(情)至於今虎(乎)

清華五·啻門 02 女(如)亡(無)又(有)良言清(情)至於今

清華六·孺子 12 自是旮(期)以至瓩(葬)日

清華六·子儀 18 一人至

清華六·子產 10 旻(得)民天央(殃)不至

清華七·晉文公 07 乃爲三羿(旗)以成至

清華七·趙簡子 03 則善人至

清華七·趙簡子 03 則不善人至

清華七·越公 56 乃徹(趣)取㱙(戮)于遂(後)至遂(後)成

清華七·越公 57 乃徹(趣)取㱙(戮)于遂(後)至不共(恭)

清華七·越公 68 乃至於吳

清華八·邦道 01 以至于邦豪(家)慁(昏)䢃(亂)

清華八·邦道 09 則悲(患)不至

清華八·邦道 14 至(致)力不孚(勉)

清華八·邦道 22 則䢜(遠)人至

清華八·心中 02 情母（毋）又（有）所至

 清華八·天下 03 至（臻）亓（其）橦（衝）階

 清華八·八氣 01 自冬至以籥（算）六旬叕（發）燹（氣）

 清華八·八氣 02 或弍（一）旬日南〈北〉至

 清華八·八氣 03 或六旬日北〈南〉至

 清華八·虞夏 01 晵（海）外又（有）不至者

 清華八·虞夏 02 晵（海）内又（有）不至者

～，楚文字或作 、、、。《說文·至部》：“至，鳥飛从高下至地也。从一。一，猶地也。象形。不上去而至，下來也。凡至之屬皆从至。![]，古文至。”

　　清華一·尹誥 04"至衆"，讀爲"致衆"。《左傳·哀公二十六年》："文子致衆而問焉。"《國語·晉語》："呂甥致衆而告之曰。"

　　清華一·保訓 09"至于成康"，讀爲"至于成湯"。《書·胤征》："自契至于成湯八遷，湯始居亳，從先王居。作《帝告》《釐沃》。"

　　清華一·金縢 13"王乃出逆公至鄗"，讀爲"王乃出逆公至郊"。《史記·宋微子世家》："桓公二年，諸侯伐宋，至郊而去。"

　　清華一·皇門 03"自釐（釐）臣至于又（有）貧（分）厶（私）子"，今本《逸周書·皇門》作"其善臣以至于有分私子"。

　　清華一·皇門 07"至于氒（厥）遂（後）嗣立王"，今本《逸周書·皇門》作

"至于厥後嗣"。

清華一·祭公14"至于萬啻（億）年"，今本《逸周書·祭公》作"至于萬億年"。

清華二·繫年034"至于梁城"之"至于"，到，達到。于，助詞，無義。《書·盤庚上》："王命衆，悉至于庭。"

清華二·繫年108"以至晉悼公"，《呂氏春秋·求人》："古之有天下也者七十一聖，觀於《春秋》，自魯隱公以至哀公十有二世，其所以得之，所以失之，其術一也。"

清華二·繫年103、113"至今"，直到現在。《楚辭·九章·抽思》："初吾所陳之耿著兮，豈至今其庸亡。"

清華三·芮良夫21"風雨寺（時）至"，《論衡·感虛篇》："方今盛夏，雷雨時至，龍多登雲。"

清華三·赤鵠10"至于顕句"，讀爲"至于夏后"，到達夏后那裏。

清華五·三壽08"殜=至於遂飤"，讀爲"世世至於後嗣"。《三國志·魏書·董二袁劉傳》："至於後嗣顛蹶，社稷傾覆，非不幸也。"

清華五·命訓13"哀不至"，今本《逸周書·命訓》作"哀不至"。"至"，《國語·越語下》韋昭注："謂極也。"

清華五·命訓14"哀至則貴（匱）"，今本《逸周書·命訓》作"哀至則匱"。潘振云："匱，窮也……哀甚則難繼，樂過則廢時。"

清華五·命訓14"袋（勞）而不至"，今本《逸周書·命訓》作"勞而不至"。

清華五·命訓02、03、04、05"則戹（度）至于亟（極）"，今本《逸周書·命訓》作"則度至于極"。

清華五·啻門01、02"至於今"，《國語·周語下》："自我先王厲、宣、幽、平而貪天禍，至於今未弭。"

清華六·孺子12"自是旮以至瓶日"，讀爲"自是期以至葬日"。《論衡·譏日篇》："假令魯小君以剛日死，至葬日己丑，剛柔等矣。"

清華六·子產10"旻民天央不至"，讀爲"得民天殃不至"。《國語·楚語》："民神異業，敬而不瀆，故神降之嘉生，民以物享，禍災不至，求用不匱。"

清華七·晉文公07"至"，期至。《周禮·地官·族師》："若作民而師田行役，則合其卒伍，簡其兵器，以鼓鐸、旗物帥而至，掌其治令、戒禁、刑罰。"

清華七·趙簡子03"則善人至"，《孟子·告子下》："士止於千里之外，則讒諂面諛之人至矣。"

清華八·邦道22"則徫（遠）人至"，《管子·權修》："遠人至而不去，則有以畜之也；民衆而可一，則有以牧之也。"

清華七·越公56、57"逡至"，即"後至"，晚到。"後成"，工期完成落後。

清華七·越公68"乃至於吳"，《國語·吳語》："必設以此民也，封於江、淮之間，乃能至於吳。"

清華八·邦道01"以至于邦豪懇鬬"，讀爲"以至于邦家昏亂"。《商君書·畫策》："名卑地削，以至于亡者，何故？"

清華八·邦道09"則叕不至"，讀爲"則患不至"。《韓非子·難一》："戰而勝，則國安而身定，兵強而威立，雖有後復，莫大於此，萬世之利，奚患不至？"

清華八·邦道14"至力"，讀爲"致力"，盡力，竭力。《禮記·祭義》："朔月月半，君巡牲，所以致力，孝之至也。"

清華八·心中02"情母（毋）又（有）所至"，上博一·性35、36："用情之至[者，哀]樂爲甚。""至"，《說文》："親，至也。"段注："到其地曰至，情意懇到曰至。"

清華八·天下03"至"，讀爲"臻"，《玉篇》："聚也。"

清華八·八氣01"冬至"，二十四節氣之一，在十二月二十二日前後。這一天太陽經過冬至點，北半球白天最短，夜間最長。《逸周書·時訓》："冬至之日蚯蚓結，又五日麋角解，又五日水泉動。"《呂氏春秋·有始》："冬至日行遠道，周行四極，命曰玄明。"

清華八·虞夏01、02"不至者"，《管子·輕重乙》："故有百倍之力而不至者，有十倍之力而不至者，有倪而是者。"

姪

 清華八·攝命01 劼姪邲（毖）巽（攝）

《說文·女部》："姪，兄之女也。从女，至聲。"

清華八·攝命01"姪"，讀爲"慎"。《易·履》："履虎尾，不咥人。"漢帛書本"咥"作"真"。《易·損》："君子以懲忿窒欲。"《釋文》："窒，陸作䐜。""䐜"即《說文》"慎"字古文。《說文·力部》："劼，慎也。""邲"，讀爲"毖"。《說文·比部》："毖，慎也。"簡文"劼""姪（慎）""邲（毖）"均訓爲慎，同義連用，修飾"攝"。或說"姪"，兄弟之子。

室

 清華一·耆夜 01 乃歠（飲）至于文大（太）室

 清華一·皇門 07 以豪（家）相氒（厥）室

 清華一·祭公 17 女（汝）母（毋）各豪（家）相而室

 清華一·楚居 04 爲枝室

 清華二·繫年 015 周室即（既）宰（卑）

 清華二·繫年 038 囟（使）衺（襲）褱（懷）公之室

 清華二·繫年 076 取亓（其）室以夌（予）繡（申）公

 清華二·繫年 077 亓（其）子墨（黑）要也或（又）室少盉（孟）

 清華二·繫年 114 告以宋司城皴之約（弱）公室

 清華二·繫年 115 王命莫嚻（敖）易爲衒（率）自（師）以定公室

 清華三·赤鵠 07 帝命二黃它（蛇）與二白兔尻句（后）之靠（寢）

· 2299 ·

室之棟

清華三·赤鵠 12 尻句(后)之帰(寢)室之棟

清華四·筮法 32 室之立(位)也

清華四·筮法 43 莫(暮)屯(純)乃室中

清華六·孺子 04 亦不見亓(其)室

清華六·子產 23 勑(飾)散(美)宮室衣裘

清華六·子產 28 身、室、邦或(國)、者(諸)侯、天陛(地)

清華七·趙簡子 07 掌又(有)二尼(宅)之室

清華七·趙簡子 08 肰(然)則曼(得)椨(輔)相周室

清華七·趙簡子 09 肰(然)則曼(得)椨(輔)相周室

清華七·趙簡子 11 不智(知)周室

清華七·越公 59 乃敽(竊)焚舟室

清華八·攝命 32 各(格)于大室

 清華八·邦政 03 宮室少(小)窐(卑)以塼(迫)

 清華八·邦政 07 亓(其)宮室嬰(坦)大以高

 清華八·邦道 22 歖(謹)洛(路)室

 清華八·八氣 06 句(后)土銜(率)土以飤(食)於室中

～，與 ☒（上博四·昭 2）、☒（上博六·天甲 1）同。《説文·宀部》："室，實也。从宀、从至。至，所止也。"

清華一·耆夜 01"文大室"，即"文太室"，祭祀文王的太室。《書·洛誥》："王入太室，祼。"孔穎達疏："太室，室之大者。故爲清廟，廟有五室，中央曰太室。"

清華一·皇門 07"以豪(家)相氒(厥)室"，今本《逸周書·皇門》作"以家相厥室"，孔晁注："言勢人以大夫私家不憂王家之用德。"《左傳·昭公二十五年》："季公亥與公思展與公鳥之臣申夜姑相其室。"

清華一·祭公 17"女(汝)母(毋)各豪(家)相而室"，今本《逸周書·祭公》作"汝無以家相亂王室而莫恤其外"。

清華一·楚居 04"秮室"，李學勤讀爲"燔室"，陳偉疑即"閟宫"。(《讀本一》第 310－311 頁)

清華二·繫年 015"周室即窐"，讀爲"周室既卑"。參《國語·晉語八》："今周室少卑。"韋昭注："卑，微也。"

清華二·繫年 038"囟亵褱公之室"，讀爲"使襲懷公之室"，使文公襲受懷公在秦的妻室。

清華二·繫年 076"取亓室以会繕公"，讀爲"取其室以予申公"。《國語·楚語上》："莊王既以夏氏之室賜申公巫臣，則又畀之子反，卒與襄老。"

清華二·繫年077"室少盃",讀爲"室少孟",妻少孟。"室",《左傳·昭公十九年》:"建可室矣。"杜預注:"妻也。"

清華二·繫年114、115"公室",指君主之家,王室。《論語·季氏》:"孔子曰:'禄之去公室五世矣,政逮於大夫四世矣。'"《左傳·文公七年》:"公族,公室之枝葉也,若去之,則本根無所庇陰矣。"《後漢書·鄧寇傳》:"康以太后久臨朝政,宗門盛滿,數上書長樂宮諫爭,宜崇公室,自損私權,言甚切至。"

清華三·赤鵠07、12"㝯室",即"寢室",猶宮室。《禮記·表記》:"諸侯非其國,不以筮,卜宅寢室。"鄭玄注:"諸侯受封乎天子,因國而國;唯宮室欲改易者,得卜之耳。"

清華四·筮法43、清華八·八氣06"室中",當即五祀中的中霤。文獻中作"中霤""中流""中廇""室中霤"等。《白虎通·五祀》:"六月祭中霤。中霤者,象土在中央也。"

清華六·子產23,清華八·邦政03、07"宮室",指帝王的宮殿。《管子·牧民》:"夫明王不美宮室,非喜小也。"《史記·項羽本紀》:"項羽引兵西屠咸陽,殺秦降王子嬰,燒秦宮室,火三月不滅。"

清華六·子產28"室",指家。

清華七·趙簡子07"室",房屋,宅舍。《詩·小雅·斯干》:"築室百堵,西南其户。"

清華七·趙簡子08、09、11"周室",周王朝。《左傳·僖公四年》:"五侯九伯,女實征之,以夾輔周室。"

清華七·越公59"舟室",句踐之船宫。《墨子·兼愛下》:"昔者越王句踐好勇,教其士臣三年,以其知爲未足以知之也,焚舟失火。"《太平御覽·宮室部》引《墨子》作"自焚其室"。黃紹箕云:"《御覽》引作'焚其室',竊疑本當作'焚舟室'。《越絕外傳》記越地傳云'舟室者,句踐船宫也',蓋即教舟師之地。"

清華八·攝命32"各于大室",讀爲"格于大室"。"大室",亦作"太室",太廟中央之室,亦指太廟。《書·洛誥》:"王入太室祼。"孔傳:"太室,清廟。"孔穎達疏:"太室,室之大者。故爲清廟,廟有五室,中央曰太室。"伊簋(《集成》04287)"王各穆大室"。

清華八·邦道22"逡室",即"路室",客舍。《周禮·地官·遺人》:"凡國野之道,十里有廬,廬有飲食;三十里有宿,宿有路室,路室有委。"賈疏:"路室,候迎賓客之處。"

夋

 清華八·攝命 13 母（毋）弗夋（節）

~，從"厶"，"室"聲。

清華八·攝命 13"夋"，讀爲"節"。"室""節"上古音相近。馬王堆帛書《老子乙本卷前古佚書》中的《十六經·觀》"時節三樂"（語見《國語·越語下》）的"節"，寫作從"手"，"室"聲的"挃"。上博一·性 5"㝯眚"，裘錫圭讀爲"節性"。

端紐叀聲

叀

 清華三·琴舞 10 叀（對）天之不易

~，與 、、近。《説文·叀部》："叀，專小謹也。從幺省，屮財見也，屮亦聲。"

清華三·琴舞 10"叀"，讀爲"對"。猒簋（《集成》04317）"盺在位，作叀在下"，秦公簋（《集成》04315）"盺叀在天"等，均讀爲"對"。《詩·大雅·皇矣》："帝作邦作對。"毛傳："對，配也。"或讀爲"恤"。（黃傑）

磙

 清華六·管仲 06 臤（賢）磙（質）不匡（枉）

 清華六·管仲 06 臤（賢）磙（質）以亢（抗）

~，從"石"，"叀"聲。

清華六·管仲 06"臤磙"，疑讀爲"堅對"，謂堅持己見對答。《史記·魏其武安侯列傳》："主爵都尉汲黯是魏其；内史鄭當時是魏其，後不敢堅對；餘皆莫敢對。"或讀爲"賢質"。《禮記·學記》疏:"賢,謂德行賢良。"《小爾雅·廣言》:"質,信也。"

透紐替聲

夶

 清華七·越公 28 王夶亡(無)好攸(修)于民厽(三)工之堵

～,从"立"、从"大",會一上一下偏廢之意。古文字中"替"字或作""（《合集》32892）、""（獄盉,《銘圖》14799）、""（中山王䇇鼎,《集成》02840）、""（叔卣,《銘圖》13347）。《說文·竝部》:"替,廢一偏下也。从竝,白聲。,或从曰。,或从兟从曰。"

清華七·越公 28"夶",即"替",或讀爲"惕"。上博三·周易 44"初六,井替不食"中"替",馬王堆和今本《易·井卦》均作"泥"。《馬王堆·六十四卦·乾》:"君子終日乾乾,夕泥若厲,無咎。"今本"泥"作"惕"。"惕",戒懼、警惕義。(滕勝霖)"夶",或疑爲"並"之壞字。"並",遍。《易·井》:"王明,並受其福。"或認爲此字从"立"聲,"立"聲通讀爲"合"。(季旭昇)

定紐隶聲

隶

 清華六·子產 20 隶叔(求)婕(蓋)之臤(賢)

 清華六·子產 24 乃隶(肆)参(三)邦之命(令)

 清華六·子產 25 隶(肆)参(三)邦之型(刑)

清華四·筮法 45 艮祟：隶（殔）

～，與 ⿰(郭店·尊德 30)、⿰(郭店·尊德 31)、⿰(郭店·性自 36)同。
，或分析爲從"它"，"又"聲。《說文·隶部》："隶，及也。從又，從尾省。又，持尾者，從後及之也。"

清華六·子產 20"隶"，或讀爲"肆"。
清華六·子產 24、25"隶"，讀爲"肄"。《說文·聿部》："肄，習也。"
清華四·筮法 45"隶"，讀爲"殔"。《小爾雅·廣名》："埋柩謂之殔。"字或作"殔"，《釋名·釋喪制》："假葬於道側曰殔。"

禄

 清華五·厚父 04 或禄（肆）祀三后

～，從"示"，"隶"聲。

清華五·厚父 04"禄祀"，讀爲"肆祀"，祭名，謂以全牛、全羊祭祀祖先。《書·牧誓》："今商王受惟婦言是用，昏棄厥肆祀弗答，昏棄厥遺王父母弟不迪。"《史記·周本紀》作"自棄其先祖肆祀不答"。裴駰《集解》引鄭玄曰："肆，祭名。"《詩·周頌·雝》："相維辟公，天子穆穆，於薦廣牡，相予肆祀。"馬瑞辰《通釋》："《詩》之'肆祀'承上'廣牡'言，正謂舉全體而陳之。與《牧誓》肆祀、《周禮》肆享，同爲祭名。"

定紐失聲

達

 清華一·祭公 19 弗達（失）于政

 清華二·繫年 136 犬達（逸）而還

清華三·說命上01 甬（庸）爲逸（失）审（仲）史（使）人

清華三·說命上04 天廼命敓（説）伐逸（失）审（仲）

清華三·說命上04 逸（失）审（仲）卜曰

清華三·說命上05 逸（失）审（仲）悥（違）卜

清華三·說命上05 于韋（圍）伐逸（失）审（仲）

清華三·琴舞12 不逸（失）隹（惟）同

清華三·芮良夫16 亓（其）厇（度）甬（用）逸（失）縈（營）

清華三·芮良夫22 而纆（繩）剌（剌）逸（失）楘

清華三·芮良夫28 □□是逸（失）

清華五·命訓11 民甬（用）不逸（失）

清華五·三壽24 易（揚）則舌（悍）逸（佚）亡（無）棠（常）

清華六·太伯甲11 逸（佚）之㠯（夷）

清華六·太伯乙 10 達(佚)之旦(夷)

清華六·子產 02 不思(懼)達(失)民

清華六·子產 02 思(懼)達(失)又(有)戒

清華六·子產 08 乃自達(失)

清華六·子產 17 民又(有)怣(過)達(失)

清華六·子產 18 嚻(敖)達(佚)弗諐(誅)

清華七·子犯 09 上繩(繩)不達(失)

清華七·趙簡子 05 齊君達(失)政

清華七·趙簡子 05 敢餇(問)齊君達(失)之系(奚)繇(由)

清華七·趙簡子 06 齊君達(失)正(政)

清華七·趙簡子 06 归(抑)昔之旻(得)之與達(失)之

清華七·趙簡子 11 肰(然)則達(失)敀(霸)者(諸)侯

清華七·越公 57　王又(有)遼(失)命

清華七·越公 57　少(小)遼(失)酓(飲)飤(食)

清華七·越公 58　大遼(失)𤲞=(繽墨)

清華七·越公 74　女(焉)述(遂)遼(失)宗窑(廟)

清華八·攝命 13　女(汝)亦母(毋)敢遼(洪)于之

清華八·邦道 15　遼(失)之所才(在)

清華八·邦道 20　男女不遼(失)其時(時)

清華八·邦道 23　古(故)坒(墜)遼(失)社襗(稷)

清華八·邦道 25　虐(吾)飢(曷)遼(失)

清華八·心中 06　亓(其)亦遼(失)才(在)心

清華四·筮法 15　亓(其)徟(失)十三

清華八·邦道 04　愚(愚)者遙(失)之

▨，與▨（上博一·緇10）、▨（上博二·魯1）、▨（上博四·曹7）、▨（上博四·曹10）、▨（上博七·凡甲19）同。▨，與▨（上博六·孔3）同，从"彳"。▨，與▨（上博七·凡甲27）同，省"訫"。"逩"實是"迭"字。（李家浩）或說此字所從的▨乃由甲骨文"夆"（▨）演變而來，"夆"从"止"在"夻"外，會逃逸之意；楚簡累增"辵"旁作"逩"，為"逸"的本字。（趙平安）"逸""失"音義俱近，典籍中二字相通，應是一對同源詞。在楚簡中，"逩"常用來表"失"。

清華一·祭公19"弗逩（失）于政"，今本《逸周書·祭公》作"不失于正"。

清華二·繫年136"犬逩"，讀為"犬逸"，像犬一樣地逃逸，意思類同"狼奔豕突"，見《後漢書·劉陶傳》。

清華三·說命上01"甬為逩审史人"，讀為"庸為失仲使人"，傅說為失仲庸役之人。

清華三·琴舞12"不逩"，讀為"不佚"，與三啟之"不逸"同義。或讀為"失"，《禮記·禮運》注："猶去也。"

清華三·芮良夫22"逩楔"，讀為"失楔"，失度，謂失去分寸。《管子·內業》："忿怒之失度，乃為之圖。"尹知章注："若忿怒過度，則常圖而去之。"

清華五·命訓11"民用不逩（失）"，今本《逸周書·命訓》作"民用而不失"，潘振云："牧，養也。不失，不失其度也。"

清華五·三壽24、清華六·子產18"逩"，讀為"佚"，放蕩。《一切經音義》卷五引《蒼頡篇》："佚，蕩也。"

清華六·太伯甲11、太伯乙10"逩之尸"，讀為"佚之夷"。《左傳·僖公三十年》記載佚之狐薦燭之武以退秦師，不知與"佚之夷"是否為一人。

清華六·子產17"怹逩"，讀為"過失"，因疏忽而犯的錯誤。《管子·山權數》："晉有臣不忠於其君，慮殺其主，謂之公過。諸公過之家，毋使得事君，此晉之過失也。"

清華七·趙簡子05、06"逩政"，讀為"失政"，政治混亂。《左傳·襄公二十六年》："衛人歸衛姬於晉，乃釋衛侯。君子是以知平公之失政也。"《後漢書·皇甫嵩傳》："嵩從子酈時在軍中，說嵩曰：'本朝失政，天下倒懸。'"

清華七·越公57"逩命"，讀為"失命"，失誤之命令。

清華七·越公74"女述逩宗宙"，讀為"焉遂失宗廟"。《國語·吳語》："當孤之身，實失宗廟社稷。"

清華八·邦道 23"古墜遙社稷"，讀爲"故墜失社稷"。《墨子·天志下》："國家滅亡，抎失社稷，憂以及其身。""墜失"，失去，廢弛。《國語·周語上》："庶人、工、商各守其業，以共其上，猶恐其有墜失也，故爲車服、旗章以旌之。"

清華八·攝命 13"遙"，讀爲"泆"，訓爲淫放。

清華八·邦道 15"遙之所才"，讀爲"失之所在"。《管子·正世》："古之欲正世調天下者，必先觀國政，料事務，察民俗，本治亂之所生，知得失之所在，然後從事。"

清華八·邦道 20"男女不遙其時"，讀爲"男女不失其時"。《韓詩外傳》卷三："太平之時，民行役者不逾時。男女不失時以偶，孝子不失時以養。外無曠夫，内無怨女。上無不慈之父，下無不孝之子。父子相成，夫婦相保。天下和平，國家安寧。"

清華四·筮法 15"亓㤜十三"，讀爲"其失十三"，有十分之三可能不得。

清華八·邦道 04"愚者遙之"，讀爲"愚者失之"。《晏子春秋·外篇上》："昔聖王論功而賞賢，賢者得之，不肖者失之，御德修禮，無有荒怠。"

定紐逸聲

脫（逸）

清華一·耆夜 02 复（作）策脫（逸）爲東尚（堂）之客

清華二·繫年 058 用脫（抶）宋公之駁（御）

清華三·琴舞 07 不脫（逸）藍（監）舍（余）

清華三·琴舞 08 脫（遹）亓（其）㬎（顯）思

清華三·芮良夫 07 母（毋）自縱（縱）于脫（逸）以囂（遨）

清華六·管仲 11 少(小)事𢓊(逸)以惕

清華六·太伯甲 09 亦不𢓊(逸)斬伐

清華六·太伯乙 08 亦不𢓊(逸)斬伐

清華六·子儀 02 車𢓊(逸)於舊𥳑(數)三百

清華六·子儀 03 徒𢓊(逸)于舊典六百

清華六·子產 09 此胃(謂)𡧯(卑)𢓊(逸)樂

清華六·子產 15 不以𢓊(逸)求尋(得)

清華五·厚父 06 之匿(慝)王廼渴(竭)𢓊(失)其命

清華八·邦道 12 袋(勞)𢓊(逸)

～，與(上博五·三4)、(上博五·三11)同，从"彳"，"兔"聲。與者汈鐘(《集成》00120)"𢓊"作同，與三體石經"逸"字(多士)、、(多方)所从同。

清華一·耆夜02"复策𢓊"，讀爲"作册逸"。《書·洛誥》："王命作册逸祝册，惟告周公其後。王賓，殺禋咸格，王入太室，祼。王命周公後，作册逸誥，在十有二月。"

清華二·繫年058"脱",讀爲"抶"。《説文》:"抶,笞擊也。"《左傳·文公十年》:"宋公違命,無畏抶其僕以徇。"

清華三·琴舞07"脱",讀爲"失"。《禮記·禮運》注:"失,猶去也。"

清華三·琴舞08"脱亓㬎思",讀爲"遹其顯思"。《詩·周頌·敬之》:"天維顯思。""脱",讀爲"遹"或"聿",句首語氣詞。或讀爲"肆",《玉篇·長部》:"肆,陳也,列也。"(白於藍)

清華三·芮良夫07"脱",讀爲"逸",放縱,淫荒。《書·大禹謨》:"罔遊于逸,罔淫于樂。"孔穎達疏:"逸謂縱體。"

清華六·子儀02、03"脱",讀爲"逸"。《字彙·辵部》:"逸,超也。"超逸。《三國志·蜀志·諸葛亮傳》:"亮少有逸群之才。"

清華六·子産09"脱樂",讀爲"逸樂",閒適安樂。《國語·周語中》:"今陳國道路不可知,田在草間,功成而不收,民罷於逸樂,是棄先王之法制也。"王充《論衡·自紀》:"處逸樂而欲不放,居貧苦而志不倦。"

清華五·厚父06"脱其命",讀爲"失其命",指失去天命。《大學衍義補》:"君失其命則不足以繼天,而君非君也。"

清華八·邦道12"袤脱",讀爲"勞逸",勞苦與安逸。《左傳·哀公元年》:"勤恤其民,而與之勞逸。"

歾

　清華六·孺子01 既歾(殣)

～,從"死","脱(逸)"聲。

清華六·孺子01"歾",讀爲"殣",義爲暫厝待葬。《逸周書·作雒》:"武王……崩鎬,殣于岐周。"《吕氏春秋·先識》:"威公薨,殣,九月不得葬。"

袘

清華五·厚父10 怹(慎)袘(肆)祀

清華五·厚父13 民曰隹(惟)酉(酒)甬(用)袘(肆)祀

～，從"示"，"兔"聲。或說"逸"之省。

清華五·厚父 10、13"裞祀"，讀爲"肆祀"，祭名，謂以全牛、全羊祭祀祖先。《史記·周本紀》："自棄其先祖肆祀不答。"《集解》："鄭玄曰：'肆，祭名。'"《周禮·春官·典瑞》："以肆先王。"鄭玄注："肆，解牲體以祭，因以爲名。"

罵

 清華八·心中 03 百體四叟（相）莫不罵（逸）淰（沈）

～，與（左塚漆桐）同，從"馬""田"，會馬在田間奔縱之義，"奔逸"之"逸"的本字。（馬曉穩）

清華八·心中 03"百體四叟莫不罵淰"，讀爲"百體四相莫不逸沈"，百體四相就會逸豫放縱消沉。

定紐實聲

賓（實）

 清華二·繫年 052 而女（焉）酒（將）賓（寘）此子也

 清華六·子儀 09 可（何）以賓（實）言（焉）

 清華六·子儀 15 民忞（恆）不賓（實）

 清華一·保訓 06 言不易實兌（變）名

 清華一·皇門 06 軍用多實

清華八·邦道07 則芔（草）木以返（及）百䅩（穀）茅（茂）長緐實

　清華八·邦道20 實正（征）亡（無）蔎（穢）

　清華六·子產22 虛言亡（無）宲（實）

～，與 （上博一·孔9）、 （上博二·容19）、 （上博四·采3）、 （上博四·相3）同，从"宀"，从二"貝"，會充實之意。或作 ，从"宀"，从"貝"。均"實"字異體。《說文·宀部》："實，富也。从宀从貫。貫，貨貝也。"

　　清華二·繫年052"而女㥶宲此子也"，讀爲"而焉將置此子也"。《左傳·文公七年》："曰：'先君何罪？其嗣亦何罪？舍適嗣不立而外求君，將焉寘此？'"簡文"宲"，即"實"，讀爲"寘"，放置，安置。《詩·魏風·伐檀》："坎坎伐檀兮，寘之河之干兮。"毛傳："寘，置也。"（孟蓬生）

　　清華六·子儀09"宲"，即"實"，讀爲"寘"。

　　清華一·保訓06"不易實兌名"，讀爲"不易實變名"，是說不變亂名實。"名實"，名稱與實質、實際。《管子·九守》："修名而督實，按實而定名。名實相生，反相爲情。名實當則治，不當則亂。"

　　清華一·皇門06"軍用多實"，今本《逸周書·皇門》作"軍用克多"，潘振注："軍用，楨榦芻茭之類。""實"，軍實。《左傳·隱公五年》："歸而飲至，以數軍實。"杜預注："飲於廟，以數車徒、器械及所獲也。"《左傳·宣公十二年》："在軍，無日不討軍實而申儆之于勝之不可保，紂之百克，而卒無後。"

　　清華八·邦道07"則芔木以返百䅩茅長繁實"，讀爲"則草木以及百穀茂長繁實"。《漢書·王莽傳》："百穀豐茂，庶草蕃殖，元元歡喜，兆民賴福，天下幸甚！"簡文"繁實"與"蕃殖"義近。

　　清華八·邦道20"實正亡蔎"，讀爲"實征無穢"。《荀子·富國》："民貧，則田瘠以穢；田瘠以穢，則出實不半。"

　　清華六·子產22"亡宲"，讀爲"無實"，不真實，不誠實。《管子·明法解》："以無實之言誅之，則姦臣不能無事貴重而求推譽，以避刑罰而受禄賞焉。"《楚辭·東方朔〈七諫·自悲〉》：""悲虛言之無實兮，苦衆口之鑠金。""王逸注："讒言無誠，君不察也。""或隸作"實"，讀爲"諼"。《説文·言部》："諼，詐也。""（白於藍）

泥紐日聲

日

 清華一·程寤09 悉（愛）日不趺（足）

 清華一·保訓01 王念日之多鬲（歷）

 清華一·保訓11 日不足隹佢（宿）不羕

 清華一·耆夜07 明日勿稻

 清華一·耆夜10 夫日□□

 清華一·耆夜12 日月亓（其）穫（邁）

 清華三·説命中03 日沃朕心

 清華三·説命下06 晝女（如）視日

 清華三·琴舞03 日臺（就）月痗（將）

 清華三·琴舞08 晝之才（在）視日

 清華三·琴舞08 日内（入）皋蠱（舉）不窸（寧）

清華三·芮良夫09 民不日幸

 清華三·芮良夫23 日月星晨(辰)

 清華四·筮法08 見述(術)日、妻夫、佋(昭)穆、上毀

 清華四·筮法11 見述(術)日、上毀,瘳

 清華四·筮法12 堂(當)日才(在)下

 清華四·筮法13 堂(當)日、不遏(易)向

 清華四·筮法14 堂(當)日才(在)上

 清華四·筮法26 堂(當)日奴(如)

 清華四·筮法30 五日爲裘(來)

 清華四·筮法39 臾(坤)朏(晦)之日逆𠦜(乾)以長(當)巽

 清華四·筮法40 內(入)月五日豫(舍)巽

 清華四·筮法41 㕣(小)事日乃前

 清華四·筮法49 䠶(震)祟:日出,東方

 清華四·筮法49 代(食)日

清華四·筮法 49 昃日

 清華四·筮法 49 莫日

 清華四·筮法 54 爲日

 清華四·筮法 61 日月又(有)此

 清華五·命訓 01 少(小)命日成

 清華六·孺子 12 自是咠(期)以至妝(葬)日

 清華六·管仲 12 帀(師)胥(尹)堂(當)日

 清華六·管仲 30 余日三墜之

 清華七·晉文公 01 盟(明)日朝

 清華七·晉文公 02 或盟(明)日朝

 清華七·晉文公 03 或盟(明)日朝

 清華七·晉文公 04 或盟(明)日朝

 清華七·晉文公 06 爲日月之羿(旗)師(師)以舊(久)

 清華七·越公 30 日鶄(靖)蓐(農)事以勸怠(勉)蓐(農)夫

 清華七·越公 39 初日政勿若某

 清華七·越公 41 昔日與吕(己)言員(云)

清華七・越公50 王日忑(龡)之

 清華七・越公50 王日侖(論)眚(省)亓(其)事

 清華七・越公64 若明日

 清華八・邦道23 卑(譬)之若日月之徐(敘)

 清華八・天下03 以癹(發)亓(其)一日之妟(怒)

 清華八・八氣01 自癹(發)燹(氣)之日

 清華八・八氣01 二旬又五日

 清華八・八氣01 進退五日

 清華八・八氣01 自渴(竭)之日

 清華八・八氣01 三旬又五日

 清華八・八氣02 自降之日

 清華八・八氣02 二旬又五日

 清華八・八氣02 進退五日

 清華八・八氣02 自屮(草)燹(氣)渴(竭)之日

 清華八・八氣02 二旬又五日

 清華八・八氣02 或弌(一)旬日南〈北〉至

清華八·八氣 03 或六旬日北〈南〉至

～，與 日（上博一·緇 6）、日（上博四·柬 1）、日（上博七·吳 7）同。《說文·日部》："日，實也。太陽之精不虧。从口、一。象形。凡日之屬皆从日。日，古文。象形。"

清華一·程寤 09"日不欤"，即"日不足"。《逸周書·大開》有"維宿不悉日不足"，《逸周書·小開》有"宿不悉日不足"，潘振《周書解義》云："日不足，嫌日短也。"《詩·小雅·天保》："降爾遐福，維日不足。"鄭箋："天又下予女以廣遠之福，使天下溥蒙之，汲汲然如日且不足也。"簡文"愛日不足"，即惜日之短。

清華一·保訓 01"王念日之多鬲"，讀爲"王念日之多歷"，文王顧慮年事已高。

清華一·耆夜 07"明日勿稻"，《詩·唐風·蟋蟀》："今我不樂，日月其慆。"

清華一·耆夜 12"日月亓邁"，讀爲"日月其邁"。《詩·唐風·蟋蟀》"日月其邁"，朱熹《集傳》："逝、邁，皆去也。"

清華三·說命中 03"日沃朕心"，《國語·楚語上》作"啓乃心，沃朕心"。

清華三·說命下 06、清華三·琴舞 08"視日"，看太陽。《易·繫辭下》："日往則月來，月往則日來。"《穀梁傳·莊公七年》："日入至於星出，謂之昔。"

清華三·琴舞 03"日臺月牆"，讀爲"日就月將"。《詩·周頌·敬之》："日就月將，學有緝熙於光明。"孔穎達疏："日就，謂學之使每日有成就；月將，謂至於一月則有可行。言當習之以積漸也。"朱熹《集傳》："將，進也……日有所就，月有所進，續而明之，以至于光明。"或認爲是"成王他日有所就，月有所行，向天（或日月）學習（或仿效）光明"。（沈培）

清華三·琴舞 08"日内皋蠱不窴"，讀爲"日入皋舉不寧"。《左傳·昭公二十五年》："爲之徒者衆矣，日入慝作，弗可知也。"

清華三·芮良夫 09"民不日幸"，《大戴禮記·誥志》："天曰作明，日與，惟天是戴。"孔廣森《補注》："日，猶日日也。"

清華三·芮良夫 23"日月星晨（辰）"，《書·堯典》："厤象日月星辰。"

清華四·筮法 08、11"述日"，讀爲"術日"，占筮之日，與"當日"意同，指出現與該日干支相當之卦。

清華四·筮法 12、13、14、26"堂日"，即"當日"，指出現與占筮之日干支相合之卦，干支與卦的對應關係。

·2319·

清華四·筮法30、40"五日",五天。

清華四·筮法39"朝之日",即"晦之日",晦日。

清華四·筮法41"日",與"歲""月"相對,指天。

清華四·筮法49"日出",時段名,與下"代日"等皆指筮得震卦的時間。

清華四·筮法49"代日",讀爲"食日",日中前的時段。

清華四·筮法49"莫日",疑原作"暮",誤分爲兩字。

清華四·筮法54"日",太陽。

清華四·筮法61"日月又此",讀爲"日月有差"。《後漢書·律曆中》:"兩儀相參,日月之行,曲直有差,以生進退。"《禮記·禮運》孔穎達疏:"若氣之不和,日月行度差錯,失於次序,則月生不依其時。"(黃傑)或讀爲"日月有異""日月有食"。

清華五·命訓01"少(小)命日成",今本《逸周書·命訓》作"小命日成"。潘振云:"命,王命。有常,始終如一也。日成,日有成就也。"孫詒讓云:"日成,謂日計其善惡而降之禍福也。與大命有常終身不易異也。"

清華六·孺子12"自是旨以至瘗日",讀爲"自是期以至葬日"。《論衡·譏日篇》:"假令魯小君以剛日死,至葬日己丑,剛柔等矣。"

清華六·管仲12"帀耂堂日",讀爲"師尹當日"。《書·洪範》:"王省惟歲,卿士惟月,師尹惟日,歲月日時無易,百穀用成。"

清華六·管仲30"日",與"夕"相對,指白天。

清華七·晉文公01、02、03、04"盟日",讀爲"明日",明天。

清華七·晉文公06"日月之羿(旗)",日月畫於旗上。上博二·容20"東方之羿(旗)以日"。《周禮·春官·司常》:"司常掌九旗之物名,各有屬以待國事:日月爲常,交龍爲旂,通帛爲旜,雜帛爲物,熊虎爲旗,鳥隼爲旟,龜蛇爲旐,全羽爲旞,析羽爲旌。"《左傳·桓公二年》:"三辰旂旗,昭其明也。"杜預注:"三辰,日、月、星也。畫於旂旗,象天之明。"

清華七·越公30、50"日",天天。

清華七·越公39"初日",最初的日子,以前。

清華七·越公41"昔日",往日,從前。《史記·田敬仲完世家》:"昔日趙攻甄,子弗能救。"《列子·黃帝》:"我內藏猜慮,外矜觀聽,追幸昔日之不焦溺也。"

清華八·邦道23"日月",太陽和月亮。《易·離》:"日月麗乎天,百穀草木麗乎土。"

清華八·天下03"一日之妄",讀爲"一日之怒"。《荀子·子道》:"是以有終身之樂,無一日之憂。"

清華八・八氣 01、02"自……之日",從……那天起。

清華八・八氣 01、02"二旬又五日",二十五天。

清華八・八氣 01"三旬又五日",三十五天。

清華八・八氣 01、02"五日",五天。

清華八・八氣 02"弌(一)旬日",十天。

清華八・八氣 03"六旬日",六十天。

泥紐疒聲

疾

清華一・程寤 05 女(如)天隆(降)疾

清華一・保訓 02 朕疾壺(漸)甚

清華一・保訓 03 今朕疾允瘥(病)

清華一・金縢 03 勞(遘)遻(害)盧(虐)疾

清華一・金縢 09 天疾風以雷

清華一・金縢 14(背)周武王又(有)疾

清華一・祭公 01 訋(旻)天疾畏(威)

清華一・祭公 02 不沞(淑)疾甚

清華一·祭公 03 愳(謀)父朕(朕)疾隹(惟)不瘳

清華一·祭公 10 愳(謀)父朕(朕)疾隹(惟)不瘳

清華一·祭公 20 余隹(惟)弗記(起)朕(朕)疾

清華二·繫年 137 陳疾目衒(率)車千䎽(乘)

清華三·說命中 04 邲(越)疾罔瘳

清華三·說命中 07 隹(惟)戋(干)戈复(作)疾

清華三·赤鵠 06 顕(夏)句(后)又(有)疾

清華三·赤鵠 07 顕(夏)句(后)之疾女(如)可(何)

清華三·赤鵠 08 亓(其)下舍(舍)句(后)疾

清華三·赤鵠 08 是囟(使)句(后)瘵(疾)疾而不智(知)人

清華三·赤鵠 11 而智(知)朕疾

清華三·赤鵠 11 朕疾女(如)可(何)

清華三·赤鵠 12 亓(其)下舍(舍)句(后)疾

清華三·赤鵠 13 句(后)之疾其瘳

清華四·筮法 18 箸(筮)疾者

清華四·筮法 28 疾亦然

清華五·湯丘 03 少(小)臣又(有)疾

清華五·湯丘 04 今少(小)臣又(有)疾

清華五·湯丘 05 少閒(間)於疾

清華五·湯丘 14 傑(桀)之疾

清華五·啻門 10 燹(氣)逆䚆(亂)以方是亓(其)爲疾央(殃)

清華六·太伯甲 01 太白(伯)又(有)疾

清華六·太伯甲 12 則卑(譬)若疾之亡瘖(醫)

清華六·太伯乙 01 太白(伯)又(有)疾

清華六·太伯乙11 則卑(譬)若疾之亡瘇(醫)

清華七·子犯03 宔(主)女(如)曰疾利女(焉)不欤(足)

清華七·越公17 孤疾痌(痛)之

清華七·越公31 王亓(其)又(有)縈(勞)疾

清華八·處位09 贑(貢)以㣿(治)疾亞(惡)

清華八·邦道26 是亓(其)疾至(重)虐(乎)

清華八·心中05 蝨(苛)疾才(在)畏(鬼)

～，與(上博四·内8)、(上博六·壽4)同。《説文·疒部》:"疾，病也。从疒，矢聲。，古文疾。𤕫，籀文疾。"

清華一·程寤05"女天隆疾"，讀爲"如天降疾"。《書·顧命》:"今天降疾殆，弗興弗悟。"

清華一·金縢03"盭疾"，讀爲"虐疾"，重病，惡疾。《書·金縢》:"惟爾元孫某，遘厲虐疾。"孔穎達疏:"厲爲危也。虐訓爲暴，言性命危而疾暴重也。"孫星衍疏:"虐者，《廣雅·釋詁》云:'惡也。'言遇厲氣致惡疾。"

清華一·金縢09"疾風"，急劇而猛烈的風。《莊子·天下》:"(禹)沐甚雨，櫛疾風，置萬國。"

清華一·金縢14(背)"周武王又(有)疾"，《書·金縢》:"既克商二年，王有疾，弗豫。"

清華一·祭公01"敄天疾畏"，讀爲"旻天疾威"。毛公鼎(《集成》02841)

作"旻（旻）天疾畏（威）"。《詩·小雅·雨無正》："旻天疾威，弗慮弗圖。"朱熹《集傳》："疾威，猶暴虐也。"

清華一·祭公02"不淑疾甚"，讀爲"不淑疾甚"。今本《逸周書·祭公》作"不弔天降疾病"。

清華一·祭公03、10、20"惎父朕疾佳不瘳"，讀爲"謀父朕疾惟不瘳"。今本《逸周書·祭公》作"謀父疾維不瘳"。

清華二·繫年137"陳疾目"，齊國將帥。齊陶文有人名"疾目"，見《陶錄》2·463·1—2·465·4。

清華三·說命中04"邥（越）疾罔瘳"，《國語·楚語上》："若藥不瞑眩，厥疾不瘳。"

清華三·說命中07"佳找戈复疾"，讀爲"惟干戈作疾"。《禮記·緇衣》引《説命》作："惟口起羞，惟甲胄起兵，惟衣裳在笥，惟干戈省厥躬。"《墨子·尚同中》："是以先王之書《術令》之道曰：'唯口出好興戎。'"

清華三·赤鵠08"是囟（使）句（后）瘥疾而不智（知）人"之"瘥"，讀爲疾速之"疾"，下面"疾"字則指疾病。

清華三·赤鵠13"句之疾其瘳"，讀爲"后之疾其瘳"。《吳越春秋·勾踐入臣外傳》："恐疾之無瘳也，惟公卜焉。"

清華四·筮法18"筶疾"，即"筮疾"，排於"死妻""死夫"之間，當亦指筮夫或妻之疾而言。

清華五·湯丘05"少閒（間）於疾"，疾病稍愈。《文選·枚乘〈七發〉》："伏聞太子玉體不安，亦少閒乎？"

清華五·啻門10"疾央"，讀爲"疾殃"，病患災殃。《周禮·天官·女祝》："掌以時招梗禬禳之事，以除疾殃。"

清華六·太伯甲01、太伯乙01"太白（伯）又（有）疾"，《左傳·文公十六年》："公有疾，使季文子會齊侯於陽穀。"

清華七·子犯03"疾"，亟，盡力。《楚辭·九章·惜誦》："疾親君而無它兮，有招禍之道也。"朱熹注："疾，猶力也。"簡文"疾利"，即"盡力於利"，指下很大的功夫追求利益。（劉洪濤、單育辰）"疾"，或訓爲"急"或"速"。急利，以利爲急，即眼中祇有利益。（石小力）

清華七·越公17"疾痌"，讀爲"疾痛"。《左傳·成公十三年》："斯是用痛心疾首。"杜預注："疾，亦痛也。"《史記·屈原賈生列傳》："人窮則反本，故勞苦倦極，未嘗不呼天也；疾痛慘怛，未嘗不呼父母也。"

清華七·越公 31"王亓又縈疾",讀爲"王其有勞疾",民不解王親耕勞作之意,稱其患上了愛勞作之病。

清華八·心中 05"蠱疾才畏",讀爲"苛疾在鬼"。古人患疾病,認爲是鬼神作祟。《書·金縢》記武王患病,周公代武王祝告曰"能事鬼神",以此消除武王疾病。又《墨子·公孟》:"子墨子有疾,跌鼻進而問曰:'先生以鬼神爲明,能爲禍福,爲善者賞之,爲不善者罰之。今先生聖人也,何故有疾?'"

瘁

 清華三·赤鵠 08 是凶(使)句(后)瘁(疾)疾而不智(知)人

～,從"心","疾"聲,"疾"字異體。

清華三·赤鵠 08"瘁",讀爲"疾",快速、急速。《左傳·襄公五年》:"而疾討陳。"杜預注:"疾,急也。"《莊子·天道》:"斲輪,徐則甘而不固,疾則苦而不入。"

來紐栗聲

栗

 清華六·子產 04 官政眾(懷)帀(師)栗

～,與 ᠁(新蔡甲三 15、60)、᠁(上博八·鶹 1)同。《說文·木部》:"栗,木也。從木,其實下垂,故從卥。᠁古文栗从西、从二卥。徐巡説:木至西方戰栗。"

清華六·子產 04"栗",《書·舜典》:"直而温,寬而栗。"孔穎達疏:"栗者,謹敬也。"簡文指能敬業之人。

來紐利聲

利

 清華一·金縢 07 公牆(將)不利於需(孺)子

清華一·皇門 10 以不利氒（厥）辟氒（厥）邦

 清華一·祭公 09 乃詔（召）畢（畢）䢼、钛（井）利、毛班

 清華三·芮良夫 22 丌（其）悳（德）型（刑）義（宜）利

 清華三·芮良夫 26 而器不再利

 清華三·良臣 11 楚恭（共）王又（有）邔（伯）州利（犁）

 清華四·筮法 31 於公利貧（分）

 清華五·命訓 06 攻（功）地以利之

 清華五·湯丘 08 以和利萬民

 清華五·湯丘 16 與民分利

 清華五·三壽 13 可（何）胃（謂）利

 清華五·三壽 21 寺（是）名曰利

 清華五·三壽 26 返（急）利嚚神慕（莫）龏（恭）而不鼻（顧）于迻

（後）

 清華六·管仲 23 夫年（佞）又（有）利燹（氣）

 清華六·管仲 23 管（篤）利而弗行

 清華六·管仲 24 今夫年（佞）者之利燹（氣）亦可旻（得）而䚻
（聞）虖（乎）

 清華六·管仲 26 既旻（得）亓（其）利

 清華六·管仲 27 彙利不及

 清華六·子產 01 勉以利民

 清華六·子產 05 芬（勉）政、利政、固政又（有）事

 清華六·子產 15 不以利行直（德）

 清華七·子犯 02 不秉褐（禍）利身

 清華七·子犯 03 宔（主）女（如）曰疾利女（焉）不跂（足）

 清華七·子犯 05 幸旻（得）又（有）利不忻蜀（獨）

清華七·晉文公01 逗(屬)邦利(耆)老

 清華七·越公10 天不肕(仍)賜吳於雩(越)邦之利

 清華七·越公50 凡五兵之利

 清華七·越公51 以䛜(問)五兵之利

 清華七·越公69 昔不穀(穀)先秉利於雩(越)

 清華八·處位02 人甬(用)唯遇利

 清華八·處位10 少(小)民而不智(知)利政

 清華八·邦道22 民有利

 清華八·天下01 深亓(其)澀而利亓(其)櫨階

～，與 、同。《說文·刀部》："利，銛也。从刀。和然後利，从和省。《易》曰：'利者，義之和也。'![]，古文利。"

清華一·金縢07"公牆不利於需子"，讀為"公將不利於孺子"。今本《書·金縢》作"公將不利於孺子"。

清華一·皇門10"以不利氒辟氒邦"，讀為"以不利厥辟厥邦"。今本《逸周書·皇門》作"以不利于厥家國"。

清華一·祭公 09"㽙利",即"井利",穆王之嬖臣。《穆天子傳》:"天子使井利受之。"

清華三·良臣 11"郘州利",讀爲"伯州犁"。見《左傳·成公十五年》:"晉三郤害伯宗,譖而殺之,及欒弗忌。伯州犁奔楚。"《左傳·昭公元年》:"令尹命大宰伯州犁對曰。"

清華四·筮法 31"於公利貧(分)",疑指利分公室。或解釋爲這種情況對公來說,安貧較有利。(《讀本四》第 61 頁)

清華五·命訓 06"攻(功)地以利之",今本《逸周書·命訓》作"功地以利之"。潘振云:"昭,明也。度,所以立極者。功地,致功於地。授田里、教樹畜,度之一大端耳。於以利之,所以使人信者也。"

清華五·湯丘 08"以和利萬民",《國語·周語下》:"於是乎氣無滯陰,亦無散陽。陰陽序次,風雨時至,嘉生繁祉,人民龢利,物備而樂成,上下不罷,故曰樂正。"

清華五·湯丘 16"與民分利",《新序·節士》:"臣居官爲長,不與下讓位;受祿爲多,不與下分利。"

清華五·三壽 26"返利",讀爲"急利"。《韓非子·難四》:"千金之家,其子不仁,人之急利甚也。"

清華六·管仲 23"管利",讀爲"篤利",義爲厚利。《戰國策·燕三》:"棄大功者,輟也;輕絕厚利者,怨也。"

清華六·管仲 26"既旻亓利",讀爲"既得其利"。《列子·黃帝》:"誠有其志,則四竟之内皆得其利矣。"

清華六·管仲 27"衆利不及",《墨子·兼愛下》:"姑嘗本原若衆利之所自生。"

清華六·子產 01"利民",有利於民。《逸周書·王佩》:"王者所佩在德,德在利民。"

清華七·子犯 02"利身",指利於保全自身。《史記·楚世家》:"夫虎肉臊,其兵利身,人猶攻之也。"《索隱》:"謂虎以虎爪爲兵,而自利於防身也。"

清華七·子犯 03"疾利",參上"疾"字條。

清華七·子犯 05"又利",讀爲"有利",有利益,有好處。桓寬《鹽鐵論·國疾》:"大夫難罷鹽鐵者,非有利也,憂國家之用、邊境之費也。"

清華七·晉文公 01"利老",讀爲"耆老",老年人。《禮記·王制》:"養耆老以致孝,恤孤獨以逮不足。"《漢書·朱博傳》:"門下掾贛遂耆老大儒,教授數百人,拜起舒遲。"或讀爲"黎老"。《國語·吳語》:"今王播棄黎老,而孩童焉比謀。"韋昭注:"鮐背之耉稱黎老。"

清華七‧越公 10"利",富饒。《越絕書‧計倪内經》:"處於吳、楚、越之間,以魚三邦之利。"《戰國策‧秦一》:"西有巴蜀漢中之利。"高誘注:"利,饒也。"

清華七‧越公 69"秉利",執其利,擁有戰勝越國之利。《國語‧吳語》:"敢使下臣盡辭,惟天王秉利度義焉。"

清華七‧越公 50、51"利",鋒利,銳利。《易‧繫辭上》:"二人同心,其利斷金。"《荀子‧勸學》:"木受繩則直,金就礪則利。"

清華八‧處位 02"遇利",得利。

清華八‧邦道 22"民有利",民衆能夠獲利。《墨子‧節用上》:"車以行陵陸,舟以行川谷,以通四方之利。"

清華八‧天下 01"深亓(其)涇而利亓(其)櫨䕞"之"利",便利。《漢書‧百官公卿表》:"垂作共工,利器用。"

來紐戾聲

戾

清華一‧祭公 15 女(汝)母(毋)以戾挚(兹)皋櫨(辠)芒(亡)寺(時)寏大邦

清華三‧芮良夫 24 民甬(用)戾殯(盡)

清華三‧芮良夫 27 戾之不□□

清華六‧子產 11 此胃(謂)不事不戾

清華八‧邦道 26 医(殹)虐(吾)爲人皋(罪)戾

～,與 (上博四‧内 10)、(上博二‧從甲 10)同。《説文‧犬部》:

"戾,曲也。从犬出户下。戾者,身曲戾也。"

清華一·祭公 15、清華三·芮良夫 27、清華六·子產 11"戾",罪。《爾雅·釋詁上》:"戾,罪也。"

清華三·芮良夫 24"戾",《戰國策·趙二》:"而齊爲虛戾。"鮑彪注:"戾,疾也。"《墨子·天志中》:"疾菑戾疫凶饑則不至。"孫詒讓《閒詁》:"戾、厲字通。"

清華八·邦道 26"皋戾",即"罪戾",罪愆。《左傳·莊公二十二年》:"赦其不閑於教訓而免於罪戾,弛於負擔,君之惠也。"《國語·晉語四》:"君實不能明訓,而棄民主。余,罪戾之人也,又何患焉?"

脄

 清華八·天下 05 戈(一)曰脄(戾)亓(其)俏(脩)以纍(纏)亓(其)衆

～,从"肉","戾"聲,"戾"字異體。《説文·犬部》:"戾,曲也。从犬出户下。戾者,身曲戾也。"

清華八·天下 05"脄",即"戾",安定,止息。《詩·大雅·桑柔》:"民之未戾,職盜爲寇。"毛傳:"戾,定也。"《書·康誥》:"今惟民不靜,未戾厥心。"

精紐卩聲

即

 清華一·楚居 12 競(景)坪(平)王即立(位)

 清華二·繫年 003 洹(宣)王即立(位)

 清華二·繫年 010 武公即殜(世)

 清華二·繫年 010 臧(莊)公即立(位)

清華二·繫年 010 臧(莊)公即殜(世)

 清華二·繫年 010 卲(昭)公即立(位)

 清華二·繫年 015 周室即(既)宰(卑)

 清華二·繫年 021 文公即殜(世)

 清華二·繫年 021 成公即立(位)

 清華二·繫年 038 褢(懷)公即立(位)

 清華二·繫年 058 穆王即殜(世)

 清華二·繫年 058 臧(莊)王即立(位)

 清華二·繫年 077 臧(莊)王即殜(世)

 清華二·繫年 077 龏(共)王即立(位)

 清華二·繫年 080 霝(靈)王即殜(世)

 清華二·繫年 081 競(景)坪(平)王即立(位)

清華二·繫年 082 競(景)坪(平)王即踝(世)

 清華二·繫年 082 卲(昭)王即立(位)

 清華二·繫年 087 柬(厲)公即立(位)

 清華二·繫年 091 晉臧(莊)坪(平)公即立(位)兀(元)年

 清華二·繫年 097 康王即踝(世)

 清華二·繫年 097 乳₌(孺子)王即立(位)

 清華二·繫年 098 乳₌(孺子)王即踝(世)

 清華二·繫年 098 霝(靈)王即立(位)

 清華二·繫年 099 競(景)坪(平)王即立(位)

 清華二·繫年 099 晉臧(莊)坪(平)公即踝(世)

 清華二·繫年 100 柬(簡)公即立(位)

 清華二·繫年 100 競(景)坪(平)王即踝(世)

清華二・繫年 100 卲（昭）王即立（位）

 清華二・繫年 104 競（景）坪（平）王即立（位）

 清華二・繫年 104 競（景）坪（平）王即殜（世）

 清華二・繫年 105 卲（昭）［王］即立（位）

 清華二・繫年 106 卲（昭）王即殜（世）

 清華二・繫年 110 盍（闔）虜（盧）即殜（世）

 清華二・繫年 110 夫秦（差）王即立（位）

 清華二・繫年 119 楚聖（聲）趄（桓）王即立（位）兀（元）年

 清華二・繫年 127 聖（聲）王即殜（世）

 清華二・繫年 127 匆（悼）折（哲）王即立（位）

 清華三・祝辭 03 陽（揚）武即救（求）尚（當）

 清華三・祝辭 04 陽（揚）武即救（求）尚（當）

清華三·祝辭 05 陽(揚)武即救(求)尚(當)

清華六·管仲 06 執即(節)豫(綠)纆(繩)

清華六·管仲 21 丌(其)即君箮(孰)謁(彰)也

清華六·子產 06 柰(秩)所以处(從)即(節)行豊(禮)

清華七·子犯 03 以即中於天

清華八·攝命 04 即行女(汝)

清華八·攝命 12 有即正

清華八·攝命 12 則或即命朕

清華八·攝命 32 即立(位)

～，與 、同。《説文·皀部》："即，即食也。从皀，卪聲。"

清華二·繫年"即殜"，即"即世"。《左傳·成公十三年》："昔逮我獻公，及穆公相好，戮力同心，申之以盟誓，重之以昏姻。天禍晉國，文公如齊，惠公如秦。無禄，獻公即世，穆公不忘舊德，俾我惠公用能奉祀于晉。"

清華二·繫年 015"周室即卑"，讀爲"周室既卑"。

清華三·祝辭 03、04、05"即"，則。

清華六·管仲06、子產06"即",讀爲"節",禮節。《禮記·文王世子》:"衆至,然後天子至,乃命有司行事,興秩節,祭先師先聖焉。"鄭玄注:"節,猶禮也。""君臣之節",見《禮記·樂記》:"禮樂偵天地之情,達神明之德,降興上下之神,而凝是精粗之體,領父子君臣之節。"

清華六·管仲21"即",或讀爲"次"。(白於藍)

清華七·子犯03"即",就,靠近。"即衷於天"就是"嚮天靠近善"的意思。(趙嘉仁)"即",有"尋求"之意。《易·屯》:"即鹿无虞。"《詩·小雅·十月之交》:"不即我謀。""即中"與文獻"徵衷"相類,意爲"尋求上天降福"。(滕勝霖)或讀爲"節中",即折中。《楚辭·離騷》"依前聖以節中兮",《惜誦》"令五帝以折中兮",朱熹《集注》:"折中,謂事理有不同者,執其兩端而折其中,若《史記》所謂'六藝折中于夫子'是也。"

清華"即立",讀爲"即位",就位。這裏指開始成爲帝王。《左傳·桓公元年》:"春王正月,公即位。"

清紐七聲

七

清華二·繫年019 周惠王立十又七年

清華二·繫年045 晉文公立七年

清華二·繫年085 楚龍(共)王立七年

清華二·繫年102 七戠(歲)不解甦(甲)

清華二·繫年114 楚柬(簡)大王立七年

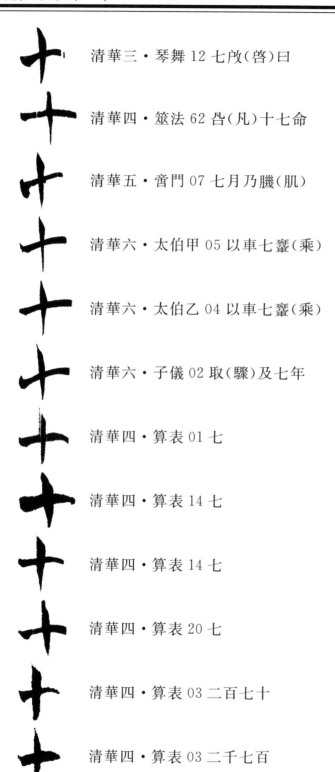

清華三・琴舞 12 七攺（啓）曰

清華四・筮法 62 凸（凡）十七命

清華五・啻門 07 七月乃朕（肌）

清華六・太伯甲 05 以車七䡈（乘）

清華六・太伯乙 04 以車七䡈（乘）

清華六・子儀 02 取（驟）及七年

清華四・算表 01 七

清華四・算表 14 七

清華四・算表 14 七

清華四・算表 20 七

清華四・算表 03 二百七十

清華四・算表 03 二千七百

清華四·算表 09 二千七百

清華四·算表 12 廿=(二十)七

清華四·算表 18 廿=(二十)七

清華四·算表 05 七百

清華四·算表 11 七百

清華四·算表 03 七百二十

清華四·算表 04 七百二十

清華四·算表 12 七百廿=(二十)

清華四·算表 13 七百廿=(二十)

清華四·算表 03 七千二百

清華四·算表 04 七千二百

清華一·耆夜 07(背)七

清華一・金縢 07（背）七

 清華一・皇門 07（背）七

 清華一・祭公 07（背）七

 清華二・繫年 007（背）七

 清華二・繫年 107（背）百七

 清華二・繫年 117（背）百十七

 清華二・繫年 127（背）百廿（二十）七

 清華二・繫年 137（背）百卅（三十）七

 清華三・説命上 07（背）七

 清華三・説命中 07（背）七

 清華三・説命下 07（背）七

 清華三・琴舞 07（背）七

 清華三・芮良夫 07（背）七

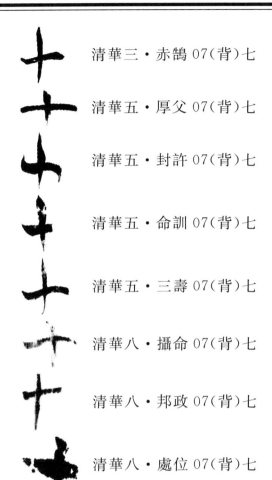

清華三·赤鵠07(背)七

清華五·厚父07(背)七

清華五·封許07(背)七

清華五·命訓07(背)七

清華五·三壽07(背)七

清華八·攝命07(背)七

清華八·邦政07(背)七

清華八·處位07(背)七

～,與十(上博二·從甲8)、十(上博二·從甲9)、十(上博二·容17)同。《說文·七部》："七,陽之正也。从一,微陰从中衺出也。凡七之屬皆从七。"

清華六·太伯甲05、太伯乙04"以車七簀",即"以車七乘"。《書·蔡仲之命》："惟周公位冢宰,正百工,群叔流言,乃致辟管叔于商;囚蔡叔于郭鄰,以車七乘;降霍叔于庶人,三年不齒。"

清華"七",數詞。

蟋

清華一·耆夜09 蚃(蟋)蟋(蟀)趯(躍)陞(降)于[尚(堂)]

清華一·耆夜 10 [周]公夌(作)訶(歌)一終曰《螝(蟋)蟴(蟀)》

 清華一·耆夜 11 螝(蟋)蟴(蟀)才(在)笱(席)

 清華一·耆夜 13 螝(蟋)蟴(蟀)才(在)舒(序)

～，从"虫"或"蚰"，"七"聲，"蟋"之異體。《說文·虫部》："蟋，蟋蟀也。从虫，悉聲。"

清華一·耆夜"螝蟴"，即蟋蟀。"蟋蟀"，《詩·唐風》篇名。《左傳·襄公二十七年》："印段賦《蟋蟀》。趙孟曰：'善哉，保家之主也！吾有望矣。'"

清紐黍聲

黍

 清華六·子産 06 弇(掩)見(現)又(有)黍(秩)

《說文·黍部》："黍，木汁。可以鬃物。象形。黍如水滴而下。凡黍之屬皆从黍。"

清華六·子産 06"黍"，讀爲"秩"。簡文"掩現有秩"，疑指服飾而言。或讀爲"次"。

郯

 清華七·越公 06 齊郯同心

～，與 ![] (信陽 2-02) 形近。《說文·卩部》："郯，脛頭卪也。从卪，黍聲。"

清華七·越公 06"齊郯"，猶步調一致。"齊郯同心"，同心協力。或說"齊郯"，讀爲"齊節"，恭敬有節度之義。（滕勝霖）

從紐自聲

自

 清華一·尹至 01 隹(惟)尹自顕(夏)藚(徂)白(亳)

 清華一·尹至 05 自西戠(翦)西邑

 清華一·尹誥 01 顕(夏)自蒽(遏)亓(其)又(有)民

 清華一·保訓 01 自演=(瀵水)

 清華一·保訓 04 自詣(稽)氒(厥)志

 清華一·金縢 06 自以弋(代)王之敚(説)于金㸚(縢)之匱

 清華一·金縢 10 王旻(得)周公之所自以爲㓛(功)以弋(代)武王之敚(説)

 清華一·金縢 14 (背)周公所自以弋(代)王之志

 清華一·皇門 03 自釐(釐)臣至于又(有)貧(分)厶(私)子

 清華一·皇門 10 以自零(落)氒(厥)豪(家)

清華一·祭公 17 亓(其)皆自寺(時)审(中)叚(乂)萬邦

 清華一·楚居 03 渭(潰)自脅(脅)出

 清華一·楚居 06 至酓(熊)繹(繹)自旁屽遷(徙)居喬多

 清華一·楚居 07 至焚冒酓(熊)帥(率)自箬(郡)遷(徙)居焚

 清華一·楚居 07 至宵嚻(敖)酓(熊)鹿自焚遷(徙)居宵

 清華一·楚居 07 至武王酓(熊)髣自宵遷(徙)居免

 清華一·楚居 08 至文王自疆浧遷(徙)居湫(沈)鄀

 清華一·楚居 09 至臬嚻(敖)自福丘遷(徙)袭(襲)箬(郡)鄀

 清華一·楚居 09 至成王自箬(郡)鄀遷(徙)袭(襲)湫(沈)浧

 清華一·楚居 10 至穆王自鄋(睽)鄀遷(徙)袭(襲)爲鄀

 清華一·楚居 11 至需(靈)王自爲鄀遷(徙)居秦(乾)溪之上

 清華一·楚居 12 至卲(昭)王自秦(乾)溪之上遷(徙)居媺(微)鄀

 清華一·楚居 13 至獻惠王自媺(媺)鄀遷(徙)袭(襲)爲鄀

清華一·楚居 14 王自郡早遷（徙）鄀（蔡）

 清華一·楚居 14 王大（太）子自湫（沈）鄩遷（徙）居疆郢

 清華一·楚居 15 王自鄀（蔡）返（復）邠（鄩）

 清華一·楚居 15 柬大王自疆郢遷（徙）居藍郢

 清華二·繫年 018 塦（衛）人自庚（康）丘遷（遷）于沂（淇）塦（衛）

 清華二·繫年 021 衛人自楚丘遷（遷）于帝丘

 清華二·繫年 037 褱（懷）公自秦逃歸

 清華二·繫年 061 奠（鄭）成公自醽（厲）逃歸

 清華二·繫年 067 齊同（頃）公囟（使）亓（其）女子自房审（中）觀郘（駒）之克

 清華二·繫年 079 自齊述（遂）逃迠（適）晉

 清華二·繫年 079 自晉迠（適）吳

· 2345 ·

清華二·繫年 092 齊高厚自自（師）逃歸（歸）

 清華二·繫年 106 自歸（歸）於吳

 清華二·繫年 108 繡（申）公屈晉（巫）自晉䢋（適）吳

 清華二·繫年 112 自南山逗（屬）之北海（海）

 清華三·說命上 06 一豕墬（地）宙（中）之自行

 清華三·說命上 07 自從事于䣈（殷）

 清華三·說命中 01 敚（說）遫（來）自專（傅）厰（巖）

 清華三·說命中 03 甬（用）孚自執（邇）

 清華三·琴舞 09 流（攸）自求敚（悅）

 清華三·芮良夫 03 以自訾讀

 清華三·芮良夫 07 母（毋）自縱（縱）于烷（逸）以嚻（遨）

 清華三·芮良夫 17 自记（起）俴（殘）盧（虐）

清華三·赤鵠03 少(小)臣自堂下受(授)紝肎盨(羹)

 清華五·三壽09 虐(吾)孛(勉)自印(抑)畏以敬

 清華五·三壽25 戲(虐)怿(淫)自嘉而不縷(數)

 清華六·鄭子05 自壅(衛)與奠(鄭)若卑耳而昏(謀)

 清華六·鄭子11 自是旮(期)以至瓶(葬)日

 清華六·太伯甲05 昔虐(吾)先君逗(桓)公遂(後)出自周

 清華六·子儀02 自蠶月羊=(至于)秋窒備女(焉)

 清華六·子產04 所以自兓(勝)立宙(中)

 清華六·子產06 所以智(知)自又(有)自喪也

 清華六·子產06 又(有)自喪也

 清華六·子產08 乃自逢(失)

 清華六·子產19 以自余(餘)智

清華六·子產 20 可以自分

 清華六·子產 27 固以自守

 清華五·湯丘 14 若自事朕身也

 清華五·湯丘 15 可(何)以自㤅(愛)

 清華五·湯丘 15 古先=(之先)聖人所以自㤅(愛)

 清華五·湯丘 16 此以自㤅(愛)也

 清華五·啻門 17 民咸解體自卹

 清華六·太伯乙 04……[自]周

 清華七·子犯 01 耳自楚迈(適)秦

 清華七·晉文公 01 晉文公自秦内(入)於晉

 清華七·越公 13 鼓(豈)甬(庸)可智(知)自旻(得)

 清華七·越公 17 以民生之不長而自不終亓(其)命

清華七・越公 28 茲（使）民叚（暇）自相

 清華七・越公 30 王辟（親）自躹（耕）

 清華七・越公 57 王則自罰

 清華八・攝命 13 自一話一言

 清華八・處位 03 自奠（定）於遴（後）事

 清華八・邦道 02 肂（盡）自身出

 清華八・邦道 03 則或（又）恥自縈（營）寢

 清華八・邦道 05 會（愈）自固以悲悆（怨）之

 清華八・邦道 09 事必自智（知）之

 清華八・邦道 10 設（察）元（其）託（信）者以自改（改）

 清華八・八氣 01 自冬至

 清華八・八氣 01 自叜（發）燹（氣）之日

清華八·八氣 01 自渴（竭）之日

　清華八·八氣 01 自降之日

　清華八·八氣 02 自芔（艸）燹（氣）渴（竭）之日

～，與 (上博一·緇 20)、 (上博二·從乙 1)、 (上博四·昭 4)、 (上博六·用 9)同。《說文·自部》："自，鼻也。象鼻形。凡自之屬皆从自。 ，古文自。"

清華一·保訓 04"自詣氒志"，讀爲"自稽厥志"，自我稽考其心志。

清華一·金縢 10"王旻（得）周公之所自以爲玒（功）以弋（代）武王之敓（說）"，今本《書·金縢》作"乃得周公所自以爲功代武王之說"。

清華一·祭公 17"亓皆自寺审乂萬邦"，讀爲"其皆自時中乂萬邦"。《書·洛誥》："其自時中乂，萬邦咸休。"

清華三·說命上 06"壑宙之自行"，即"地中之自行"，是倒裝句，即"自地中行"，從土地裏面行走。（黃傑）

清華三·說命上 07"自"，開始。《韓非子·心度》："法者，王之者也；刑者，愛之自也。"

清華三·說命中 01"敓逨自專巖"，讀爲"說來自傅巖"。《書·武成》："厥四月，哉生明，王來自商，至于豐。"

清華三·說命中 03"甬孚自執"，讀爲"用孚自邇"，因信任近臣而得取勝。

清華三·琴舞 09"流自求敓"，讀爲"攸自求悅"，人各自求德而樂之。

清華五·三壽 09"自印畏以敬"，讀爲"自抑畏以敬"。《書·無逸》："厥亦惟我周太王、王季，克自抑畏。"

清華五·三壽 25"戲怪自嘉而不纓"，讀爲"虐淫自嘉而不數"。《書·西伯戡黎》"惟王淫戲用自絕"，《史記·殷本紀》作"維王淫虐用自絕"。

清華六·太伯甲 05"出自周"，參《左傳·昭公十六年》："昔我先君桓公，與商人皆出自周。"

清華六·子產 04"自兗立中",讀爲"自勝立中",指克服自己而做到中正。

清華六·子產 20"自分",分擔自己的任事。

清華六·子產 27"自守",自保,自爲守衛。《穀梁傳·襄公二十九年》:"古者天子封諸侯,其地足以容其民,其民足以滿城以自守也。"

清華五·湯丘 15、16"自悆",即"自愛",指愛惜自己。《老子》:"是以聖人自知不自見,自愛不自貴。故去彼取此。"

清華五·菅門 17"自卹",即"自恤"。《書·大誥》:"肆予沖人永思艱,曰:嗚呼!允蠢,鰥寡哀哉!予造天役,遺大投艱于朕身,越予沖人,不卬自恤。"

清華七·越公 17"自不終亓命",讀爲"自不終其命",意爲自己不得令終其命。《楚辭·離騷》:"民生各有所樂兮,余獨好脩以爲常。"朱熹《集注》:"言人生各隨氣習,有所好樂。"

清華七·越公 28"自相",讀爲"自將",自我保全。(王磊)

清華七·越公 30"辟自",即"親自",自己親身。《墨子·兼愛中》:"試其士曰:'越國之寶在此!'越王親自鼓其士而進之。"

清華七·越公 57"王則自罰",《列子·力命》:"景公慚焉,舉觴自罰。罰二臣者各二觴焉。"

清華八·攝命 13"自一話一言",《書·立政》:"自一話一言。"

清華八·邦道 02"自身",親自,自己。《後漢書·竇憲傳》:"憲以單于不自身到,奏還其侍弟。"

清華八·邦道 09"事必自智之",讀爲"事必自知之"。《呂氏春秋·不侵》:"自此觀之,尊貴富大不足以來士矣,必自知之然後可。"

清華八·邦道 10"以自攺(改)",《論衡·問孔篇》:"明文以識之,流言以過之,以其言示端而已自改。"

清華一·尹至 01、05,清華一·皇門 03,清華一·楚居 03、06、07、08、09、10、11、12、13、14、15,清華二·繫年 018、021、037、061、067、079、092、106、108、112,清華三·赤鵠 03,清華六·子儀 02,清華七·子犯 01,清華七·晉文公 01,清華八·八氣 01、02"自",介詞,由,從。《春秋·昭公元年》:"秋,莒去疾自齊入于莒。"《漢書·霍光傳》:"初輔幼主,政自己出,天下想聞其風采。"

清華一·金縢 06、14(背),清華一·皇門 10,清華三·芮良夫 07、17,清華六·子產 06、08、19,清華五·湯丘 14,清華八·處位 03,清華八·邦道 03、05"自",自己,親自。《詩·小雅·節南山》:"不自爲政,卒勞百姓。"《孟子·離婁上》:"人必自侮,然後人侮之;家必自毀,而後人毀之;國必自伐,而後人伐

2351

之。"《易·乾》:"天行健,君子以自强不息。"

辠(罪)

清華一·保訓 08 有易㦳(服)氒(厥)辠(罪)

清華一·皇門 08 不肎(肯)惠聖(聽)亡(無)辠(罪)之詞(辭)

清華一·祭公 15 女(汝)母(毋)以戾𢼸(兹)辠(罪)辥(辜)芒
(亡)寺(時)寁大邦

清華二·繫年 051 死人可(何)辠(罪)

清華三·琴舞 08 日内(入)辠(罪)譻(嬰)不𡩡(寧)

清華三·芮良夫 27 虐(吾)忑(恐)辠(罪)之□身

清華六·孺子 10 亓(其)辠(罪)亦跃(足)婁(數)也

清華六·孺子 15 幾(豈)既臣之䐿(獲)辠(罪)

清華六·管仲 20 忑(恐)辠(罪)之不㙙(竭)

清華六·子產 09 智(知)畏亡(無)辠(罪)

清華六·子產 11 貨（禍）行皋（罪）起

清華六·子產 11 吕（己）之皋（罪）也

清華六·子產 11 反以皋（罪）人

清華七·趙簡子 02 帀（師）保之皋（罪）也

清華七·趙簡子 02 娝（傅）母之皋（罪）也

清華七·趙簡子 03 則非人之皋（罪）

清華七·越公 15 孤敢兌（脱）皋（罪）於夫=（大夫）

清華七·越公 16 孤所旻（得）皋（罪）

清華七·越公 27 蔑弃（棄）悁（怨）皋（罪）

清華七·越公 70 旻（得）皋（罪）於雩（越）

清華八·處位 03 皋（罪）逴（卓）訷（辭）

清華八·處位 06 余無皋（罪）而泣（屏）

清華八·邦道26 医（殿）虘（吾）爲人辠（罪）戾

～，與 、同。即"罪"字。《説文·辛部》："辠，犯法也。从辛、从自，言辠人蹙鼻苦辛之憂。秦以辠似皇字，改爲罪。"

清華一·保訓08"有易怀毐辠"，讀爲"有易服厥罪"。《公羊傳·莊公三年》："秋，紀季以酅入于齊。紀季者何？紀侯之弟也。何以不名？賢也。何賢乎？紀季服罪也。"

清華一·皇門08"不肎（肯）惠聖（聽）亡（無）辠（罪）之詞（辭）"，今本《逸周書·皇門》作"不屑惠聽，無辜之亂辭是羞于王"。

清華一·祭公15"辠辜"，即"罪辜"。《詩·小雅·正月》："民之無辜，并其臣僕。"鄭箋："辜，罪也。"孔穎達疏："民之無罪辜者，亦并罪之，以其身爲臣僕，言動掛網羅，民不聊生也。"

清華二·繫年051"死人可辠"，讀爲"死人何罪"。《左傳·襄公十三年》："今楚實不競，行人何罪？"

清華三·琴舞08"日内辠蠱不寍"，讀爲"日入罪舉不寧"。《論衡·辨祟篇》："故發病生禍，絓法入罪，至于死亡，殫家滅門，皆不重慎，犯觸忌諱之所致也。"

清華六·孺子10"亓辠亦歓婁也"，讀爲"其罪亦足數也"。《左傳·昭公二年》："使吏數之。"杜預注："數，責數其罪。"

清華六·孺子15"臒辠"，讀爲"獲罪"，得罪，遭罪。《國語·晉語二》："夫孺子豈獲罪於民？"《史記·孔子世家》："昔此國幾興矣，以吾獲罪於孔子，故不興也。"

清華六·子產09"亡辠"、清華八·處位06"無辠"，沒有罪過，沒有犯罪。《左傳·僖公二十八年》："公知其（叔孫）無罪也，枕之股而哭之。"《吕氏春秋·聽言》："攻無辠之國以索地，誅不辜之民以求利。"

清華六·子產11"貨行辠起"，讀爲"禍行罪起"。"禍行"和"罪起"同意。"罪"，禍殃。《吕氏春秋·至忠》："臣之兄嘗讀故記曰：'殺隨兕者，不出三月。'是以臣之兄驚懼而爭之，故伏其罪而死。"高誘注："罪，殃也。"

清華六·子產11，清華七·趙簡子02、03"辠"，即"罪"，過錯，過失。《左傳·僖公三十三年》："不替孟明，孤之過也。大夫何罪？且吾不以一眚掩大德。"《晏子春秋·諫上》:"公曰:'若是,孤之罪也。'"

清華六·子產 11"反以辠(罪)人",歸罪於人。《左傳·莊公十一年》:"禹、湯罪己,其興也悖焉;桀、紂罪人,其亡也忽焉。"

清華七·越公 15"脱辠",開脱罪責。《史記·張丞相列傳》:"其時京兆尹趙君,丞相奏以免罪,使人執魏丞相,欲求脱罪而不聽。"

清華七·越公 16、70"旻辠",即"得罪",冒犯。《國語·吳語》:"昔者越國見禍,得罪於天王。"《孟子·離婁上》:"爲政不難,不得罪於巨室。"

清華七·越公 27"蔑弃悁辠",讀爲"蔑棄怨罪"。"辠",懲罰。

清華八·邦道 26"辠戾",即"罪戾",罪愆。《左傳·莊公二十二年》:"赦其不閑於教訓而免於罪戾,弛於負擔,君之惠也。"《國語·晉語四》:"君實不能明訓,而棄民主。余,罪戾之人也,又何患焉?"

心紐悉聲

悉

清華八·攝命 24 乃克悉甬(用)朕命雩(越)朕卹(恤)朕教

清華八·攝命 25 王子則克悉甬(用)王教王學

《説文·釆部》:"悉,詳盡也。从心、从釆。 ,古文悉。"

清華八·攝命 24、25"悉",盡,全。《書·湯誓》:"王曰:'格爾衆庶,悉聽朕言。'"

心紐四聲

四

清華一·金縢 04 尃(溥)又(有)四方

清華一·皇門 06 王用能盍(奄)又(有)四叟(鄰)

清華一·祭公 05 𠂇(付)畀四方

清華一·祭公 18 型(刑)四方克审(中)尒(爾)罰

清華一·楚居 02 𣨛(麗)胄(迪)四方

清華二·繫年 003 十又四年

清華二·繫年 041 晉文公立四年

清華二·繫年 061 楚戚(莊)王立十又四年

清華二·繫年 092 焚亓(其)四章(郭)

清華二·繫年 096 楚康王立十又四年

清華二·繫年 112 晉幽公立四年

清華二·繫年 126 楚聖(聲)趄(桓)王立四年

清華二·繫年 131 聿(盡)逾奠(鄭)𠂤(師)與亓(其)四遞(將)軍

清華二·繫年 132 楚人歸(歸)奠(鄭)之四牆(將)軍與亓(其)萬民於奠(鄭)

清華三·說命中 06 女(汝)克睍(覞)視四方

清華三·說命下 05 亓(其)又廼司四方民不(丕)克明

 清華三·琴舞 07 四殷(啓)曰

 清華三·芮良夫 21 隹(惟)四方所瞻(祇)畏

 清華三·赤鵠 04 四㡯(荒)之外

 清華三·赤鵠 04 四晦(海)之外

 清華五·湯丘 08 以攸(修)四時之正(政)

 清華五·筲門 04 四以成邦

 清華五·筲門 07 四月乃肢(固)

 清華五·筲門 10 夫四以成邦

 清華五·筲門 11 唯皮(彼)四神

 清華五·筲門 11 是胃(謂)四正

 清華五·三壽 10 四厰(嚴)牂(將)行

 清華五·三壽 10 四晦(海)之㞕(夷)則复(作)

清華五·三壽 17 四方懇（勸）孝（教）

 清華五·三壽 19 四方達寍（寧）

 清華五·三壽 22 以羣（詣）四方

 清華六·管仲 10 斳（慎）四禹（稱）

 清華六·管仲 15 能旻（得）僕四人同心

 清華六·管仲 15 而㠯（已）四女（焉）

 清華六·管仲 22 四或（國）和同

 清華六·太伯甲 11 是四人者

 清華六·太伯乙 10 是四人者

 清華四·筮法 09 四正之刲（卦）見

 清華四·筮法 22 冬見四

 清華四·筮法 33 㐁（次）於四立（位）之中

 清華四·筮法 39 乃蟾（惟）兇之所集於四立（位）是視

清華四·筮法 44 四乃䒤（縊）者

清華四·筮法 47 四,蒜（縊）者

清華四·筮法 47 弍（一）四弍（一）五

清華四·筮法 48 四,繀（縊）者

清華四·筮法 48 一四一五

清華四·筮法 48 二五夾四

清華四·筮法 50 四,非瘇（狂）乃繀（縊）者

清華四·筮法 57 四

清華四·筮法 58 四之象爲墮（地）

清華四·算表 01 四

清華四·算表 13 四

清華四·算表 17 四

清華四·算表 19 四

清華四·算表 20 四

清華四·算表 21 四

清華四·算表 12 四朷

清華四·算表 05 百四十

清華四·算表 10 百四十

清華四·算表 14 百四十

清華四·算表 19 百四十

清華四·算表 05 千四百

清華四·算表 10 千四百

清華四·算表 17 二十四

清華四·算表 15 二十四

清華四·算表 13 廿﹦(二十)四

清華四·算表 18 廿﹦(二十)四

清華四·算表 04 二百四十

清華四·算表 06 二百四十

清華四·算表 08 二百四十

清華四·算表 09 二百四十

清華四·算表 13 二百四十

清華四·算表 15 二百四十

清華四·算表 17 二百四十

清華四·算表 18 二百四十

清華四・算表 04 二千四百

清華四・算表 06 二千四百

清華四・算表 08 二千四百

清華四・算表 09 二千四百

清華四・算表 08 四十

清華四・算表 08 四十

清華四・算表 10 四十

清華四・算表 13 四十

清華四・算表 16 四十

清華四・算表 17 四十

清華四・算表 19 四十

清華四・算表 20 四十

清華四・算表 21 四十

清華四・算表 14 四十二

清華四・算表 15 四十二

清華四・算表 12 四十五

清華四・算表 16 四十五

清華四·算表 21 四十五

清華四·算表 14 四十九

清華四·算表 04 四百

清華四·算表 07 四百

清華四·算表 08 四百

清華四·算表 10 四百

清華四·算表 11 四百

清華四·算表 13 四百

清華四·算表 05 四百廿（二十）

清華四·算表 06 四百廿=（二十）

清華四·算表 14 四百廿=（二十）

清華四·算表 15 四百二十

清華四·算表 03 四百五十

清華四·算表 12 四百五十

清華四·算表 04 四百八十

清華四·算表 13 四百八十

清華四・算表05 四百九十

清華四・算表07 四百帀=（五十）

 清華四・算表06 四百仐=（八十）

清華四・算表15 四百仐=（八十）

 清華四・算表14 四百卆=（九十）

 清華四・算表04 四千

清華四・算表07 四千

清華四・算表06 四千二

清華四・算表05 四千二百

清華四・算表03 四千五百

清華四・算表07 四千五百

清華四・算表04 四千八百

清華四・算表06 四千八百

清華四・算表05 四千九百

 清華四・算表12 帀=（五十）四

清華四・算表15 帀=（五十）四

 清華四・算表03 五百四十

清華四·算表06 五百四十

 清華四·算表12 五百四十

 清華四·算表15 五百四十

 清華四·算表03 五千四百

 清華四·算表06 五千四百

 清華四·算表13 卒=（六十）四

 清華四·算表04 六百四十

 清華四·算表13 六百四十

 清華四·算表04 六千四百

 清華四·算表14 十四

 清華四·算表19 十四

 清華七·子犯11 四方尸（夷）莫句（後）

 清華七·晉文公02 四坺（封）之内皆肰（然）

 清華七·晉文公03 四甫（封）之内皆肰（然）

 清華七·晉文公04 四甫（封）之内皆肰（然）

 清華七·晉文公04 四甫（封）之内皆肰（然）

清華七·趙簡子 10 駝(馳)馬四百駟

 清華七·越公 49 東尸(夷)、西尸(夷)、古蔑、句虗(吳)四方之民乃皆䎽(聞)雩(越)陞(地)之多飤(食)

 清華八·攝命 02 余亦闢于四方

 清華八·攝命 04 雩(越)四方少(小)大邦

 清華八·攝命 07 有曰四方大赢(嬴)亡民

 清華八·邦道 13 古(故)四坒(封)之审(中)亡(無)堇(勤)袋(勞)

 清華八·邦道 27 四鄥(邊)

 清華八·心中 01 目、耳、口、纏(肢)四者爲叟(相)

 清華八·心中 03 百體四叟(相)莫不罾(逸)湙(沈)

 清華八·天下 06 四曰憼(壯)之

 清華八·虞夏 01 祭器四羅(璉)

 清華一·尹至 04 (背)四

 清華一·尹誥 04 (背)四

 清華一·耆夜 04 (背)四

清華一•金縢 04(背)四

 清華一•皇門 04(背)四

 清華一•祭公 04(背)四

 清華三•説命上 04(背)四

 清華三•説命中 04(背)四

 清華三•説命下 04(背)四

 清華三•琴舞 04(背)四

 清華三•芮良夫 04(背)四

 清華三•赤鵠 04(背)四

 清華五•厚父 04(背)四

 清華五•三壽 04(背)四

 清華八•攝命 04(背)四

 清華八•邦政 04(背)四

清華五·封許02 晃（駿）尹三（四）方

清華五·封許05 柬（簡）胯（乂）三（四）方不𫎇（果）

清華五·封許06 馬三（四）匹

清華六·鄭子10 三（四）䢅（鄰）以虐（吾）先君爲能敘

清華六·子產17 耑（端）徒（使）於三（四）㛪（鄰）

清華七·越公06 三（四）方者（諸）侯亓（其）或敢不賓于吳邦

～，與 四（上博三·周22）、ℳ（上博二·民7）、共（上博七·武6）、ℳ（上博八·蘭2）、三（上博六·天甲8）同。《説文·四部》："四，陰數也。象四分之形。凡四之屬皆从四。ℳ，古文四。三，籀文四。"

清華一·金縢04"尃又四方"，讀爲"溥有四方"。《書·金縢》："乃命于帝庭，敷佑四方，用能定爾子孫于下地。""溥有"猶廣有。"溥有四方"，即《詩·大雅·皇矣》之"奄有四方"，大盂鼎（《集成》02837）作"匍有四方"。

清華一·皇門06"王用能盍（奄）又（有）四（鄰）"，今本《逸周書·皇門》作"王用奄有四鄰，遠土丕承"，陳逢衡注："奄有四鄰遠土，謂有天下。""四鄰"，四方鄰國。《書·蔡仲之命》："懋乃攸績，睦乃四鄰，以蕃王室，以和兄弟，康濟小民。"《吳子·料敵》："四鄰之助，大國之援。"

清華一·祭公05、18"符畀四方"，讀爲"付畀四方"。今本《逸周書·祭公》："付俾於四方。""付畀四方"，語見《書·康王之誥》："皇天用訓厥道，付畀四方。"孔傳："大天用順其道，付與四方之國，王天下。""四方"，指四方諸侯之國。《詩·大雅·下武》："受天之祜，四方來賀。"孔穎達疏："武王既受得天之祐福,故四方諸侯之國皆貢獻慶之。"

清華一·楚居 02、清華三·説命中 06、清華三·芮良夫 21"四方",天下,各處。《易·姤》:"后以施命誥四方。"

清華三·説命下 05"亓(其)又廼司四方民不(丕)克明",《書·召誥》:"天亦哀于四方民,其眷命用懋。"

清華二·繫年 092"焚亓四章",讀爲"焚其四郭"。《左傳·襄公十八年》:"十二月……己亥,焚雍門及西郭、南郭……壬寅,焚東郭、北郭……甲辰,東侵及濰,南及沂。"

清華二·繫年 131、132"奠(鄭)四將軍",指皇子、子馬、子池、子封子。

清華三·赤鵠 04"四亢",讀爲"四荒",四方荒遠之地。《楚辭·離騷》"忽反顧以遊目兮,將往觀乎四荒",王逸注:"荒,遠也。"朱熹《集注》:"故復反顧,而將往觀乎四方絶遠之國。"《爾雅·釋地》:"觚竹、北户、西王母、日下,謂之四荒。"郭璞注:"觚竹在北,北户在南,西王母在西,日下在東,皆四方昏荒之國,次四極者。"

清華五·啻門 07"四月",四個月。

清華五·啻門 11"四神",楚帛書中四神各有名稱,分別與青、赤、黄、墨四色相配,彼此相代以成四時,當是另外神系。

清華五·啻門 11"四正",文獻中四正所指各不相同。《管子·君臣下》:"四肢六道,身之體也。四正五官,國之體也。"

清華六·管仲 10"四禹",讀爲"四稱"。《管子》中有《四稱》篇,注云:"謂稱有道之君、無道之君、有道之臣、無道之臣,以戒桓公。"

清華六·管仲 22"四或",讀爲"四國",四方鄰國,亦泛指四方、天下。《詩·大雅·崧高》:"揉此萬邦,聞于四國。"鄭箋:"四國,猶言四方也。"《左傳·襄公三十年》:"子大叔曰:'若四國何?'子產曰:'非相違也,而相從也,四國何尤焉!'"

清華六·管仲 15、清華六·太伯甲 11、太伯乙 10"四人",四個人。

清華四·筮法 09"四正之卦(卦)",震、離、坎、兑爲四正卦。

清華四·筮法 22"四",四爻,左下一卦。

清華四·筮法 33、39"四立",讀爲"四位",指右上、右下、左上、左下四卦。

清華四·筮法 44、47、48"四乃縊者",全部由四構成的三爻卦,那就是縊死者作怪。

清華四·筮法 58"四之象爲(地)",四代表著地。

清華四·筮法 47"弍（一）四弍（一）五"，即筮法 48"一四一五"，有四有五的爻出現。

清華四·筮法 48"二五夾四"，二五夾四的爻出現。

清華三·赤鵠 04"四晦（海）之外"，《列子·湯問》："湯又問曰：'四海之外奚有？'"

清華五·三壽 10"四晉"，讀爲"四海"，本指四個海，後泛指天下，全國各處。《書·大禹謨》："文命敷於四海，祗承于帝。"《史記·高祖本紀》："大王起微細，誅暴逆，平定四海，有功者輒裂地而封爲王侯。"

清華五·三壽 22"以挈四方"，讀爲"以誥四方"。《易·姤》："《象》曰：天下有風，姤。后以施命誥四方。"

清華七·子犯 11"四方旦莫句"，讀爲"四方夷莫後"。《孟子·梁惠王下》："《書》曰：'湯一征，自葛始。'天下信之。東面而征，西夷怨；南面而征，北狄怨。曰：'奚爲後我？'"《滕文公下》："'湯始征，自葛載'，十一征而無敵於天下。東面而征，西夷怨；南面而征，北狄怨，曰：'奚爲後我？'"

清華七·晉文公 02、03、04"四圭之内"，即"四封之内"，四面疆界。《國語·越語下》："四封之内，百姓之事，蠹不如種也。四封之外，敵國之制、立斷之事，種亦不如蠡也。"

清華七·趙簡子 10"駝（馳）馬四百駟"，《管子·揆度》："百乘爲耕田萬頃，爲户萬户，爲開口十萬人，爲分者萬人，爲輕車百乘，爲馬四百匹。"

清華七·越公 49"四方"，指四方諸侯之國。《詩·大雅·下武》："受天之祜，四方來賀。"此以越地爲中心之四方。

清華八·攝命 02"余亦闌于四方"，疑讀爲"余亦光于四方"。《書·泰誓下》："惟我文考若日月之照臨，光于四方，顯于西土。"或讀爲"余亦横于四方"。

清華八·攝命 04"雩四方少大邦"，讀爲"越四方小大邦"。《書·多士》："惟天不畀不明厥德，凡四方小大邦喪，罔非有辭于罰。"

清華八·邦道 13"古四坏之审"，讀爲"故四封之中"，參"四封之内"。

清華八·邦道 27"四鄔"，即"四邊"，四境。《鬼谷子·本經陰符》："四者不衰，四邊威勢，無不爲存而舍之。"《史記·秦始皇本紀》："請且止阿房宫作者，減省四邊戍轉。"

清華八·心中 03"四叟"，即"四相"，指目、耳、口、肢。

清華八·天下 06"四曰"，表示序數第四。《書·洪範》："五行：一曰水，二曰火，三曰木，四曰金，五曰土。"《詩·小雅·四月》："四月維夏，六月徂暑。"

清華八·虞夏 01"四羅",讀爲"四璉"。《禮記·明堂位》"有虞氏之兩敦,夏后氏之四連,殷之六瑚,周之八簋",鄭注:"皆黍稷器。"陸德明《釋文》:"連,本又作璉,同力展反。"

清華五·封許 02"晃尹三方",讀爲"駿尹四方",即大克鼎(《集成》02836)"畍(駿)尹四方"。

清華五·封許 05"柬胯三方不貮",讀爲"簡乂四方不貮"。

清華五·封許 06"馬三(四)匹",《書·文侯之命》:"用賚爾秬鬯一卣,彤弓一,彤矢百,盧弓一,盧矢百,馬四匹。"

清華六·孺子 10、子產 17"三鄙""三叟",即"四鄰",四方,周圍。《漢書·禮樂志》:"五神相,包四鄰。"顏師古注:"包,含也。四鄰,四方。"

清華七·越公 06"三方者侯",讀爲"四方諸侯",指四方諸侯之國。《詩·大雅·下武》:"受天之祜,四方來賀。"孔穎達疏:"武王既受得天之祜福,故四方諸侯之國皆貢獻慶之。"

清華"四",數詞。《書·文侯之命》:"用賚爾秬鬯一卣,彤弓一,彤矢百,盧弓一,盧矢百,馬四匹。"

駟

 清華七·趙簡子 10 駝(馳)馬四百駟

《說文·馬部》:"駟,一乘也。从馬,四聲。"

清華七·趙簡子 10"駟",古代一車套四馬,因以稱駕一車之四馬或四馬所駕之車。《管子·七臣七主》:"瑶臺玉餔不足處,馳車千駟不足乘。"

心紐希聲

絺/肆

 清華一·皇門 01 絺(肆)朕沖(沖)人非敢不用明荊(刑)

 清華八·攝命 02 絺(肆)余(嗇)猷(繇)卜乃身,休

清華八·攝命 07 并命難（勤）絲（肆）

 清華五·厚父 03 朝夕辯（肆）祀

 清華五·厚父 08 辯（肆）女（如）其若龜筮（筮）之言亦勿可遷（專）改

～，從二"希"，"希"郭店簡或作 （郭店·語叢二 24）、 （郭店·語叢二 24）。《說文·希部》："絲，希屬。從二希。 ，古文絲。《虞書》曰：絲類于上帝。""絲"今本作"肆"。石經《多士》"肆"字古文作 （絲），亦用"絲"爲"肆"。" "，左上可能音化爲"厶"聲。

清華五·厚父 03"辯祀"，讀爲"肆祀"，祭名，謂以全牛全羊祭祀祖先。《史記·周本紀》作"自棄其先祖肆祀不答"。裴駰《集解》引鄭玄曰："肆，祭名。"《詩·周頌·雝》："相維辟公，天子穆穆，於薦廣牡，相予肆祀。"馬瑞辰《通釋》："《詩》之'肆祀'承上'廣牡'言，正謂舉全體而陳之。與《牧誓》肆祀、《周禮》肆享，同爲祭名。"

清華一·皇門 01、清華五·厚父 08、清華八·攝命 02"辯"，讀爲"肆"，句首助詞。《書·舜典》："肆類于上帝，禋于六宗，望于山川，徧于群神。"

清華八·攝命 07"難絲"，讀爲"勤肆"。《後漢書·周燮傳》："肆勤以自給。"李注："肆，陳也。"

蕼

 清華六·子產 03 邦安民蕼（遂）

～，從"艸"，"辯"聲。

清華六·子產 03"蕼"，讀爲"遂"，如願，順從。《詩·曹風·候人》："彼其之子，不遂其媾。"朱熹《集傳》："遂，稱；媾，寵也。遂之爲稱，猶今人謂遂意曰稱意。"

蘬

 清華二·繫年029 圾蘬於汝

～，从"艸"，"鬴"聲。或認爲从"虤"聲。

清華二·繫年029"圾蘬於汝"，《左傳·哀公十七年》："（楚文王）實縣申、息，朝陳、蔡，封畛於汝。"杜預注："開封畛比至汝水。""蘬"，或讀爲"畛"。或隸作"虌"，讀爲"表"。（羅運環）

泥紐疾聲歸疒聲

幫紐畀聲

畀

 清華一·祭公05 符（付）畀四方

清華一·祭公09 聿（盡）符（付）畀余一人

 清華三·說命上03 帝殹（抑）尔（爾）以畀舍（余）

清華三·說命上03 隹（惟）帝以余畀尔=（爾，爾）左執朕袂

 清華三·琴舞14 不畀甬（用）非頌（雍）

清華二·繫年115 晉鼻（魏）畀（斯）

清華二·繫年116 㠯(魏)畀(斯)

清華二·繫年121 晉㠯(魏)文侯畀(斯)從晉𠂤(師)

《說文·丌部》：“畀，相付與之。約在閣上也。从丌，由聲。”

清華一·祭公"㝎畀"，讀爲"付畀"，授予，交給。《書·康王之誥》："用端命于上帝，皇天用訓厥道，付畀四方。"孔傳："大天用順其道，付與四方之國王天下。"

清華二·繫年"㠯畀"，對應今本作"魏斯"。《史記·魏世家》："桓子之孫曰文侯都。"《集解》引徐廣曰："《世本》曰斯也。"《索隱》："《系本》云'桓子生文侯斯'，其傳云'孺子㵋是魏駒之子'，與此系代亦不同也。"據《世本》可知，襄子生桓子駒，駒生孺子㵋，孺子㵋即後來的魏文侯斯。

清華三·說命上03"畀"，賜與。《書·洪範》："帝乃震怒，不畀洪範九疇。"孔傳："畀，與。"

逪

清華六·管仲22 逪(畀)遜(務)不愈(偷)

～，从"辵"，"畀"聲。

清華六·管仲22"畀"，《左傳·隱公三年》："王崩，周人將畀虢公政。"杜預注："與也。"

敋

清華二·繫年006 繒(申)人弗敋(畀)

～，从"攴"，"畀"聲。

清華二·繫年006"繒人弗敋"，讀爲"申人弗畀"。《國語·鄭語》："申、繒、西戎方彊，王室方騷……王欲殺太子以成伯服，必求之申，申人弗畀，必伐之。若伐申，而繒與西戎會以伐周，周不守矣。"

· 2373 ·

箅

 清華六·管仲 29 不若蕃箅

《說文·竹部》:"箅,蔽也,所以蔽甑底。从竹,畀聲。"

清華六·管仲 29"蕃箅",讀爲"藩蔽"。《左傳·哀公十二年》杜預注:"藩,籬。"古代用施漆的葦席製成的車蔽。《周禮·春官·巾車》:"漆車藩蔽。"鄭玄注:"藩,漆席以爲之。"引申指屏障。《後漢書·來歙傳》:"公孫述以隴西、天水爲藩蔽,故得延命假息。"

幫紐八聲

八

 清華一·耆夜 01 武王八年

 清華二·繫年 056 楚穆王立八年

 清華二·繫年 066 晉競(景)公立八年

 清華三·琴舞 13 八啟(啓)曰

 清華四·筮法 16 旾(春)見八

 清華四·筮法 44 八乃奻(奴)以死,乃西祭

清華四·筮法 50 五、八乃晉(巫)

清華四·筮法 52 八爲風

 清華四·筮法 53 八

清華四·算表 01 八

清華四·算表 13 八

清華四·算表 13 八

清華四·算表 17 八

清華四·算表 19 八

清華四·算表 20 八

清華四·算表 15 百八十

清華四·算表 03 千八百

清華四·算表 06 千八百

清華四·算表 09 千八百

清華四·算表 10 千八百

清華四·算表 14 二十八

清華四·算表 17 二十八

清華四·算表 05 二千八百

清華四·算表 08 二千八百

清華四·算表 13 罕₌（四十）八

清華四·算表 15 卌=（四十）八

清華四·算表 04 四百八十

清華四·算表 13 四百八十

清華四·算表 04 四千八百

清華四·算表 06 四千八百

清華四·算表 04 八百

清華四·算表 08 八百

清華四·算表 10 八百

清華四·算表 11 八百

清華四·算表 12 八百十

清華四·算表 03 八百一十

清華四·算表 03 八千一百

清華四·算表 12 十八

清華四·算表 15 十八

清華四·算表 18 十八

清華四·算表 19 十八

清華五·啇門 07 八月乃正

清華五·三壽 10 八絽（紀）則緐（紊）

清華八·虞夏 03 祭器八宛（簋）

清華一·耆夜 08（背）八

清華一·金縢 08（背）八

清華一·皇門 08（背）八

清華一·祭公 08（背）八

清華二·繫年 108（背）百八

清華二·繫年 118（背）百十八

清華二·繫年 128（背）百廿（二十）八

清華三·說命下 08（背）八

清華三·琴舞 08（背）八

清華三·芮良夫 08（背）八

清華三·赤鵠 08（背）八

清華五·厚父 08（背）八

 清華五·封許 08（背）八

 清華五·命訓 08（背）八

 清華五·三壽 08（背）八

 清華八·攝命 08（背）八

 清華八·邦政 08（背）八

 清華八·處位 08（背）八

《説文·八部》："八，別也。象分別相背之形。"
清華三·琴舞 13"八啓"，第八章之啓。
清華四·筮法 16"八"，八爻。
清華四·筮法 44"八"，坤卦中有八爻出現。
清華四·筮法 52"八爲風"，八爻象是風。
清華五·啻門 07"八月"，常表次第，指第八。《詩·豳風·七月》："八月在宇。"
清華五·三壽 10"八紀"，《黄帝内經·素問·陰陽應象大論》："天有八紀。"
清華八·虞夏 03"八簋"，《禮記·明堂位》："有虞氏之兩敦，夏后氏之四連，殷之六瑚，周之八簋。"
清華"八"，數詞。《書·舜典》："八音克諧。"《左傳·隱公五年》："公問羽數於衆仲。對曰：'天子用八，諸侯用六。'"

穴

 清華一·楚居 02 穴酓（熊）逹（遲）遷（徙）於京宗

清華六·太伯甲09 爲是牢欇（鼠）不能同穴

清華六·太伯乙08 亓（其）爲是牢欇（鼠）不能同穴

清華一·楚居01 氐（抵）于空（穴）窮

，與（上博二·容10）同。，與（郭店·窮達以時10）、（新蔡甲三366）同，下從"土"，上從"穴"，乃"穴"之繁體。與《集韻》"坎，空深皃"可能有一定關係。《説文·穴部》："穴，土室也。從宀，八聲。"

清華一·楚居02"穴酓"，讀爲"穴熊"，楚先祖。《史記·楚世家》："附沮生穴熊，其後中微，或在中國，或在蠻夷，弗能紀其世。周文王之時，季連之苗裔曰鬻熊。鬻熊子事文王，蚤卒。"根據安大簡，穴熊、鬻熊、季連是一人。

清華一·楚居01"空窮"，讀爲"穴窮"。

清華六·太伯"穴"，動物的窩。《説文·穴部》："穴，土室也。"《荀子·勸學》："蟹六跪而二螯，非蛇蟺之穴無可寄託者，用心躁也。""同穴"，謂共同穴居。《文選·左思〈魏都賦〉》："摧惟庸蜀與鴝鵲同窠，句吳與鼇黽同穴。"《後漢書·文苑傳上》："於是同穴裘褐之域，共川鼻飲之國，莫不祖跪稽顙，失氣虜伏。"

必

清華一·保訓03 必受之以詷

清華二·繫年024 必内（入）

清華二·繫年027 君必命見之

 清華三・芮良夫 11 必罙(探)亓(其)厇(宅)

 清華四・筮法 63 占之必力(扐)

 清華五・命訓 13 季(惠)必仞=(忍人)

 清華五・命訓 15 行不必𢌶(法)

 清華五・湯丘 04 遈(歸)必夜

 清華五・湯丘 05 遈(歸)必夜

 清華五・湯丘 07 必思(使)事與飤(食)相堂(當)

 清華六・管仲 17 必戠於宜(義)

 清華六・管仲 17 必智(知)亓(其)古(故)

 清華六・管仲 25 必歬(前)敬(敬)與考(巧)

 清華六・管仲 26 出外必張

 清華六・子産 20 善君必豚(循)昔歬(前)善王之𢌶(法)

清華七·子犯 04 必出又（有）□

清華七·子犯 05 必身壟（擔）之

清華七·子犯 10 必尚（當）語我才（哉）

清華七·越公 07 余亓（其）必數（滅）鹽（絕）雩（越）邦之命于天下

清華七·越公 32 王必酓（飲）飤（食）之

清華七·越公 32 脜（顏）色訓（順）必（比）

清華七·越公 33 王必與之卫（坐）飤（食）

清華七·越公 40 王必辟（親）見〈視〉而聖（聽）之

清華七·越公 42 王必辟（親）聖（聽）之

清華七·越公 45 王必辟（親）聖（聽）之

清華七·越公 46 則必酓（飲）飤（食）賜夋（予）之

清華七·越公 46 王既必（比）聖（聽）之

清華七·越公 61 必栾(卒)劦(協)兵

清華八·邦政 06 則視亓(其)民必女(如)腸(傷)矣

清華八·處位 01 印(抑)君臣必果以氏(度)

清華八·處位 02 御必审(中)亓(其)備(服)

清華八·處位 08 告訐(媚)必选(先)裁(衛)

清華八·處位 11 必内(納)䢒(貢)

清華八·邦道 07 必從身訇(始)

清華八·邦道 09 事必自智(知)之

清華八·邦道 09 必慮耑(前)退

清華八·邦道 10 必設(察)聖(聽)

清華八·邦道 17 必管(熟)䦎(問)亓(其)行

清華八·心中 04 必心與天兩事女(焉)

～，與 ![字] （上博一·孔16）、![字] （上博八·有5）同，本象柲之形（裘錫圭説），後在豎筆兩側加"八"字形飾筆。《説文·八部》："必，分極也。从八、弋，弋亦聲。"

清華二·繫年024"必内"，讀爲"必入"。《戰國策·趙一》："楚王美秦之語，怒韓、梁之不救己，必入於秦。"

清華二·繫年027"君必命見之"，《孟子·梁惠王下》："他日君出，則必命有司所之。"

清華五·命訓13"季（惠）必仞（忍人）"，今本《逸周書·命訓》作"惠不忍人"。據簡文，"不"實爲"必"字之誤。

清華五·命訓15"不必"，没有一定，未必。《商君書·修權》："夫釋權衡而斷輕重，廢尺寸而意長短，雖察，商賈不用，爲其不必也。"《史記·樂毅列傳》："善作者不必善成，善始者不必善終。"

清華五·湯丘04、05"歸必夜"，《説苑·指武》："楚莊王伐陳，吳救之，雨十日十夜，晴。左史倚相曰：'吳必夜至，甲列壘壞，彼必薄我，何不列行鼓出待之。'"

清華六·管仲17"必智亓古"，讀爲"必知其故"。《韓非子·南面》："人主使人臣言者必知其端以責其實，不言者必問其取舍以爲之責。"

清華六·子産20"善君必豚昔荊善王之瀘聿"，讀爲"善君必循昔前善王之法律"。《吕氏春秋·察今》："故凡舉事必循法以動，變法者因時而化，若此論則無過務矣。"

清華七·越公46"必"，讀爲"比"，考較。或訓作"皆"。楊樹達《詞詮》卷一："比，表數副詞，皆也。"（鄭邦宏）

清華七·越公61"必"，讀爲"庀"，治理。《國語·魯語下》："子將庀季氏之政焉。"或疑讀爲"比"。《周禮·秋官·大行人》："春朝諸侯而圖天下之事，秋覲以比邦國之功，夏宗以陳天下之謨，冬遇以協諸侯之慮，時會以發四方之禁，殷同以施天下之政。"鄭玄注："此六事者，以王見諸侯爲文。圖、比、陳、協，皆考績之言。""比卒協兵"，即考校兵卒。（陳偉）

清華八·邦政06"則視亓民必女腸矣"，或讀爲"則視其民必如傷矣"。《左傳·哀公元年》："臣聞國之興也，視民如傷，是其福也；其亡也，以民爲土芥，是其禍也。"

清華七·越公32"訓必"，讀爲"順比"，順附，不抵觸。《莊子·徐無鬼》：

"遭時有所用,不能无爲也。此皆順比於歲,不物於易者也。"《荀子·禮論》:"若夫斷之繼之,博之淺之,益之損之,類之盡之,盛之美之,使本末終始,莫不順比,足以爲萬世則,則是禮也。"《大戴禮記·保傅》:"色不比順。""比"有順從之義。《荀子·儒效》"比中",王念孫曰:"比,順也,從也。"

必心

清華三·琴舞01 周公复(作)多士敬(儆)必心(毖)

清華三·琴舞02 城(成)王复(作)敬(儆)必心(毖)

~,從"心","必"聲。

清華三·琴舞"敬必心",讀爲"儆毖",告誡。《書·伊訓》:"制官刑,儆于有位。"孔傳:"言湯制治官刑法,以儆戒百官。"《説文·比部》:"毖,慎也。"《書·酒誥》:"王曰:'封!汝典聽朕毖,勿辯乃司民湎于酒。'"

言必

清華三·説命下07 余既訊(諟)故(劼)言必(毖)女(汝)

清華三·芮良夫02 内(芮)良夫乃复(作)言必(毖)再終

清華五·封許02 言必(毖)光毕(厥)剌(烈)

~,與 䛑(上博四·柬3)、䛑(上博四·柬4)同,從"言","必"聲。

清華三·説命下07"余既訊故言必女",讀爲"余既諟劼毖汝"。《説文·比部》:"毖,慎也。"《書·酒誥》:"予惟曰汝劼毖殷獻臣。""厥誥毖庶邦庶士越少正御事。"王念孫《廣雅疏證》:"毖,皆戒敕之意也。"

清華三·芮良夫02"言必",讀爲"毖",戒敕。"作言必再終"與清華一·耆夜3"作歌一終"句式相似。

清華五·封許 02“謐(毖)光氒(厥)剌(烈)”之“謐”,讀爲“毖”。《説文·比部》:“毖,慎也。”或讀爲“畢”,訓爲“盡”。(白於藍)

邲

清華八·攝命 01 劼姪邲(毖)㚔(攝)

清華八·攝命 25 雩(越)朕邲(毖)朕教

清華八·攝命 30 余既明竅(啓)劼邲(毖)女(汝)

～,从“卩”,“必”聲。

清華八·攝命 01、25、30“邲”,讀爲“毖”,訓誥。王引之《經義述聞》“女典聽朕毖”:“今案:《廣韻》:‘毖,告也。’言汝當常聽我告汝之言,毋違犯也。猶《康誥》曰‘聽朕誥女’。誥,亦告也……上文又曰‘厥誥毖庶邦庶士越少正御事’,‘誥毖’,猶誥告也。”攝命 25“雩朕邲朕教”,讀爲“越朕毖朕教”。《書·酒誥》:“王曰:‘封! 汝典聽朕毖,勿辯乃司民湎於酒。’”

𡪢

清華一·耆夜 07 𡪢(毖)情(精)悬(謀)猷

～,从“宀”,“䀁”聲,“宓”之繁體。《説文·宀部》:“宓,安也。从宀,必聲。”

清華一·耆夜 07“𡪢”,讀爲“毖”。《詩·大雅·桑柔》:“爲謀爲毖,亂況斯削。”毛傳:“毖,慎也。”

𡪶

清華二·繫年 039 回(圍)商𡪶(密)

～,與(上博二·民 8)同,从“宀”“甘”,“必”聲。

清華二·繫年039"商窞",即商密,鄀國都城。《左傳·僖公二十五年》:"秋,秦、晉伐鄀。楚鬭克、屈禦寇以申、息之師戍商密……圍商密……秦師囚申公子儀、息公子邊以歸。"杜預注:"鬭克,申公子儀。屈禦寇,息公子邊。"

俈

清華三·芮良夫25 則俈(逸)者不媺(美)

～,從"心","佾"聲。"佾"字上博七·吳5作。《說文·人部(新附)》:"佾,舞行列也。從人,肖聲。"

清華三·芮良夫25"俈",讀爲"逸"。"逸""佾"古通(《古字通假會典》第530頁)。"逸",放縱,淫荒。《書·大禹謨》:"罔遊于逸,罔淫于樂。"孔穎達疏:"逸謂縱體。"

幫紐必聲歸八聲

幫紐畢聲

縪

清華一·耆夜01 縪(畢)公高爲客

清華一·耆夜03 王夜箮(爵)碭(酬)縪(畢)公

清華一·耆夜06 周公夜箮(爵)碭(酬)縪(畢)公

～,從"糸","畢"聲。《說文·糸部》:"縪,止也。從糸,畢聲。"

清華一·耆夜06"縪公",讀爲"畢公",即畢公高。《史記·周本紀》:"武王即位,太公望爲師,周公旦爲輔,召公、畢公之徒左右王,師脩文王緒業。"《史記·魏世家》:"魏之先,畢公高之後也。畢公高與周同姓。武王之伐紂,而高

· 2386 ·

封於畢,於是爲畢姓。"《索隱》:"《左傳》富辰説文王之子十六國有畢、原、豐、郇,言畢公是文王之子。"

繹

　　清華一·祭公 09 乃詔(召)繹(畢)駈、敄(井)利、毛班

～,從"糸","罨"聲;或分析爲从"网","繹"聲。

清華一·祭公 09"繹駈",讀爲"畢桓",今本《逸周書·祭公》:"允乃詔,畢桓于黎民般。"于鬯《香草校書》:"人氏名,疑畢公高之後。"

幫紐閉聲

閟

　　清華三·芮良夫 20 民之閛(關)閟(閉)

　　清華三·芮良夫 22 女(如)閛(關)枝不閟(閉)

～,與 、同。左塚漆梮"閟"字或作![],从"户","必"聲。《説文·門部》:"閟,閉門也。从門,必聲。《春秋傳》曰:'閟門而與之言。'"

清華三·芮良夫"閟",讀爲"閉"。"閟""閉"二字古通,詳參高亨《古字通假會典》第 591 頁。"關閉",本指門之閂木。《説文通訓定聲》"關"下:"豎木爲閉,横木爲關。"《管子·八觀》:"大城不可以不完,郭周不可以外通,里域不可以横通,閭閈不可以毋闔,宫垣關閉不可以不脩。"《戰國策·楚三》:"張子辭楚王,曰:'天下關閉不通,未知見日也,願王賜之觴。'"《列女傳·辯通傳》:"昔孫叔敖之爲令尹也,道不拾遺,門不閉關,而盗賊自息。"

滂紐匹聲

匹

　清華五·封許06 馬三(四)匹

～,構形待考。與 ▨（曾乙179）形近。《説文·匚部》:"匹,四丈也。从八、匚。八揲一匹,八亦聲。"

清華五·封許06"馬四匹",見《書·文侯之命》:"用賚爾秬鬯一卣,彤弓一,彤矢百,盧弓一,盧矢百,馬四匹。"

正編·真部

真 部

影紐因聲

因

清華一·程寤 05 可(何)甬(用)非桓=(樹,樹)因欲

清華二·繫年 111 戉(越)人因衺(襲)吳之與晉爲好

清華三·芮良夫 10 或因斬梮(柯)

清華六·鄭子 07 老婦亦不敢以䛐(兄)弟昏(婚)因(姻)之言以

䚯(亂)夫=(大夫)之正(政)

清華六·子產 14 此胃(謂)因寿(前)緣(遂)耆(故)

清華七·晉文公 07 因以大乍(作)

清華七·越公 27 乃因司衺(襲)尚(常)

清華七·越公 38 因亓(其)貨(過)以爲之罰

　清華七·越公 68 雩(越)帀(師)乃因軍吳

　清華八·心中 01 因名若蠃(響)

～，與 、同。《說文·囗部》："因，就也。从囗、大。"

清華一·程寤 05"因"，順隨，依靠。《文子·自然》："征伐者，因民之欲也。能因則无敵於天下矣。"

清華二·繫年 111"因襲"，即"因襲"，沿襲，前後相承。《史記·龜策列傳序》："孝文、孝景因襲掌故，未遑講試。"

清華三·芮良夫 10"或因斬椅"，讀爲"或因斬柯"，參《詩·豳風·伐柯》："伐柯伐柯，其則不遠。"

清華六·鄭武 07"胜弟昏因"，讀爲"兄弟婚姻"。《詩·小雅·角弓》："騂騂角弓，翩其反矣。兄弟昏姻，無胥遠矣。"

清華六·子產 14"因"，《文選·東京賦》李善注："仍也。"簡文"此謂因前遂故"，指繼承前人即"先聖君"。

清華七·晉文公 07"因"，連詞，因而，因此。《孟子·梁惠王上》："若民，則無恆產，因無恆心。"

清華七·越公 27"因司裹尚"，讀爲"因司襲常"，因襲常規。

清華七·越公 38"因亓貨以爲之罰"，讀爲"因其過以爲之罰"，根據其過錯以決定其懲罰。"因"，介詞。依照，根據。《韓非子·外儲說左上》："法者，見功而與賞，因能而受官。"

清華七·越公 68"因"，就。《國語·鄭語》："公曰：'謝西之九州，何如？'對曰：'其民沓貪而忍，不可因也。'"韋昭注："因，就也。"

清華八·心中 01"因"，副詞，於是，因此，就。《史記·項羽本紀》："項王即日因留沛公與飲。"

影紐印聲

印

清華一·祭公 02 公亓(其)告我印(懿)悳(德)

清華三·琴舞 05 曰鼎(淵)亦印(抑)

清華五·三壽 09 虐(吾)孚(勉)自印(抑)畏以敬

清華六·孺子 09 印(抑)杲(早)耑(前)句(後)之以言

清華六·孺子 17 印(抑)亡(無)女(如)虐(吾)先君之惡(憂)可(何)

清華六·子產 15 不以冥=(冥冥)印(抑)酒

清華七·趙簡子 06 印(抑)昔之旻(得)之與達(失)之

清華七·越公 21 印(抑)㹴(荒)弃(棄)孤

清華八·處位 01 印(抑)君臣必果以氏(度)

清華八·處位 04 印(抑)壓無訾

清華八·處位 05 印（抑）逡（後）之爲敞（端）

《說文·爪部》："印，執政所持信也。从爪、卪。"

清華一·祭公 02"印意"，讀爲"懿德"，美德。《詩·大雅·烝民》："天生烝民，有物有則。民之秉彝，好是懿德。"

清華三·琴舞 05"印"，讀爲"抑"，義爲美。《詩·齊風·猗嗟》："抑若揚兮。"毛傳："抑，美色。"

清華五·三壽 09"虗（吾）孛（勉）自印（抑）畏以敬"之"印"，讀爲"抑"，克服。《書·無逸》："厥亦惟我周太王、王季，克自抑畏。"

清華六·孺子 09、清華八·處位 01"印"，讀爲"抑"，連詞，表承接，訓"則"，見《古書虛字集釋》第二〇九頁。

清華六·孺子 17、清華七·趙簡子 06"印"，讀爲"抑"。《古書虛字集釋》第二〇六頁："抑，猶然也。"

清華六·子產 15"印"，讀爲"抑"，《淮南子·本經》高誘注："止也。"

清華七·越公 21"印"，讀爲"抑"，轉折連詞。《左傳·襄公二十三年》："多則多矣，抑君似鼠。"

洇

　　清華八·處位 04 不見而没洇（抑）不由

～，从"水"，"印"聲。

清華八·處位 04"洇"，讀爲"抑"。《淮南子·本經》："民之滅抑夭隱。"高誘注："抑，没也。"

影紐開聲

開

　　清華三·琴舞 05 曰開（淵）亦印（抑）

清華三·芮良夫 26 言罙(深)于肙(淵)

 清華五·厚父 12 若水氒(厥)肙(淵)

 清華五·湯丘 18 罙(深)肙(淵)是淒(濟)

～，楚文字或作 （上博三·彭4）、 （上博五·君3）、 （上博八·顏6）。《説文·水部》：" 淵，回水也。从水，象形。左右，岸也。中象水皃。 ，淵或省水。 ，古文从口、水。"

清華三·琴舞 05 "肙"，即"淵"，深邃，深沉。《老子》："道沖而用之或不盈，淵兮似萬物之宗。"

清華三·芮良夫 26 "肙"，即"淵"，深潭。《詩·小雅·鶴鳴》："魚潛在淵，或在于渚。"《論語·泰伯》："如臨深淵。"《管子·度地》："出地而不流者，命曰淵水。"

清華五·厚父 12 "肙"，即"淵"，深邃，深沉。酈道元《水經注·河水三》："池水澂渟，淵而不流。"

清華五·湯丘 18 "罙肙"，讀爲"深淵"，深潭。《詩·小雅·小旻》："戰戰兢兢，如臨深淵，如履薄冰。"

匣紐玄聲

眩

 清華八·處位 03 敀(炕)政眡(眩)邦

～，从"視"，"玄"聲，"眩"字異體。所從"玄"與 （郭店·老子甲 28）、 （上博五·季 21）同。

清華八·處位03"眩",即"眩",訓爲"惑"。《荀子·正名》:"眩其辭。"楊倞注:"眩惑其辭而不實。"

匣紐弦聲歸玄聲

見紐勻聲

旬

清華三·說命上01 以貨旬(徇)求敚(說)于邑人

清華四·筮法40 旬,𩁹(乾)、巺(坤)乃各佭(返)亓(其)所

清華七·越公05 又(有)旬之糧

清華八·八氣01 自冬至以篹(算)六旬登(發)燹(氣)

清華八·八氣01 二旬又五日

清華八·八氣01 三旬又五日

清華八·八氣02 二旬又五日

清華八·八氣02 二旬又五日

清華八·八氣02 或戈(一)旬日南〈北〉至

清華八·八氣 02 六旬

清華八·八氣 03 或六旬霜降

清華八·八氣 03 或六旬日北〈南〉至

～，與 同，从"日"，"勻"聲。《說文·勹部》："旬，徧也。十日爲旬。从勹、日。⊙，古文。"

清華三·說命上 01"旬求"，讀爲"徇求"，爲連動結構，當遍行宣示以求講。"以貨旬（徇）求敓（說）於邑人"，意思就是帶着財貨在邑人中到處宣示懸賞尋求說這個人。《書·說命序》："高宗夢得說，使百工營求諸野。"《國語·楚語上》："如是而又使以夢象旁求四方之賢。""營求"則應看作"旬（徇）求"或"夐（夐）求"的借字或音近誤字。（裘錫圭、陳劍）

清華四·筮法 40"旬"，即至初十日，乾、坤各返回原位。

清華七·越公 05、清華八·八氣"旬"，十天。《書·堯典》："朞，三百有六旬有六日，以閏月定四時成歲。"陸德明《釋文》："十日爲旬。"

詢

清華七·越公 54 乃徹（趣）詢（徇）于王宮

清華七·越公 54 王乃大詢（徇）命于邦

清華七·越公 54 寺（時）詢（徇）寺（是）命

清華七·越公 58 詢（徇）命若命

· 2397 ·

~，從"言"，"旬"聲。《説文·言部》："詢，謀也。從言，旬聲。"

清華七·越公"詢"，讀爲"徇"，當衆宣布教令。《左傳·桓公十三年》："莫敖使徇于師曰：'諫者有刑。'"杜預注："徇，宣令也。"

恂

　清華三·芮良夫 11 恂求又（有）芯（才）

　清華三·赤鵠 12 是思（使）句（后）楚=（棼棼）恂=（眩眩）而不智（知）人

~，從"心"，"旬"聲或"勻"聲。《説文·心部》："恂，信心也。從心，旬聲。"

清華三·芮良夫 11"恂求"，讀爲"徇求"，"到處宣示以求"，亦即"到處公開征求"之意。（陳劍）

清華三·赤鵠 12"楚=恂="，讀爲"棼棼眩眩"，擾亂、迷亂貌。《禮記·中庸》："敬大臣則不眩。"《荀子·正名》："彼誘其名，眩其辭，而無深於其志義者也。"楊倞注："眩惑其辭而不實。"

旬

　清華八·八氣 05 旬（玄）楧（冥）衙（率）水以飤（食）於行

~，從"目"，"勻"聲。

清華八·八氣 05"旬楧"，讀爲"玄冥"，水神。《左傳·昭公十八年》："禳火于玄冥、回禄。"杜預注："玄冥，水神。"

紃

　清華一·楚居 04 至酓（熊）霝（繹）與屈紃（紃）

~，從"糸"，"勻"聲。

清華一·楚居 04"屈紃"，人名。"紃"字見《集韻·諄韻》，同"紃"。或説字从"玄"从"勻",是雙音符字。此人與楚武王後裔屈氏無關。

均

清華三·芮良夫 09 曰余(予)未均

清華五·命訓 11 和之以均

清華五·命訓 13 均不鼠-(一)

清華五·命訓 14 均一不和

清華六·管仲 10 均之以音

清華八·邦政 04 亓(其)分也均而不念(貪)

清華八·處位 03 均崎(踦)政宔(主)

清華八·邦道 13 是以専(敷)均於百眚(姓)之溓(兼)廌而懸
(愛)者

清華八·邦道 25 此母(毋)乃虐(吾)専(敷)均

清華八·邦道 25 是亓(其)不均

～，與 ▨（上博六・慎 4）同，从"土"，"勻"聲。《説文・土部》："均，平徧也。从土、从勻，勻亦聲。"

清華三・芮良夫 09"均"，平均。《荀子・富國》："忠信調和均辨之至也。"楊倞注："均，平均。"

清華五・命訓 11"和之以均"，即"和均"，協調，諧和。應劭《風俗通義・正失》："和均五聲，以通八風。"

清華五・命訓 13"均不龘-(一)"，今本《逸周書・命訓》作"均不壹"。

清華五・命訓 14"均一不和"，今本《逸周書・命訓》作"均一則不和"。潘振云："均一不差分，故人不和。"劉向《列女傳・魏芒慈母》："君子謂慈母一心。《詩》云：'尸鳩在桑，其子七兮。淑人君子，其儀一兮。其儀一兮，心如結兮。'言心之均一也。"《詩・曹風・鳲鳩序》："《鳲鳩》，刺不壹也。在位無君子，用心之不壹也。"孔穎達疏："在位之人，既用心不壹，故《經》四章皆美用心均壹之人，舉善以駁時惡。"

清華六・管仲 10"均之以音"之"均"，調和，調節。《詩・大雅・皇皇者華》："我馬維駰，六轡既均。"毛傳："均，調也。"《後漢書・律曆志上》："均其中弦，令與黃鍾相得，案畫以求諸律，無不如數而應者矣。"

清華八・邦政 04"亓分也均而不念"，讀爲"其分也均而不貪"。《墨子・尚同中》："分財不敢不均。"《大戴禮記・子張問入官》："政均則民無怨。"

清華八・處位 03"均"，皆，都。《商君書・墾令》："均出餘子之使令，以世使之。"

清華八・邦道 25"不均"，不公平，不均匀。《詩・小雅・北山》："大夫不均，我從事獨賢。"鄭箋："王不均大夫之使。"

甶（匀）

  清華五・三壽 23 我甶（寅）晨共（降）夌（在）九尻（宅）

～，與 ▨（上博・容 30）、▨（郭店・唐虞之道 2）同，从"里"，"勻"聲，"均"字異體。

清華五・三壽 23"甶晨"，讀爲"寅晨"，清晨。《論衡・調時》："平旦寅。""寅"，十二辰之一，相當於今北京時間午前三點鐘至五點鐘。

2400

均

清華三·說命中 04 女(如)不覞(瞑)垍(眩)

清華三·芮良夫 09 忎(恐)不和垍(均)

清華三·芮良夫 09 疋(胥)縠(穀)疋(胥)垍(均)

清華五·三壽 17 垍(徇)寶(句)傑(遏)怪(淫)

～，從"土"，"旬"聲，"均"字異體。

清華三·說命中 04 "覞垍"，讀爲"瞑眩"，指用藥後產生的頭暈目眩的強烈反應。《書·說命上》："若藥弗瞑眩，厥疾弗瘳。"孔穎達疏："瞑眩者，令人憤悶之意也。"《國語·楚語上》作"若藥不瞑眩，厥疾不瘳"。

清華三·芮良夫 09 "和垍"，讀爲"和均"，協調，諧和。應劭《風俗通義·正失》："和均五聲，以通八風。"

清華三·芮良夫 09 "垍"，讀爲"均"，調和。《詩·小雅·皇皇者華》："六轡既均。"毛傳："均，調也。"

清華五·三壽 17 "垍"，讀爲"徇"。《左傳·文公十一年》："國人弗徇。"杜預注："徇，順也。"

端紐丩聲

真

清華五·厚父 06 真(顛)復(覆)氒(厥)悳(德)

清華五·畬門 18 是胃(謂)陞(地)真

《說文・匕部》:"真,僊人變形而登天也。从匕、从目、从乚。八,所乘載也。𠤳,古文真。"

清華五・厚父 06"真覆",讀爲"顛覆",顛倒失序。《書・胤征》:"惟時羲和,顛覆厥德,沈亂于酒,畔官離次。"孔穎達疏:"惟是羲和顛倒其奉上之德,而沈没昏亂於酒。"《墨子・非儒下》:"顛覆上下,悖逆父母。"

清華五・筮門 18"地真",疑即地祇。

𦣝(顛)

 清華三・良臣 03 又(有)(泰)𦣝(顛)

～,从"臼","真"聲,"顛"之異體。

清華三・良臣 03"泰顛",見《書・君奭》:"惟文王尚克修和我有夏;亦惟有若虢叔,有若閎夭,有若散宜生,有若泰顛,有若南宫括。"《説苑・君道》:"文王以王季爲父,以太任爲母,以太姒爲妃,以武王、周公爲子,以泰顛、閎夭爲臣,其本美矣。"《漢書・古今人表》作"大顛"。

㥒

 清華五・厚父 07 迺弗㥒(慎)氒(厥)悳(德)

清華五・厚父 10 㥒(慎)祣(肆)祀

～,从"心","折"聲,"慎"之異體。

清華五・厚父 07"㥒氒悳",讀爲"慎厥德",注重道德修養。《書・五子之歌》:"弗慎厥德,雖悔可追?"《周禮・地官・大司徒》:"以賢制爵,則民慎德。"《淮南子・繆稱》:"慎德大矣,一人小矣,能善小斯能善大矣。"

清華五・厚父 10"㥒祣祀",讀爲"慎肆祀"。《墨子・明鬼下》:"諸侯傳而語之曰:'諸不敬慎祭祀者,鬼神之誅,至若此其憯遨也!'"

訡

　　清華六·管仲 10 訡(慎)四再(稱)

　　清華八·邦道 22 訡(順)舟航

～,與💬(上博一·緇 9)、💬(上博三·中 23)、💬(上博三·中 23)、💬(上博六·孔 21)同,從"言","斦"聲。所從"🅱"是"申"之變體,是聲符。

清華六·管仲 10"訡",讀爲"慎",謹慎,慎重。《易·頤》:"君子以慎言語,節飲食。"孔穎達疏:"故君子觀此頤象,以謹慎言語,裁節飲食。"

清華八·邦道 22"訡",讀爲"順"。《說文·頁部》:"順,理也。"一說讀爲"慎"。

諐

　　清華八·邦道 13 備(服)母(毋)諐(慎)甚敚(美)

　　清華八·邦道 16 不可不諐(慎)

～,與💬(上博一·孔 28)同,從"心","斦"聲,"慎"字繁體。

清華八·邦道 13"諐",讀爲"慎"。《廣雅·釋詁》:"慎,憂也。"

清華八·邦道 16"不可不諐",讀爲"不可不慎"。《禮記·文王世子》:"是故,養世子不可不慎也。"

竀

　　清華八·邦道 13 古(故)母(毋)竀(慎)甚(勤)

清華八·邦道 13 飤（食）母（毋）窴（慎）甚慾

～，从"宀"，"訢"聲。

清華八·邦道 13 "窴"，讀爲"慎"，參上。

訢

 清華六·孺子 13 女（汝）訢（慎）𨂵（重）君嬎（葬）而舊（久）之於上三月

～，與 、、 同，从"言"，"折"聲，讀爲"慎"。或釋爲"誓"，讀爲"慎"。或釋爲"質"。

清華六·孺子 13 "訢"，讀爲"慎"，謹慎，慎重。

慗

 清華一·尹至 04 湯眔（盟）慗（誓）返（及）尹

 清華三·琴舞 04 夫明思慗（慎）

 清華六·管仲 23 好史（使）年（佞）人而不訐（信）慗（慎）良

～，與 、、 同，从"心"，"訢"聲，"慎"字繁體。

清華一·尹至 04 "眔慗"，讀爲"盟誓"，結盟立誓。《國語·魯語上》："夫爲四鄰之援，結諸侯之信，重之以婚姻，申之以盟誓。"《荀子·富國》："事之以貨寶，則貨寶單而交不結；約信盟誓，則約定而畔無日。"簡文"湯盟誓及尹"，即湯及尹盟誓，倒裝句。《呂氏春秋·慎大》："湯與伊尹盟，以示必滅夏。"

清華三·琴舞 04 "明思慗"，讀爲"明思慎"，即"明慎"，明察審慎。《易·

旅》:"君子以明慎用刑,而不留獄。"

清華六·管仲23"慭良",讀爲"慎良",謹慎、善之意,見蔡侯申盤(《集成》10171)"聰介慎良"。或讀爲"貞良"。(吳祺)

遮

    清華三·琴舞05 思遮(慎)

~,從"辵","斳"聲。
清華三·琴舞05"遮",讀爲"慎",謹慎,慎重。

餂

    清華五·湯丘15 飤(食)時不旨(嗜)餂

~,從"皀","舎"聲,"飻"字異體。《説文·食部》:"飻,貪也。從食,殄省聲。《春秋傳》曰:'謂之饕飻。'""飻"與"餮"同。(許可)

清華五·湯丘15"飤時不旨餂",讀爲"食時不嗜飻",吃飯時不貪吃。"飻",貪食。《左傳·文公十八年》:"謂之'饕餮'。"杜預注:"貪食爲餮。"

透紐天聲

天

    清華一·尹至03 見章于天

   清華一·尹誥01 尹念天之敗(敗)西邑顓(夏)

     清華一·程寤05 女(如)天隆(降)疾

清華一·金縢 09 天疾風以雷

清華一·金縢 12 今皇天躗(動)亞(威)

清華一·金縢 13 天反風

清華一·皇門 04 王用能承天之魯命

清華一·皇門 06 䇂(咸)祀天神

清華一·皇門 12 天用弗雬(保)

清華一·祭公 01 訡(旻)天疾畏(威)

清華一·祭公 02 余畏天之复(作)畏(威)

清華一·祭公 03 天子

清華一·祭公 5 甬(用)纏(膺)受天之命

清華一·祭公 10 敢辠(告)天子

清華一·祭公 10 皇天改大邦壓(殷)之命

清華一·祭公 11 隹（惟）天奠（定）我文王之志

清華一·祭公 12 天子

清華一·祭公 14 天子

清華一·祭公 15 天子

清華一·祭公 17 天子

清華一·祭公 20 天子

清華一·楚居 03 妣隗賓于天

清華二·繫年 001 以鐴（登）祀帝=（上帝）天神

清華二·繫年 002 尃（敷）政天下

清華二·繫年 089 爾（弭）天下之虢（甲）兵

清華二·繫年 097 爾（弭）天下之虢（甲）兵

清華三·說命上 01 隹（惟）䈞（殷）王賜敓（說）于天

清華三·説命上 04 天廼命敓（説）伐逹（失）审（仲）

清華三·説命中 04 若天䨍（旱）

清華三·説命中 05 夋（且）天出不訸（祥）

清華三·説命下 02 經悳（德）配天

清華三·説命下 05 女（汝）亦隹（惟）克㬎（顯）天

清華三·説命下 08 天章之甬（用）九悳（德）

清華三·説命下 09 余罔紁（墜）天休

清華三·説命下 09 余隹（惟）弗迲（雍）天之叚（嘏）命

清華三·琴舞 02 天隹（惟）㬎（顯）帀

清華三·琴舞 06 非天謚（廞）悳（德）

清華三·琴舞 08 皇天之釭（功）

清華三·琴舞 09 天多隆（降）悳（德）

清華三·琴舞 11 靊(對)天之不易

清華三·琴舞 13 畏天之載

清華三·芮良夫 02 天猷畏矣

清華三·芮良夫 03 龏(恭)天之畏(威)

清華三·芮良夫 06 畏天之隆(降)載(災)

清華三·芮良夫 10 母(毋)濭(害)天棠(常)

清華三·芮良夫 15 天猷畏矣

清華三·芮良夫 18 天之所鼙(壞)

清華三·芮良夫 19 天之所枳(支)

清華三·芮良夫 21 此隹(惟)天所建

清華三·芮良夫 25 則畏天之發幾(機)

清華三·赤鵠 10 我天啻(巫)

 清華三·赤鵠 10 女（如）尔天晉（巫）

 清華四·筮法 49 監天

 清華四·筮法 49 炅日天

 清華四·筮法 51 夫天之道

 清華四·筮法 54 五象爲天

 清華五·厚父 03 智（知）天之鬼（威）戈（哉）

 清華五·厚父 03 隹（惟）天乃永保顕（夏）邑

 清華五·厚父 03 迺嚴禋鬼（畏）皇天上帝之命

 清華五·厚父 04 天則弗臭（斁）

 清華五·厚父 05 天子

 清華五·厚父 05 古天降下民

清華五·厚父 06 天迺弗若（赦）

清華五·厚父 07 咸天之臣民

清華五·厚父 08 念乃高且(祖)克畫(憲)皇天之政工(功)

清華五·厚父 09 天子

清華五·厚父 09 天命不可漗(忱)

清華五·厚父 12 曰天龕(監)司民

清華五·封許 02 雩(越)才(在)天下

清華五·封許 02 古(故)天蓳(勸)之乍〈亡〉臭(斁)

清華五·封許 03 嚴塑(將)天命

清華五·命訓 05 達道=(道道)天以正人

清華五·命訓 05 道天莫女(如)亡(無)亟(極)

清華五·命訓 05 道天又(有)亟(極)則不椉(威)

清華五·命訓 06 夫明王邵(昭)天訐(信)人以尺(度)攻(功)

清華五·命訓 06 事（使）䛧=（信人）畏（畏）天

清華五·命訓 06 夫天道三

清華五·命訓 07 天又（有）命

清華五·命訓 07 以人之偟（恥）尚（當）天之命

清華五·命訓 07 以亓（其）market（黼）冒（冕）當天之福

清華五·命訓 07 以亓（其）斧戊（鉞）尚（當）天之稰（禍）

清華五·命訓 10 天古（故）卲（昭）命以命力〈之〉曰

清華五·湯丘 04 君天王

清華五·湯丘 10 君天王之言也

清華五·湯丘 11 女（如）幸余閲（閒）於天畏（威）

清華五·湯丘 14 句（后）古（固）共（恭）天畏（威）

清華五·啻門 03 可（何）以成天

清華五·啇門 03 幾言成天

清華五·啇門 04 九以成天

清華五·啇門 19 夫九以成天

清華五·啇門 21 亦佳(惟)天道

清華五·啇門 21 天尹

清華五·三壽 09 我思天風

清華五·三壽 14 䎽(聞)天之棠(常)

清華五·三壽 15 鬲(厤)象天寺(時)

清華五·三壽 21 而天目母(毋)㫃(眯)

清華五·三壽 22 天下瘇(甄)禹(稱)

清華五·三壽 26 天罰是加

清華五·三壽 28 天㝎(顧)返(復)止甬(用)休

清華六·管仲 14 天子之明者

清華六·管仲 16 嚳(舊)天下之邦君

清華六·管仲 18 以正天下

清華六·管仲 25 天下又(有)亓(其)幾(機)

清華六·太伯甲 02 今天爲不惠

清華六·太伯甲 03 所天不豫(舍)白(伯)父

清華六·太伯甲 09 殹(抑)天也

清華六·太伯乙 02 今天爲不惠

清華六·太伯乙 02 所天不豫(舍)白(伯)父

清華六·太伯乙 08 殹(抑)天也

清華六·子産 10 旻(得)民天央(殃)不至

清華六·子産 13 又(有)以龠(答)天

清華六·子產 14 以成名於天下者

清華六·子產 24 乃㤅（迹）天墜（地）

清華六·子產 29 天墜（地）

清華七·子犯 03 以即（節）中於天

清華七·子犯 07 天豐（亡）愳（謀）禍（禍）於公子

清華七·子犯 07 訐（信）天

清華七·子犯 14 天下之君子

清華七·越公 02 不天

清華七·越公 03 虗（吾）君天王

清華七·越公 05 交（邀）天墜（地）之福

清華七·越公 05 母（毋）䌛（絕）雩（越）邦之命于天下

清華七·越公 07 余亓（其）必歔（滅）䌛（絕）雩（越）邦之命于天下

清華七·越公 10 天不奶（仍）賜吳於雩（越）邦之利

清華七·越公 12 天賜中（衷）于吳

清華七·越公 13 天命反仄（側）

清華七·越公 70 今吳邦不天

清華七·越公 71 昔天以雩（越）邦賜吳

清華七·越公 71 今天以吳邦

清華七·越公 72 天以吳土賜雩（越）

清華七·越公 74 天加褙（禍）于吳邦

清華七·越公 75 孤余糸（奚）面目以視于天下

清華八·處位 01 竝（傾）仄（側）亓（其）天命

清華八·邦道 05 皮（彼）天下之氞（銳）士

清華八·邦道 18 皮（彼）天下亡（無）又（有）閖（閒）民

清華八·心中 04 幸，天

清華八·心中 04 必心與天兩事女（焉）

清華八·心中 05 靳（斷）命才（在）天

清華八·心中 05 人又（有）天命

清華八·心中 06 死生才（在）天

清華八·心中 06 畏（鬼）與天

清華八·天下 01 天下之道弌（二）而改（已）

清華八·天下 02 昔天下之戰（守）者

～，與（上博四·昭 9）、（上博三·周 23）、（上博五·三 17）同。《説文·一部》："天，顛也。至高無上，从一、大。"

清華一·尹至 03"見章于天"，《詩·大雅·棫樸》："倬彼雲漢，爲章于天。"

清華一·尹誥 01"尹念天之敗西邑顕"，讀爲"尹念天之敗西邑夏"。《左傳·成公十六年》："天敗楚也夫！余不可以待。"

清華一·程寤 05"女天隆疾"，讀爲"如天降疾"。《書·顧命》："今天降疾殆，弗興弗悟。"

清華一·金縢 09"天疾風以雷"，今本《書·金縢》作"天大雷電以風，禾盡偃"。

清華一·金縢12"今皇天運（動）罡（威）"，今本《書·金縢》作"今天動威"。

清華一·金縢13"天反風"，今本《書·金縢》作"天乃雨，反風，禾則盡起"。

清華一·皇門04"王用能承天之魯命"，《儀禮·士冠禮》："承天之休，壽考不忘。"

清華一·皇門06、清華二·繫年001"天神"，指天上諸神，包括主宰宇宙之神及主司日月、星辰、風雨、生命等神。《淮南子·天文》："天神之貴者，莫貴於青龍。"

清華一·皇門12"天用弗窋（保）"，今本《逸周書·皇門》作"天用弗保"。

清華一·祭公01"訡天疾畏"，讀爲"旻天疾威"，見《詩·小雅·小旻》。又毛公鼎（《集成》02841）作"取（旻）天疾畏（威）"。

清華一·祭公02"余畏天之复畏"，讀爲"余畏天之作威"。《詩·周頌·我將》："我其夙夜，畏天之威，于時保之。"

清華一·祭公，清華五·厚父05、09"天子"，古以君權爲神授，君主秉承天意治理人民，故稱天子。《禮記·曲禮下》："君天下曰天子。"《禮記·曲禮下》："天子祭天地，祭四方，祭山川，祭五祀，歲徧。"

清華一·祭公05"纏受天之命"，讀爲"膺受天之命"。毛公鼎（《集成》02841）作"膺受大命"，大盂鼎（《集成》02837）作"不（丕）顯文王受天有大命"。《書·咸有一德》："克享天心，受天明命，以有九有之師，爰革夏正。"

清華一·祭公10、清華三·琴舞08、清華五·厚父08"皇天"，對天及天神的尊稱。《書·大禹謨》："皇天眷命，奄有四海，爲天下君。"《楚辭·離騷》："皇天無私阿兮，覽民德焉錯輔。"

清華一·祭公11"隹（惟）天奠我文王之志"，今本《逸周書·祭公》作"維天貞文王之重用威"。

清華一·楚居03"賓于天"，上爲天帝之賓。《山海經·大荒西經》："（夏后）開上三嬪于天，得九辯與九歌以下。"

清華三·説命上01"隹殹王賜敓于天"，讀爲"惟殷王賜説于天"，武丁受天之賜。

清華三·説命中04"若天罩"，讀爲"若天旱"。《國語·楚語上》："若天旱，用女作霖雨。"

清華三·説命中05"叀天出不恙"，讀爲"且天出不祥"。《國語·周語中》："佻天不祥，乘人不義。不祥則天棄之，不義則民叛之。"

清華三·説命下02"配天"，與天相比併。《書·君奭》："故殷禮陟配天，多歷年所。"蔡沈《集傳》:"故殷先王終以德配天,而享國長久也。"《禮記·中庸》:"高明配天。"孔穎達疏:"言聖人功業高明,配偶於天,與天同功,能覆物也。"

清華三·說命下 05"女亦隹克𤇆天",讀爲"汝亦惟克顯天"。《書·康誥》:"矧曰其尚顯聞于天。"《多士》:"誕罔顯于天。"

清華三·說命下 08"天章之甬九悳",讀爲"天章之用九德"。《論衡·感類》:"天彰周公之功,令成王以天子禮葬,何不令成王號周公以周王,副天子之禮乎?"

清華三·說命下 09"天休",天賜福佑。《書·湯誥》:"凡我造邦,無從匪彝,無即慆淫,各守爾典,以承天休。"《左傳·宣公三年》:"故民入川澤山林,不逢不若。螭魅罔兩,莫能逢之。用能協于上下,以承天休。"杜預注:"民無災害,則上下和而受天祐。"

清華三·說命下 09"余隹弗𫝶天之叚命",讀爲"余惟弗雍天之嘏命"。《詩·周頌·維天之命》:"維天之命,於穆不已。"

清華三·琴舞 02"天隹𤇆帀",讀爲"天惟顯帀"。《左傳·僖公二十二年》:"天惟顯思,命不易哉!"

清華三·琴舞 09"天多隆悳",讀爲"天多降德"。《詩·大雅·蕩》:"天降滔德,女興是力。"

清華三·琴舞 11"天之不易",《書·大誥》:"爾亦不知天命不易。"《君奭》:"不知天命不易。"

清華三·琴舞 13"畏天之載",《詩·大雅·文王》:"上天之載,無聲無臭。"毛傳:"載,事。"

清華三·芮良夫 03"龏天之畏",讀爲"恭天之威"。《書·武成》:"恭天成命,肆予東征,綏厥士女。"

清華三·芮良夫 06"畏天之隆載",讀爲"畏天之降災"。《書·伊訓》:"于其子孫弗率,皇天降災。"

清華三·芮良夫 10"母𤴤天棠",讀爲"毋害天常"。《左傳·文公十八年》:"顓頊有不才子,不可教訓,不知話言,告之則頑,舍之則嚚,傲很明德,以亂天常。""天常",指天之常道。

清華三·芮良夫 18"天之所欁",讀爲"天之所壞"。《左傳·定公元年》:"天之所壞,不可支也。"

清華三·芮良夫 19"天之所枳",讀爲"天之所支"。《國語·周語下》記衛彪傒見單穆公時云:"《周詩》有之曰:'天之所支,不可壞也。其所壞,亦不可支

2419

也。'昔武王克殷而作此詩也,以爲飲歌,名之曰'支'。"

清華三·赤鵠10"天啻",即"天巫"。

清華四·筮法49"監天",疑即《淮南子·天文》的炎天。

清華四·筮法49"昊日,天","天"字上有脫字,疑原作"昊天",因與上"昊"字形近而誤。"昊天"見《淮南子·天文》。

清華四·筮法51"夫天之道",《老子·德經》:"天之道,不爭而善勝,不言而善應,不召而自來,繟然而善謀。"

清華五·厚父03"智天之鬼戈",讀爲"知天之威哉"。大盂鼎(《集成》02837):"畏天畏。"《詩·周頌·我將》:"畏天之威。"《書·皋陶謨》:"天明畏。"《釋文》:"馬本畏作威。"

清華五·厚父03"廼嚴禋鬼皇天上帝之命",讀爲"廼嚴寅畏皇天上帝之命"。《書·無逸》:"嚴恭寅畏天命。"又秦公簋(《集成》04315)作"嚴恭寅天命"。

清華五·厚父04"天則弗臭",讀爲"天則弗斁"。毛公鼎(《集成》02841):"肆皇天亡臭。"

清華五·厚父05"古天降下民",《孟子·梁惠王下》:"《書》曰:'天降下民,作之君,作之師,惟曰其助上帝寵之。四方有罪無罪,惟我在,天下曷敢有越厥志?'"

清華五·厚父12"曰天貪司民",讀爲"曰天監司民"。《書·高宗肜日》:"惟天監下民。"

清華五·封許02"古天蓳之乍臭",讀爲"故天勸之亡斁"。毛公鼎(《集成》02841)"肆皇天亡臭"。

清華五·命訓05"達道=(道道)天以正人",《禮記·中庸》:"和也者,天下之達道也。"今本《逸周書·命訓》作"通道通天以正人"。

清華五·命訓05"道天莫女(如)亡(無)亟(極)",今本《逸周書·命訓》作"道天莫如無極"。

清華五·命訓05"道天又(有)亟(極)則不禀(威)",今本《逸周書·命訓》作"道天有極則不威"。

清華五·命訓06"夫明王卲(昭)天訐(信)人以尼(度)攻(功)",今本《逸周書·命訓》作"明王昭天信人以度"。

清華五·命訓06"事(使)唇=(信人)禀(畏)天",今本《逸周書·命訓》作"使信人畏天"。

清華五·命訓06"夫天道三，天又（有）命"，今本《逸周書·命訓》作"夫天道三，人道三。天有命，有禍，有福。人有醜，有絻絻，有斧鉞"。

清華五·命訓07"以人之佴（恥）尚（當）天之命"，今本《逸周書·命訓》作"以人之醜當天之命"。

清華五·命訓07"以亓（其）市（黼）冒（冕）尚（當）天之福"，今本《逸周書·命訓》作"以絻絻當天之福"。

清華五·命訓07"以亓（其）斧戉（鉞）尚（當）天之禍（禍）"，今本《逸周書·命訓》作"以斧鉞當天之禍"。

清華五·命訓10"天古（故）卲（昭）命以命力〈之〉曰"，今本《逸周書·命訓》作"明王是故昭命以命之"。

清華五·湯丘04、10，清華七·越公03"天王"，本指天子。《春秋·隱公元年》："秋七月，天王使宰咺來歸惠公仲子之賵。"孔穎達疏："天王，周平王也。"又指大王。《國語·吳語》"昔者越國見禍，得罪於天王"，俞樾曰："天王猶大王也。"

清華五·湯丘11"閱於天畏"，讀爲"關於天威"。伐夏是由於上天對夏后的懲罰。

清華五·湯丘14"句古共天畏"，讀爲"后固恭天威"。"天威"，上天的威嚴，上天的威怒。《書·君奭》："我亦不敢寧于上帝命，弗永遠念天威。"

清華五·啻門03、04、19"成天"，成爲天。

清華五·啻門21"天道"，猶天理、天意。《易·謙》："謙亨，天道下濟而光明。"《書·湯誥》："天道福善禍淫，降災于夏。"

清華五·啻門21"天尹"，天賜之尹，指伊尹。商人有天賜良臣的觀念，清華簡《傅說之命》"唯殷王賜說于天"與此相類。

清華五·三壽09"我思天風"，《史記·呂太后本紀》："產走，天風大起，以故其從官亂，莫敢鬭。"

清華五·三壽14"天之裳"，讀爲"天之常"。《荀子·天論》："天有常道。"

清華五·三壽15"天時"，天道運行的規律。《易·乾》："先天而天弗違，後天而奉天時。"

清華六·太伯甲02"今天爲不惠"，《詩·小雅·節南山》："昊天不惠，降此大戾。"

清華六·子產10"天央"，讀爲"天殃"，天降的禍殃。《禮記·月令》："（孟春之月）是月也，不可以稱兵。稱兵，必天殃。"董仲舒《春秋繁露·郊語》："由是觀之,天殃與上罰所以別者,闇與顯耳。"

清華七·越公 02、70"不天",不爲天所佑助。《左傳·宣公十二年》:"鄭伯肉袒牽羊以逆,曰:'孤不天,不能事君,使君懷怒,以及敝邑,孤之罪也。'"杜預注:"不天,不爲天所佑。"

清華七·越公 12"天賜中于吳",讀爲"天賜衷于吳",上天賜給吳吉祥。

清華七·越公 13"天命反昃(側)"、清華八·處位 01"虛(傾)昃(側)亓(其)天命",《楚辭·天問》:"天命反側,何罰何佑?""天命",指上天之意旨;由天主宰的命運。《書·盤庚上》:"先王有服,恪謹天命。"

清華五·厚父 09、清華五·封許 03、清華八·心中 05"天命",參上。

清華七·越公 71"昔天以雩邦賜吳",讀爲"昔天以越邦賜吳"。《國語·吳語》:"昔天以越賜吳,而吳不受。"

清華七·越公 72"天以吳土賜雩",讀爲"天以吳土賜越"。《國語·吳語》:"天以吳賜越,孤不敢不受。"

清華七·越公 74"天加禍于吳邦",讀爲"天加禍于吳邦"。《國語·吳語》:"天既降禍於吳國。"

清華七·越公 75"孤余緊面目以視于天下",讀爲"孤余冥面目以視于天下"。《國語·吳語》:"凡吳土地人民,越既有之矣,孤何以視於天下!"

清華八·心中 04"必心與天兩事女",讀爲"必心與天兩事焉"。《孟子·盡心上》:"盡其心者,知其性也。知其性,則知天矣。存其心,養其性,所以事天也。"

清華八·心中 05"剸命才天",讀爲"斷命在天"。《書·盤庚上》:"今不承于古,罔知天之斷命。"

清華八·心中 06"死生才(在)天",《論語·顏淵》:"商聞之矣,死生有命,富貴在天。"

清華八·心中 06"畏與天",讀爲"鬼與天"。

清華"天下",多指中國範圍內的全部土地,全國。《書·顧命》:"燮和天下,用答揚文、武之光訓。"《禮記·樂記》:"揖讓而治天下者,禮樂之謂也。"

清華"天地",天和地。指自然界或社會。《書·泰誓上》:"惟天地萬物父母,惟人萬物之靈。"《禮記·王制》:"天子祭天地,諸侯祭社稷,大夫祭五祀。"

透紐申聲

申

清華二·繫年 020 立惪(戴)公申

清華四·筮法 54 寅申

清華四·筮法 54 寅申

清華八·攝命 32 隹(唯)九月既望壬申

～，與（上博二·容成氏 53）同。《說文·申部》："申，神也。七月，陰氣成，體自申束。从臼，自持也。吏臣餔時聽事，申旦政也。凡申之屬皆从申。，古文申。昌，籀文申。"

清華二·繫年 020"惪公申"，讀爲"戴公申"。《史記·衛康叔世家》："卒滅惠公之後而更立黔牟之弟昭伯頑之子申爲君，是爲戴公。戴公申元年卒。"

清華四·筮法 54"寅申"，"寅申"配"一"，"一"當爲"七"。（廖名春）天水放馬灘秦簡《日書乙》182"寅七火"、188"申七水"。

清華八·攝命 32"隹(唯)九月既望壬申"，《左傳·成公二年》："六月壬申，師至於靡笄之下。"

神

清華一·程寤 03 攻于商神

清華一·金縢 04 能事鬼(鬼)神

清華一·皇門 05 先₌(先人)神示(祇)遡(復)式〈式〉用休

清華一·皇門 06 笅(咸)祀天神

清華二·繫年 001 以鐙(登)祀帝₌(上帝)天神

清華五·厚父 02 兹咸又(有)神

清華五·厚父 13 隹(惟)神之卿(饗)

清華五·菅門 11 唯皮(彼)四神

清華五·菅門 18 唯皮(彼)九神

清華五·菅門 20 唯皮(彼)九神

清華五·三壽 14 舋(祇)神之明

清華五·三壽 16 冒神之福

清華五·三壽 18 憙(喜)神而履(禮)人

清華五·三壽 19 龏(恭)神以敬

清華五·三壽 20 神民莫責

清華五·三壽 26 返（急）利嚚神慕（莫）鞏（恭）而不募（顧）于迖（後）

清華五·三壽 26 神民並盇（尤）而九（仇）悁（怨）所聚

清華五·三壽 28 鞏（恭）神袋（勞）民

清華六·子產 13 能同（通）於神

清華七·子犯 11 昔者成湯以神事山川

清華八·邦政 05 亓（其）鬽（鬼）神募（寡）

清華八·邦政 08 亓（其）鬽（鬼）神庶多

～，與 （上博三·亙 4）、 （上博四·柬 6）同。《説文·示部》："神，天神，引出萬物者也。从示、申。"

清華一·程寤 03 "商神"，殷商之神。恐其作祟，故責之。

清華一·皇門 05 "神示"，讀爲"神祇"，天神與地神。《書·湯誥》："爾萬方百姓，罹其凶害，弗忍荼毒，並告無辜於上下神祇。"僞孔傳："並告無罪稱冤訴天地。"《史記·宋微子世家》："今殷民乃陋淫神祇之祀。"裴駰《集解》引馬融曰："天曰神，地曰祇。"

清華一·皇門 06 "岁（咸）祀天神"，今本《逸周書·皇門》作"咸祀天神"。

清華二·繫年 001 作"以燓（登）祀帝＝（上帝）天神"。"天神"，指天上諸神,包括主宰宇宙之神及主司日月、星辰、風雨、生命等神。《淮南子·天文》:"天神之貴者,莫貴於青龍。"

清華五·厚父02"神",《書·盤庚中》:"予念我先神后之勞爾先。"孔穎達疏:"神者,言其通聖。"《淮南子·兵略》:"知人所不知謂之神。"

清華五·厚父13"隹神之卿",讀爲"惟神之饗",用"之"將賓語"神"提前。神鬼享用祭品。《詩·小雅·楚茨》:"先祖是皇,神保是饗。"鄭箋:"其鬼神又安而享其祭祀。"《國語·周語上》:"神饗而民聽。"

清華五·筲門11"四神",楚帛書中四神各有名稱,分別與青、赤、黄、墨四色相配,彼此相代以成四時,當是另外神系。

清華五·筲門18"九神",指九地之神。

清華五·筲門20"九神",指九天之神。《楚辭·九歎·遠游》:"徵九神於回極兮,建虹采以招指。"王逸注:"言己乃召九天之神,使會北極之星。"

清華五·三壽14"晳神之明",讀爲"祗神之明"。"神明",天地間一切神靈的總稱。《易·繫辭下》:"陰陽合德,而剛柔有體,以體天地之撰,以通神明之德。"孔穎達疏:"萬物變化,或生或成,是神明之德。"《孝經·感應》:"天地明察,神明彰矣。"唐玄宗注:"事天地能明察,則神感至誠而降福佑,故曰彰也。"

清華五·三壽16"冒神之福",《顏氏家訓·名實》:"忘名者,體道合德,享鬼神之福祐,非所以求名也。""冒",義同"蒙"。

清華五·三壽18"惪神而履人",讀爲"喜神而禮人"。

清華五·三壽19、28"龏神",讀爲"恭神",敬神。

清華五·三壽20、26"神民",上神與下民。《國語·楚語下》:"於是乎有天地神民類物之官,是謂五官,各司其序,不相亂也。"《漢書·郊祀志上》:"故有神民之官,各司其序,不相亂也。"

清華五·三壽26"嚻神",指在神前喧嘩不敬。

清華七·子犯11"神事",《國語·魯語下》:"天子及諸侯合民事於外朝,合神事於内朝。"韋昭注:"神事,祭祀也。"《管子·侈靡》"以時事天,以天事神,以神事鬼",用法與此相類。

清華一·金縢04、清華八·邦政05、清華八·邦政08"鬼神",即"鬼神",鬼與神的合稱,泛指神靈、精氣。《易·謙》:"鬼神害盈而福謙,人道惡盈而好謙。"《史記·五帝本紀》:"曆日月而迎送之,明鬼神而敬事之。"張守節《正義》:"天神曰神,人神曰鬼。又云聖人之精氣謂之神,賢人之精氣謂之鬼。"

戬

　　清華一·祭公04 复(作)戬(陳)周邦

　　清華五·三壽15 戬(申)豊(禮)懇(勸)悓(規)

　　清華八·天下06 昔三王之所胃(謂)戬(陳)者

　　清華八·天下06 非戬(陳)亓(其)車徒

　　清華八·天下06 亓(其)民心是戬(陳)

～，與 同，从"戈"，"申"聲，軍陳之"陳"的專字。

清華一·祭公04"复戬周邦"，今本《逸周書·祭公》"作陳周"。"戬"，即"陳"。《周禮·天官·內宰》："陳其貨賄。"鄭玄注："陳，猶處也。"

清華五·三壽15"戬"，讀爲"申"，申誡，告誡。《書·多士》："今予惟不爾殺，予惟時命有申。"孔傳："所以徙汝，是我不欲殺汝，故惟是教命申戒之。"《荀子·正名》："故明君臨之以埶，道之以道，申之以命，章之以論，禁之以刑。"

清華八·天下06"戬"，即"陳"，名詞，軍伍行列，戰鬥隊形。《論語·衛靈公》："衛靈公問陳於孔子。"朱熹《集注》："陳謂軍師行伍之列。"

清華八·天下06"戬"，即"陳"，動詞，列陣，布陣。《國語·晉語六》："楚半陣，公使擊之。"酈道元《水經注·濰水》："昔韓信與楚將龍且，夾濰水而陣於此。"

紳

　　清華三·説命上02 紳(引)弹(關)辟矢

～，與(上博一・孔2)同。《説文・糸部》："紳，大帶也。从糸，申聲。"

清華三・説命上02"紳"，讀爲"引"，長也。《爾雅・釋詁》："引，長也。"

阤

 清華三・良臣04 又(有)君阤(陳)

清華七・越公07 君乃阤(陳)吴甲□

～，从"阜"，"申"聲，與《説文・自部》"陳"字古文同。

清華三・良臣04"君阤"，即君陳。《書・君陳序》："周公既没，命君陳分正東郊成周，作《君陳》。"《禮記・檀弓上》孔疏引鄭玄《詩譜》云"君陳"爲周公之子、伯禽之弟。

清華七・越公07"阤"，即"陳"，陳列。

透紐身聲歸人聲

定紐引聲

引

 清華一・程寤06 徒庶言述，引(矧)又勿亡猷(秋)明武禕(威)

 清華三・祝辭03 引虞(且)言之

清華三・祝辭04 引虞(且)言之

 清華三・祝辭05 引虞(且)言之

清華五·厚父 11 引(矧)其能丁(貞)良于吝(友)人

清華八·攝命 08 引(矧)行劈(墮)敬茅(懋)

清華八·攝命 18 引(矧)女(汝)隹(唯)子

清華八·攝命 23 是亦引休

清華八·攝命 24 女(汝)亦引母(毋)好₌(好好)

《說文·弓部》:"引,開弓也。从弓、丨。"

清華一·程寤 06"引",讀爲"矧",義同又,見楊樹達《詞詮》卷五。

清華三·祝辭 03、04、05"引虔言之",讀爲"引且言之",拉弓並説出具體祝辭。

清華五·厚父 11"引(矧)其能丁(貞)良于吝(友)人"之"引",讀爲"矧"。《書·康誥》:"矧惟不孝不友。"

清華八·攝命 18"引女隹子",讀爲"矧汝唯子"。毛公鼎(《集成》02841)言小大政"引唯乃智,余非庸有聞",謂小大事當總聽於汝毛公,我非庸有聞。

清華八·攝命 23"引",延長,延續。《詩·小雅·楚茨》:"子子孫孫,勿替引之。"孔傳:"引,長也。"

定紐田聲

田

清華一·尹誥 04 亓(其)又(有)顥(夏)之[金]玉田邑

清華二·繫年 072 以鞔骼玉笒(爵)與臺(淳)于之田

清華二·繫年 120 以建昜(陽)、邱陵之田

 清華六·管仲 27 田墬(地)窒(壙)虛

《說文·田部》:"田,陳也。樹穀曰田。象四口。十,阡陌之制也。凡田之屬皆从田。"

清華一·尹誥 04"田邑",田野與都邑。《楚辭·大招》:"田邑千畛,人阜昌只。"王逸注:"田,野也……邑,都邑也。"

清華二·繫年 072"以鶉觳玉笫(爵)與臺(淳)于之田",《左傳·成公二年》:"齊侯使賓媚人(即國佐)賂以紀甗、玉磬與地。"

清華二·繫年 120"以建昜(陽)、邱陵之田",參《左傳·隱公十一年》:"王取鄔、劉、蒍、邗之田于鄭,而與鄭人蘇忿生之田溫、原、絺、樊、隰郕、攢茅、向、盟、州、陘、隤、懷。"

清華六·管仲 27"田墬",即"田地",耕種用的土地。《史記·蕭相國世家》:"今君胡不多買田地,賤貰貸以自汙?"《墨子·耕柱》:"楚四竟之田,曠蕪而不可勝辟。"

畋

 清華二·繫年 004 洹(宣)王是訂(始)弃(棄)帝皮(籍)弗畋(田)

 清華二·繫年 124 宋公畋(田)

 清華二·繫年 126 宋公畋(田)

～,與 (上博三·周 8)同。《說文·支部》:"畋,平田也。从攴、田。《周書》曰:'畋尔田。'"

清華二·繫年 004"洹王是訂弃帝皮弗畋",讀爲"宣王是始棄帝籍弗田"。

《國語·周語上》:"宣王即位,不籍千畝。"韋昭注:"自厲王之流,籍田禮廢,宣王即位,不復遵古也。""田",耕種。《管子·七臣七主》:"夫男不田,女不績,工技力於無用,而欲土地之毛,倉庫滿實,不可得也。"

清華二·繫年124、126"宋公畋",讀爲"宋公田",即宋休公田,悼公之子。《史記·宋微子世家》:"悼公八年卒,子休公田立。"

繡

清華二·繫年005 周幽王取(娶)妻于西繡(申)

清華二·繫年006 坪(平)王走西繡(申)

清華二·繫年006 回(圍)坪(平)王于西繡(申)

清華二·繫年040 戠(止)繡(申)公子義(儀)以歸

清華二·繫年048 女(焉)繁(脱)繡(申)公義(儀)

清華二·繫年057 繡(申)公弔(叔)侯智(知)之

清華二·繫年075 王命繡(申)公屈晋(巫)迅(適)秦求自(師)

清華二·繫年076 取亓(其)室以夋(予)繡(申)公

清華二·繫年077 司馬子反與繡(申)公爭少孟(孟)

清華二·繫年 078 繡(申)公曰

 清華二·繫年 078 司馬不訓(順)繡(申)公

 清華二·繫年 078 王命繡(申)公聘(聘)於齊

 清華二·繫年 078 繡(申)公櫼(竊)載少孟(孟)以行

 清華二·繫年 098 會者(諸)侯于繡(申)

 清華二·繫年 106 鄒(蔡)卲(昭)侯繡(申)懼

 清華二·繫年 108 繡(申)公屈晉(巫)自晉迈(適)吳

 清華三·芮良夫 03 以繡(申)尓(爾)忎(謀)猷

 清華五·命訓 13 樂不繡(伸)

 清華五·命訓 14 樂繡(伸)則亡(荒)

 清華六·孺子 02 恩(圖)所臤(賢)者女(焉)繡(申)之以龜簪(筮)

清華七·越公 09 告繡(申)疋(胥)曰

 清華七·越公 09 繡(申)疋(胥)曰

 清華七·越公 14 繡(申)疋(胥)乃思(懼)

 清華六·子產 02 有戒所以緇(申)命固立(位)

～，與 ❀(上博四·曹 21)、❀(上博六·莊 6)同，从"糸"，"田"聲，"東"省聲，即"紳"之古字。❀，則省去"田"。

　　清華二·繫年 005、006"周幽王取妻于西繡"，讀爲"周幽王娶妻于西申"。《史記·周本紀》："三年，幽王嬖愛褒姒。褒姒生子伯服，幽王欲廢太子。太子母申侯女，而爲后。後幽王得褒姒，愛之，欲廢申后，並去太子宜臼，以褒姒爲后，以伯服爲太子。"《左傳·昭公二十六年》孔穎達正義："《汲冢書紀年》云：'平王奔西申，而立伯盤以爲大子，與幽王俱死于戲。'"

　　清華二·繫年 040、048"繡公義"，讀爲"申公儀"。《左傳·僖公二十五年》："秋，秦、晉伐鄀。楚鬭克、屈禦寇以申、息之師戍商密……圍商密……秦師囚申公子儀、息公子邊以歸。"杜預注："鬭克，申公子儀。屈禦寇，息公子邊。"

　　清華二·繫年 057"繡公弔侯"，讀爲"申公叔侯"。見《左傳·僖公二十六年》："楚申公叔侯戍之。"二十八年稱申叔。申無畏又稱申舟，與申公叔侯並非同族，詳見鄭樵《通志·氏族略》。據本簡下文，此處申公叔侯乃是譌誤。

　　清華二·繫年 075、108"繡公屈晉"，讀爲"申公屈巫"，即《左傳·宣公十二年》的"申公巫臣"，屈氏別族。《左傳·成公二年》："及共王即位，將爲陽橋之役，使屈巫聘於齊，且告師期。"《國語·楚語上》："莊王既以夏氏之室賜申公巫臣，則又畀之子反，卒與襄老。"

　　清華二·繫年 076、077、078"繡公"，讀爲"申公"，即申公屈巫。

　　清華二·繫年 098"繡"，讀爲"申"。申爲周代國名，姜姓，伯夷之後，春秋時爲楚所滅，故城在今河南南陽縣北。《史記·楚世家》："靈王三年六月，楚使使告晉，欲會諸侯，諸侯皆會楚于申。"即申地。

清華二·繫年 106"鄩卲侯繡"，讀爲"蔡昭侯申"，蔡悼侯之弟。

清華三·芮良夫 03"繡"，讀爲"申"。《國語·魯語上》："申之以盟誓。"韋昭注："申，重也。"

清華五·命訓 13"樂不繡"，讀爲"樂不伸"。今本《逸周書·命訓》作"樂不滿"。

清華五·命訓 14"樂繡則亡"，讀爲"樂伸則亡"。今本《逸周書·命訓》作"樂滿則荒"。

清華六·孺子 02"繡之以龜筮"，讀爲"申之以龜筮"。《國語·魯語上》："夫爲四鄰之援，結諸侯之信，重之以婚姻，申之以盟誓，固國之艱急是爲。"

清華七·越公 09、14"繡疋"，讀爲"申胥"，伍子胥。《國語·吳語》："夫申胥、華登簡服吳國之士於甲兵，而未嘗有所挫也。"韋昭注："申胥，楚大夫伍奢之子子胥也，名員。魯昭二十年，奢誅於楚，員奔吳，吳子與之申地，故曰申胥。"

清華六·子產 02"緟命固立"，讀爲"申命固位"。毛公鼎(《集成》02841)、番生簋(《集成》04326)均有"申䰙(固)大命"。(李學勤)

定紐陳聲

陳

清華二·繫年 023 鄩(蔡)哀侯取(娶)妻於陳

清華二·繫年 023 賽(息)侯亦取(娶)妻於陳

清華二·繫年 029 改遯於陳

清華二·繫年 030 女(焉)取邨(頓)以贛(恐)陳侯

清華二·繫年 043 奠(鄭)、䘒(衛)、陳、鄩(蔡)

清華二·繫年 074 陳公子誩(徵)郐(舒)取(娶)妻于奠(鄭)穆公

清華二·繫年 075 陳公子誩(徵)余(舒)殺亓(其)君需(靈)公

清華二·繫年 075 臧(莊)王衒(率)𠂤(師)回(圍)陳

清華二·繫年 076 王內(入)陳

清華二·繫年 099 關(縣)陳、鄡(蔡)

清華二·繫年 104 既關(縣)陳、鄡(蔡)

清華二·繫年 105 陳、鄡(蔡)、猷(胡)反楚

清華二·繫年 122 齊人曼(且)又(有)陳麇子牛之褐(禍)

清華二·繫年 123 明(盟)陳和與陳淏於溋門之外

清華二·繫年 123 陳淏

清華二·繫年 136 陳人女(焉)反而內(入)王子定於陳

清華二·繫年 136 而內(入)王子定於陳

清華二·繫年137 王命坪（平）亦（夜）悼武君肁（使）人於齊陳淏求𠂤（師）

 清華二·繫年137 陳疾目衙（率）車千䡮（乘）

 清華二·繫年104 改邦（封）陳、䣌（蔡）之君

 清華七·趙簡子05 陳是（氏）旻（得）之

 清華七·趙簡子05 陳是（氏）旻（得）之系（奚）繇（由）

 清華七·趙簡子06 陳是（氏）旻（得）之

～，與 （上博七·吳8）、 （上博七·吳9）同。《説文·𠂤部》："陳，宛丘，舜後嬀滿之所封。从𠂤、从木，申聲。 ，古文陳。"

清華二·繫年023"䣌哀侯取妻於陳，賽侯亦取妻於陳"，讀爲"蔡哀侯娶妻於陳，息侯亦娶妻於陳"。參《左傳·莊公十年》："蔡哀侯娶于陳，息侯亦娶焉。"《史記·管蔡世家》："哀侯十一年，初，哀侯娶陳，息侯亦娶陳。"

清華二·繫年029、030"女取䣌以贛陳侯"，讀爲"焉取頓以恐陳侯"。《左傳·僖公二十三年》："楚成得臣帥師伐陳，討其貳於宋也。遂取焦、夷，城頓而還。"杜預注："頓國，今汝陰南頓縣。"

清華二·繫年074、075"陳公子誙余"，讀爲"陳公子徵舒"，即夏徵舒。《國語·楚語上》："昔陳公子夏爲御叔娶於鄭穆公，生子南。"韋昭注："公子夏，陳宣公之子，御叔之父也，爲御叔娶鄭穆公少妃姚子之女夏姬也……子南，夏徵舒之字。"

清華二·繫年"陳"，陳國，春秋諸侯國名。在今河南淮陽及安徽亳州一

帶。《史記·陳杞世家》："陳胡公滿者,虞帝舜之後也……至于周武王克殷紂,乃復求舜後,得嬀滿,封之於陳,以奉帝舜祀,是爲胡公。"

清華二·繫年 122"陳麎子牛",即《墨子·魯問》之項子牛,《淮南子·人間》之牛子。孫詒讓《墨子閒詁》："項子牛,蓋田和將。"《淮南子·人間》："三國伐齊,圍平陸。括子以報於牛子曰:'三國之地,不接於我,踰鄰國而圍平陸,利不足貪也。然則求名於我也。請以齊侯往。'牛子以爲善。"

清華二·繫年 123"陳和",田和。《史記·田敬仲完世家》："莊子卒,子太公和立。齊田氏源自陳完,故又名陳氏。"

清華二·繫年 123、137"陳淏",齊國人名。

清華二·繫年 136"陳人女(焉)反而内(入)王子定於陳"之"陳人",齊人田氏。"反而入",反方嚮使其進入,王子定入周與入齊是反方嚮。"陳",田氏領地。

清華二·繫年 137"陳疾目",齊國將帥。齊陶文有人名"疾目",見《陶錄》2·463·1—2·265·4。

清華七·趙簡子 05、06"陳是",讀爲"田氏"。田氏代齊,從陳完至齊(齊桓公十四年,公元前六七二年)到田和列爲諸侯(公元前三八六年),歷經二百八十六年。參《史記·齊太公世家》《田敬仲完世家》。

定紐臣聲

臣

清華一·皇門 02 廼隹(惟)大門宗子埶(邇)臣

清華一·皇門 03 自釐(釐)臣至于又(有)貧(分)厶(私)子

清華一·皇門 08 以詢(問)求于王臣

清華一·皇門 12 朕遺父兄眔朕聿(盡)臣

清華二·繫年007 邦君者(諸)正乃立幽王之弟舍(余)臣于虢(虢)

 清華三·説命下02 少(小)臣罔贁(俊)才(在)朕備(服)

 清華三·芮良夫09 返(及)尒(爾)聿(蓋)臣

 清華三·良臣02 又(有)臣觚(扈)

 清華三·赤鵠01 乃命少(小)臣曰

 清華三·赤鵠02 少(小)臣既盛(羹)之

 清華三·赤鵠02 湯句(后)妻紝巟胃(謂)少(小)臣曰

 清華三·赤鵠02 少(小)臣弗敢嘗

 清華三·赤鵠03 紝巟胃(謂)少(小)臣曰

 清華三·赤鵠03 少(小)臣自堂下受(授)紝巟盛(羹)

 清華三·赤鵠03 紝巟受少(小)臣而嘗之

清華三·赤鵠 04 少（小）臣受亓（其）余（餘）而嘗之

　清華三·赤鵠 05 少（小）臣饋

　清華三·赤鵠 05 少（小）臣思（懼）

　清華三·赤鵠 05 少（小）臣乃痲（寐）而帰（寢）於迲（路）

　清華三·赤鵠 06 是少（小）臣也

　清華三·赤鵠 09 晉（巫）鳶（烏）乃歗（歠）少（小）臣之朐（喉）渭（胃）

　清華三·赤鵠 10 少（小）臣乃记（起）而行

　清華三·赤鵠 10 少（小）臣曰

　清華三·赤鵠 10 夏句（后）乃係（訊）少（小）臣曰

　清華三·赤鵠 11 少（小）臣曰

　清華三·赤鵠 11 少（小）臣曰

清華三·赤鵠 14 顕(夏)句(后)乃從少(小)臣之言

 清華四·筮法 35 臣妾之立(位)

 清華四·筮法 35 臣之立(位)也

 清華五·湯丘 01 嬹(媵)以少(小)臣

 清華五·湯丘 03 少(小)臣倉(答)曰

 清華五·湯丘 03 乃與少(小)臣惎(惎)慐(謀)鄎(夏)邦

 清華五·湯丘 03 少(小)臣又(有)疾

 清華五·湯丘 04 湯反返(復)見少(小)臣

 清華五·湯丘 04 今少(小)臣又(有)疾

 清華五·湯丘 07 今少(小)臣能麈(展)章(彰)百義

 清華五·湯丘 10 唯(雖)臣死而或(又)生

 清華五·湯丘 12 湯或(又)䌛(問)於少(小)臣

清華五·湯丘 12 少(小)臣愈(答)

 清華五·湯丘 13 湯或(又)䚃(問)於少(小)臣

 清華五·湯丘 13 少(小)臣愈(答)

 清華五·湯丘 14 湯或(又)䚃(問)於少(小)臣

 清華五·湯丘 15 少(小)臣愈(答)

 清華五·湯丘 16 湯或(又)䚃(問)於少臣

 清華五·湯丘 17 爲臣縈(奚)若

 清華五·湯丘 17 少(小)臣愈(答)

 清華五·湯丘 17 爲臣共(恭)命

 清華五·湯丘 17 湯或(又)䚃(問)於少(小)臣

 清華五·湯丘 17 少(小)臣愈(答)曰

 清華五·湯丘 19 湯或(又)䚃(問)於少(小)臣

清華五·湯丘 19 少(小)臣倉(答)

 清華五·𦉫門 01 䚈(問)於少(小)臣

 清華五·𦉫門 01 少(小)臣倉(答)曰

 清華五·𦉫門 03 湯或(又)䚈(問)於少(小)臣曰

 清華五·𦉫門 03 少(小)臣倉(答)曰

 清華五·𦉫門 05 湯或(又)䚈(問)於少(小)臣曰

 清華五·𦉫門 06 少(小)臣倉(答)曰

 清華五·𦉫門 10 湯或(又)䚈(問)於少(小)臣

 清華五·𦉫門 11 少(小)臣倉(答)曰

 清華五·𦉫門 12 湯或(又)䚈(問)於少(小)臣

 清華五·𦉫門 13 少(小)臣倉(答)

 清華五·𦉫門 18 湯或(又)䚈(問)於少(小)臣

清華五·畣門 18 少(小)臣㱃(答)曰

 清華五·畣門 19 湯或(又)䚻(問)於少(小)臣

 清華五·畣門 20 少(小)臣㱃(答)曰

 清華六·孺子 04 女(如)母(毋)又(有)良臣

 清華六·孺子 05 今是臣=(臣臣)

 清華六·孺子 07 娩(媚)妬之臣躬(躬)共(恭)亓(其)產(顏)色

 清華六·孺子 09 乳=(孺子)亓(其)童(重)旻(得)良臣

 清華六·孺子 09 昔虗(吾)先君史(使)二三臣

 清華六·孺子 09 思群臣旻(得)執女(焉)

 清華六·孺子 10 □臣

 清華六·孺子 14 二三臣史於邦

 清華六·孺子 15 是又(有)臣而爲執(摯)辟(嬖)

清華六·孺子15 幾（豈）既臣之膴（獲）辠（罪）

 清華六·孺子15 曰是亓（其）聿（盡）臣也

 清華六·管仲17 臣蟲（聞）之

 清華六·管仲21 臣之蟲（聞）之也

 清華六·管仲28 爲君與爲臣管（孰）褮（勞）

 清華六·管仲28 爲臣褮（勞）才（哉）

 清華六·管仲29 不褮（勞）而爲臣褮（勞）虖（乎）

 清華六·管仲30 爲君不褮（勞）而爲臣褮（勞）虖（乎）

 清華六·太伯甲03 老臣□□□□

 清華六·太伯甲04 爲臣而不諫

 清華六·子儀18 臣觀於湋濼（滏）

 清華六·子儀18 臣亓（其）歸而言之

清華六·子儀 18 臣見二人戠（仇）競

 清華六·子儀 19 臣亓（其）歸而言之

 清華六·子儀 19 臣見遺者弗返（復）

 清華六·子儀 19 臣亓（其）歸而言之

 清華六·子儀 20 臣亓（其）遝（歸）而言之

 清華六·子產 09 臣人畏君又（有）道

 清華六·子產 10 臣人非所能不進

 清華五·厚父 07 咸天之臣民

 清華七·子犯 04 虗（吾）宔（主）之弍（二）晶（三）臣

 清華七·趙簡子 06 臣不旻（得）䎽（聞）亓（其）所繇（由）

 清華七·趙簡子 06 臣亦不旻（得）䎽（聞）亓（其）所繇（由）

 清華七·越公 06 以臣事吳

清華七·越公10 君臣父子亓(其)未相旻(得)

 清華七·越公35 凡王左右大臣

 清華七·越公51 王乃歸(親)徎(使)人情(請)餇(問)群大臣

 清華八·處位01 卬(抑)君臣必果以㡲(度)

 清華八·處位01 㡲(度)君敹(敕)臣

 清華八·處位01 史臣欲迷

 清華八·邦道26 則賷(價)賣(賈)亓(其)臣㠯(僕)

《說文·臣部》："臣，牽也。事君者，象屈服之形。凡臣之屬皆从臣。"

清華一·皇門02"執臣"，讀爲"邇臣"，猶近臣。《左傳·昭公三十年》："吳子唁而送之，使其邇臣從之，遂奔楚。"《孔子家語·入官》："故君上者，民之儀也；有司執政者，民之表也；邇臣便僻者，群僕之倫也。"

清華一·皇門03"自蚉(釐)臣至于又(有)貧(分)厶(私)子"，今本《逸周書·皇門》作"其善臣以至于有分私子"，陳逢衡注："善臣，猶盍臣也。分，分土也。有分私子，謂有采邑之庶孽。"簡文"蚉臣"，即"釐臣"，治國大臣。

清華一·皇門08"王臣"，君王的臣民。《詩·小雅·北山》："溥天之下，莫非王土；率土之濱，莫非王臣。"

清華一·皇門12、清華六·孺子15 肀(盡)臣、清華三·芮良夫09"聿臣"，讀爲"盡臣"，忠臣。《詩·大雅·文王》："王之盡臣，無念爾祖。"朱熹《集傳》："盡，進也，言其忠愛之篤，進進無已也。"此句今本《逸周書·皇門》作"朕維其及朕盡臣"。

清華二·繫年 007"邦君者(諸)正乃立幽王之弟舍(余)臣于虢(虢)",《左傳·昭公二十六年》:"至于幽王,天不弔周,王昏不若,用愆厥位,攜王奸命。"《正義》引《紀年》云幽王死,虢公翰"立王子余臣於攜"。

清華三·良臣 02"臣𣪘",讀爲"臣扈"。《書·君奭》:"在太戊,時則有若伊陟、臣扈,格于上帝。"《尚書序》:"湯既勝夏,欲遷其社,不可,作《夏社》《疑至》《臣扈》。"

清華三·赤鵠"少臣",讀爲"小臣",指伊尹。

清華三·說命下 02、清華五·湯丘 01、清華五·耆門"少臣",讀爲"小臣"。

清華四·筮法 35"臣妾",古時對奴隸的稱謂,男曰臣,女曰妾。《易·遯》:"畜臣妾吉,不可大事也。"《漢書·食貨志上》:"王莽因漢承平之業,匈奴稱藩,百蠻賓服,舟車所通,盡爲臣妾。"

清華六·孺子 04、09"良臣",《國語·楚語下》:"故莊王之世,滅若敖氏,唯子文之後在,至於今處鄖,爲楚良臣。"

清華六·孺子 05"今是臣=",讀爲"今是臣臣",現在以這樣的臣爲臣。"是臣",這樣的臣。其下"臣"字爲動詞。

清華六·孺子 09、14"二三臣",清華七·子犯 04"式晶臣",讀爲"二三臣"。《左傳·昭公七年》:"孤與其二三臣,悼心失圖,社稷之不皇,況能懷思君德!"《國語·魯語上》:"豈唯寡君與二三臣實受君賜,其周公、太公及百辟神祇實永饗而賴之!"

清華六·孺子 09"群臣",《周禮·秋官·小司寇》:"其位,王南鄉,三公及州長、百姓北面,群臣西面,群吏東面,小司寇擯以敘進而問焉,以衆輔志而弊謀。"

清華六·管仲 17、21"臣𦖞(聞)之",《左傳·閔公元年》:"臣聞之,國將亡,本必先顛,而後枝葉從之。"

清華六·太伯甲 03"老臣",年老之臣的自稱。《左傳·襄公二十九年》:"且先君而有知也,毋寧夫人而焉用老臣。"

清華六·管仲 28、29、30,清華六·太伯甲 04"爲臣",《論語·子路》:"人之言曰:'爲君難,爲臣不易。'"

清華五·厚父 07"臣民",泛指國君統屬的臣下和百姓。葛洪《抱朴子·嘉遯》:"普天率土,莫非臣民。"

清華七·越公 06"以臣事吳",按臣下的禮節服事吳國。

清華七·越公 10、清華八·處位 01"君臣",君主與臣下。《易·序卦》:"有父子,然後有君臣;有君臣,然後有上下。"

清華七·越公 35、51"大臣",官職尊貴之臣。《左傳·昭公元年》:"和聞之,國之大臣,榮其寵禄,任其寵節。"

　　清華八·處位 01"警臣",讀爲"敕臣"。《吴越春秋·勾踐入臣外傳》:"夫適市之妻,教嗣糞除,出亡之君,勅臣守禦。"

　　清華八·邦道 26"臣𦸂",即"臣僕",古指奴僕,亦爲罪人與執役者及臣下的通稱。《詩·小雅·正月》:"民之無辜,并其臣僕。"毛傳:"古者有罪不入於刑,則役之圜土,以爲臣僕。"《晏子春秋·問上一》:"公任勇力之士,而輕臣僕之死,用兵無休,國罷民害。"

　　清華"臣",臣對君的自稱。《國語·晉語七》:"悼公使張老爲卿,辭曰:'臣不如魏絳。'"《孟子·梁惠王上》:"仲尼之徒,無道桓文之事者,是以後世無傳焉。臣未之聞也。"

臤

 清華六·孺子 02 恩(圖)所臤(賢)者女(焉)繡(申)之以龜䇞(筮)

 清華六·子産 13 又(有)以尋(得)臤(賢)

 清華六·子産 20 隶叔(求)婕(蓋)之臤(賢)

 清華七·越公 47 由臤(賢)由毀

 清華八·邦道 20 以求相臤(賢)

 清華八·邦道 20 其正(政)事(使)臤(賢)、甬(用)能

清華八·邦道 21 智（知）臤（賢）則民懽（勸）

～，與🐟（上博三·彭 8）、🐟（上博五·弟 15）同。《説文·臤部》："臤，堅也。从又，臣聲。凡臤之屬皆从臤。讀若鏗鏘之鏗。古文以爲賢字。"

清華六·孺子 02"臤者"，讀爲"賢者"，賢能的人。《商君書·賞刑》："聖人以功授官予爵，故賢者不憂，聖人不宥過，不赦刑，故奸無起。"

清華六·子産 13"寻臤"，讀爲"得賢"。《吕氏春秋·本味》："求之其本，經旬必得；求之其末，勞而無功。功名之立，由事之本也，得賢之化也。非賢者，其孰知乎事化？故曰其本在得賢。"

清華六·子産 20"隶叔（求）嫭（盡）之臤（賢）"、清華八·邦道 20"以求相臤（賢）"，即"求賢"，尋求賢能的人。《詩·周南·卷耳序》："《卷耳》，后妃之志也，又當輔佐君子，求賢審官，知臣下之勤勞。"劉向《説苑·君道》："故明君在上，慎於擇士，務於求賢。"

清華七·越公 47"臤"，讀爲"賢"，善。《禮記·内則》："若富，則具二牲，獻其賢者於宗子。"鄭玄注："賢，猶善也。"

清華八·邦道 20"事臤、甬能"，讀爲"使賢、用能"，指任用賢者和有才幹的人。《周禮·天官·大宰》："以八統詔王馭萬民：一曰親親，二曰敬故，三曰進賢，四曰使能，五曰保庸，六曰尊貴，七曰達吏，八曰禮賓。"

清華八·邦道 21"智臤則民懽"，讀爲"知賢則民勸"。《墨子·尚賢下》："今唯毋以尚賢爲政其國家百姓，使國爲善者勸，爲暴者沮。""賢"，指有德行或有才能的人。《易·繫辭上》："履信思乎順，又以尚賢也。是以自天祐之，吉无不利也。"孔穎達疏："既有信思順，又能尊尚賢人。"賈誼《過秦論上》："皆明智而忠信，寬厚而愛人，尊賢而重士。"

慾

清華六·管仲 13 迲（尚）慾（賢）以正

～，从"心"，"臤"聲，疑"賢"之異體。

清華六·管仲 13"慾"，即"賢"，有德行，多才能。《書·大禹謨》："克勤于邦，克儉于家，不自滿假，惟汝賢。"

孯

 清華六·子儀 02 乃关（券）册秦邦之孯（賢）余（餘）

～，從"子"，"臤"聲，可能是賢人、賢良之"賢"的專字。與 、同，或作 、。

清華六·子儀 02"孯"，即"賢"，指有德行或有才能的人。《易·繫辭上》："履信思乎順，又以尚賢也。是以自天祐之吉無不利也。"孔穎達疏："既有信思順，又能尊尚賢人。"

努

 清華一·祭公 18 女（汝）母（毋）![]努

～，與 同，從"力"，"臤"聲。"賢"字異體。《說文·貝部》："賢，多才也。从貝，臤聲。"

清華一·祭公 18"女（汝）母（毋）![]努"，今本《逸周書·祭公》作"汝無泯泯芬芬"。"努"，或疑讀爲"眩"。《廣雅·釋言》："眩，惑也。"

鋻

 清華六·管仲 06 鋻（賢）礩（質）不匡（柱）

清華六·管仲 06 鋻（賢）礩（質）以亢（抗）

《說文·金部》："鋻，剛也。从金，臤聲。"

清華六·管仲 06"鋻礩"，疑讀爲"堅對"，謂堅持己見對答。《史記·魏其武安侯列傳》："主爵都尉汲黯是魏其；內史鄭當時是魏其，後不敢堅對；餘皆莫敢對。"或讀爲"賢質"。《禮記·學記》："就賢體遠，足以動衆。"孔穎達疏："賢，謂德行賢良。"《小爾雅·廣言》:"質,信也。"

定紐奠聲

奠

清華一·金縢 04 以奠(定)尔(爾)子孫于下埊(地)

清華一·祭公 11 隹(惟)天奠(定)我文王之志

清華二·繫年 010 奠(鄭)武公亦政東方之者(諸)侯

清華二·繫年 012 奠(鄭)以訂(始)政

清華二·繫年 037 迈(適)奠(鄭)

清華二·繫年 043 命(令)尹子玉述(遂)銜(率)奠(鄭)

清華二·繫年 045 秦、晉回(圍)奠(鄭)

清華二·繫年 045 秦人豫(舍)戍於奠(鄭)

清華二·繫年 046 我既旻(得)奠(鄭)之門笑(管)巳(已)

清華二·繫年 046 秦自(師)酒(將)東富(襲)奠(鄭)

清華二·繫年 047 乃以奠（鄭）君之命袟（勞）秦三衙（帥）

清華二·繫年 057 奠（鄭）白（伯）爲右芌（盂）

清華二·繫年 061 奠（鄭）成公自醵（屬）逃歸

清華二·繫年 061 臧（莊）王述（遂）加奠（鄭）䰱（亂）

清華二·繫年 062 晉成公會者（諸）侯以救奠（鄭）

清華二·繫年 063 [臧（莊）]王回（圍）奠（鄭）三月

清華二·繫年 063 奠（鄭）人爲成

清華二·繫年 063 晉中行林父衙（率）𠂤（師）救奠（鄭）

清華二·繫年 074 陳公子誩（徵）郐（舒）取（娶）妻于奠（鄭）穆公

清華二·繫年 085 命（令）尹子䈞（重）伐奠（鄭）

清華二·繫年 090 龏（共）王亦衙（率）𠂤（師）回（圍）奠（鄭）

清華二·繫年 090 束（屬）公救（救）奠（鄭）

清華二·繫年 124 奠(鄭)白(伯)訇(駘)朝周王于周

清華二·繫年 126 宋公畋(田)、奠(鄭)白(伯)訇(駘)皆朝于楚

清華二·繫年 127 奠(鄭)人戠(侵)憮聞(關)

清華二·繫年 129 晉賵余衒(率)晉𠂤(師)與奠(鄭)𠂤(師)以

内(入)王子定

清華二·繫年 130 郎臧(莊)坪(平)君衒(率)𠂤(師)戠(侵)奠
(鄭)

清華二·繫年 130 奠(鄭)𠂤(師)逃内(入)於蔑

清華二·繫年 131 肀(盡)逾奠(鄭)𠂤(師)與亓(其)四逈(將)軍

清華二·繫年 131 奠(鄭)大窂(宰)慈(欣)亦訑(起)禍(禍)於
奠(鄭)

清華二·繫年 132 奠(鄭)子㱃(陽)用滅

清華二·繫年 132 亡遂(後)於奠(鄭)

清華二·繫年 132 楚人𨓆(歸)奠(鄭)之四牲(將)軍與亓(其)

萬民於奠(鄭)

清華二·繫年 132 與亓(其)萬民於奠(鄭)

清華三·良臣 08 奠(鄭)軶(桓)公與周之遺老

清華三·良臣 09 奠(鄭)定公之相又(有)子皷(皮)

清華六·鄭武 01 奠(鄭)武公卒(卒)

清華六·鄭武 02 區=(區區)奠(鄭)邦嫭(望)虞(吾)君

清華六·鄭武 05 自聾(衛)與奠(鄭)若卑耳而㕠(謀)

清華六·鄭武 11 以定奠(鄭)邦之社禝(稷)

清華六·子產 24 以爲奠(鄭)命(令)、埜(野)命(令)

清華六·子產 25 以爲奠(鄭)型(刑)、埜(野)型(刑)

清華七·晉文公 08 反奠(鄭)之廑(陣)

清華七·越公 19 今厽(三)年亡(無)克又(有)奠(定)

～,與奠(上博六·壽 2)、奠(上博六·壽 4)、奠(上博七·鄭乙 3)、奠(上博八·子1)同。《説文·丌部》:"奠,置祭也。从酋;酋,酒也。下其丌也。《禮》有奠祭者。"

清華一·金縢04"以奠(定)尒(爾)子孫于下墜(地)",今本《書·金縢》作"用能定爾子孫于下地"。

清華一·祭公11"隹(惟)天奠我文王之志",今本《逸周書·祭公》作"維天貞文王之重用威"。"奠",讀爲"定",今本作"貞",通假字。

清華二·繫年010"奠武公",讀爲"鄭武公",周宣王弟鄭桓公友之子。《史記·鄭世家》:"犬戎殺幽王於驪山下,并殺桓公。鄭人共立其子掘突,是爲武公。"

清華二·繫年045"秦、晉回(圍)奠(鄭)",《左傳·僖公三十年》:"九月甲午,晉侯、秦伯圍鄭,以其無禮於晉,且貳於楚也……秦伯説,與鄭人盟,使杞子、逢孫、楊孫戍之,乃還。"

清華二·繫年046"我既旻(得)奠(鄭)之門笑(管)也",《左傳·僖公三十二年》:"杞子自鄭使告于秦,曰:'鄭人使我掌其北門之管,若潛師以來,國可得也。'"

清華二·繫年047"乃以奠(鄭)君之命裦(勞)秦三衒(帥)",《左傳·僖公三十三年》:"三十三年春,秦師……及滑,鄭商人弦高將市於周,遇之。以乘韋先,牛十二犒師。"

清華二·繫年057"奠白爲右芋",讀爲"鄭伯爲右盂"。《左傳·文公十年》:"宋公爲右盂,鄭伯爲左盂。"杜預注:"盂,田獵陳名。"

清華二·繫年061"奠(鄭)成公自釐(厲)逃歸",《左傳·宣公十一年》:"厲之役,鄭伯逃歸。"杜預注:"蓋在六年。"據《史記·十二諸侯年表》,當時鄭君爲襄公,簡文作"成公",疑因下涉"晉成公"而誤。

清華二·繫年062"晉成公會者(諸)侯以救(救)奠(鄭)",《春秋·宣公九年》:"楚子伐鄭,晉郤缺帥師救鄭。"《左傳·宣公九年》:"楚子爲厲之役故,伐鄭,晉郤缺救鄭,鄭伯敗楚師于柳棼。"

清華二·繫年063"[臧(莊)]王回(圍)奠(鄭)三月",《左傳·宣公十二年》:"十二年春,楚子圍鄭,旬有七日,鄭人卜行成,不吉,卜臨于大宮,且巷出車,吉。國人大臨,守陴者皆哭,楚子退師。鄭人脩城,進復圍之,三月,克之。"

清華二·繫年063"晉中行林父衒(率)自(師)救(救)奠(鄭)",《左傳·宣公十二年》:"夏六月,晉師救鄭。荀林父將中軍,先縠佐之。"

清華二·繫年074"陳公子諻(徵)舒(舒)取(娶)妻于奠(鄭)穆公",《國語·楚語上》:"昔陳公子夏爲御叔娶於鄭穆公,生子南。"韋昭注:"公子夏,陳宣公之子,御叔之父也,爲御叔娶鄭穆公少妃姚子之女夏姬也……子南,夏徵舒之字。"

清華二·繫年085"命(令)尹子櫅(重)伐奠(鄭)",《左傳·成公七年》:"秋,楚子重伐鄭,師于氾。"

清華二·繫年124、126"奠白駋",讀爲"鄭伯駋",即鄭繻公駋。《史記·鄭世家》:"幽公元年,韓武子伐鄭,殺幽公。鄭人立幽公弟駋,是爲繻公。"

清華二·繫年127"奠人",讀爲"鄭人",鄭國人。

清華二·繫年129、130、131"奠自",讀爲"鄭師",鄭國軍隊。

清華二·繫年131"奠大宰訢",讀爲"鄭太宰欣"。《韓非子·説疑》:"若夫齊田恆、宋子罕、魯季孫意如、晉僑如、衛子南勁、鄭太宰欣、楚白公、周單荼、燕子之,此九人者之爲其臣也,皆朋黨比周以事其君,隱正道而行私曲,上偪君,下亂治,援外以撓内,親下以謀上,不難爲也。"

清華二·繫年132"奠子旟",讀爲"鄭子陽"。《史記·六國年表》楚悼王四年:"敗鄭師,圍鄭,鄭人殺子陽。"《史記·鄭世家》:"二十五年,鄭君殺其相子陽。二十七年,子陽之黨共弑繻公駋而立幽公弟乙爲君,是爲鄭君。"

清華三·良臣08"奠桓公",讀爲"鄭桓公"。《史記·鄭世家》:"鄭桓公友者,周厲王少子而宣王庶弟也。宣王立二十二年,友初封於鄭。封三十三歲,百姓皆便愛之。"

清華三·良臣09"奠定公",讀爲"鄭定公",名寧,簡公之子,見《古今人表》中下。《史記·鄭世家》:"三十六年,簡公卒,子定公寧立。秋,定公朝晉昭公。"

清華六·孺子01"奠武公",讀爲"鄭武公",桓公子掘突。《史記·鄭世家》桓公三十六年:"犬戎殺幽王驪山下,并殺桓公,鄭人共立其子掘突,是爲武公。"

清華六·孺子02、11"奠邦",讀爲"鄭邦",鄭國。

清華六·子產24、25"奠",讀爲"鄭",指鄭之國中,與"野"對稱。當時諸侯國有國、野之分。

清華七·晉文公08"反奠之陣",讀爲"反鄭之陣"。《國語·晉語四》:"伐鄭,反其陣。"

清華七·越公19"今厽年亡克又奠",讀爲"今三年無克有定"。《詩·小雅·正月》:"既克有定,靡人弗勝。"馬瑞辰《通釋》:"定,猶止也。"《玉篇》:"奠,定也,薦也。"

鄭

 清華二·繫年 085 晉竸（景）公會者（諸）侯以栽（救）鄭

《説文·邑部》："鄭，京兆縣。周厲王子友所封。从邑，奠聲。宗周之滅，鄭徙溍洧之上，今新鄭是也。"

清華二·繫年 085"鄭"，鄭國，宣王封弟友於此，在今陝西省華縣西北。

竁

 清華八·處位 03 自竁（定）於遙（後）事

 清華八·處位 08 萁竁（定）亓（其）含（答）

~，从"宀"，"奠"聲，疑"定"之異體。

清華八·處位 03"自竁於遙事"，讀爲"自定於後事"。

清華八·處位 08"竁"，讀爲"定"。《説文》："定，安也。"《禮記·月令》："以待陰陽之所定。"《史記·留侯世家》："天下屬安定，何故反乎？"

泥紐人聲

人

 清華一·程寤 09 可（何）力非人

 清華一·程寤 09 人甬（用）女（汝）母（謀）

 清華一·保訓 03 昔耑（前）人逋（傳）保（寶）

· 2457 ·

清華一·耆夜 05 人備余不肆（胄）

清華一·金縢 06 乃命執事人曰

清華一·金縢 08 褶（禍）人乃鼻（斯）旻（得）

清華一·金縢 09 邦人□□□□兒（弁）

清華一·金縢 11 王䚨（問）執事人

清華一·金縢 11 隹（惟）余沖（沖）人亦弗返（及）智（知）

清華一·金縢 12 隹（惟）余沖（沖）人亓（其）辟（親）逆公

清華一·金縢 13 二公命邦人㠭（盡）返（復）筑（築）之

清華一·皇門 01 縣（肆）朕沖（沖）人非敢不用明刑

清華一·皇門 04 是人斯藇（助）王共（恭）明祀

清華一·皇門 05 是人斯既藇（助）氒（厥）辟

清華一·皇門 09 我王訪良言於是人

清華一·皇門 09 是人斯廼詗(讒)惻(賊)

清華一·皇門 12 以驡(助)余一人憂(憂)

清華一·祭公 09 聿(盡)符(付)畀余一人

清華一·祭公 20 孳(茲)皆缶(保)舍(胥)一人

清華一·楚居 04 氐(抵)今日楚人

清華一·楚居 04 乃穴(竊)鄀(鄀)人之犝(犝)以祭

清華一·楚居 08 乃渭(圍)疆浧之波(陂)而宇人女(焉)

清華二·繫年 005 王或(又)叔〈取〉孚(褒)人之女

清華二·繫年 006 繡(申)人弗敉(畀)

清華二·繫年 006 曾(繒)人乃降西戎

清華二·繫年 009 晉人女(焉)始(始)啓于京自(師)

清華二·繫年 018 壅(衛)人自庚(康)丘遷(遷)于沂(淇)壅

（衛）

清華二·繫年019 韓（衛）人乃東涉河

清華二·繫年021 翟人或（又）涉河

清華二·繫年021 衛人自楚丘署（遷）于帝丘

清華二·繫年024 乃史（使）人于楚文王曰

清華二·繫年036 齊人善之

清華二·繫年036 宋人善之

清華二·繫年037 韓（衛）人弗善

清華二·繫年037 鄭人弗善

清華二·繫年038 秦人記（起）自（師）以內文公于晉

清華二·繫年038 晉人殺襄（懷）公而立文公

清華二·繫年045 晉人以不憖

清華二·繫年045 秦人豫(舍)戍於奠(鄭)

清華二·繫年045 鄭人敓(屬)北門之笑(管)

清華二·繫年046 秦之戍人

清華二·繫年046 史(使)人歸(歸)告曰

清華二·繫年046 奠(鄭)之賈人弦高牂(將)西市

清華二·繫年048 秦穆公欲與楚人爲好

清華二·繫年051 襄天〈夫〉人䎽(聞)之

清華二·繫年051 死人可(何)辠(罪)

清華二·繫年052 生人可(何)鬋(辜)

清華二·繫年052 而卲(召)人于外

清華二·繫年054 晉人記(起)自(師)

清華二·繫年059 宋人是古(故)殺孫(申)白(伯)亡(無)惻

（畏）

清華二·繫年059 宋人女（焉）爲成

清華二·繫年063 奠（鄭）人爲成

清華二·繫年064 [楚]人明（盟）

清華二·繫年064 楚人被罩（駕）以自（追）之

清華二·繫年071 齊人爲成

清華二·繫年074 吳人服于楚

清華二·繫年079 教吳人反（叛）楚

清華二·繫年080 吳人女（焉）或（又）服於楚

清華二·繫年082 五（伍）雞送（將）吳人以回（圍）州垄（來）

清華二·繫年083 是教吳人反楚邦之者（諸）侯

清華二·繫年084 與吳人戜（戰）于析

清華二·繫年 085 奠(鄭)人戠(止)芸(鄖)公義(儀)

清華二·繫年 086 競(景)公欲與楚人爲好

清華二·繫年 094 晉人既殺戀(欒)經(盈)于曲夭(沃)

清華二·繫年 100 䛐(許)人䦣(亂)

清華二·繫年 100 晉人羅

清華二·繫年 102 飤(食)人

清華二·繫年 102 晉人旻(且)又(有)𩨬(范)氏与(與)中行氏之褐(禍)

清華二·繫年 103 至今齊人以不服于晉

清華二·繫年 105 與吳人伐楚

清華二·繫年 107 楚人女(焉)䎽(縣)邟(蔡)

清華二·繫年 111 戉(越)人因衺(襲)吳之與晉爲好

清華二·繫年 112 齊人女（焉）䢼（始）爲長城於濟

清華二·繫年 117 楚人豫（舍）回（圍）而還

清華二·繫年 122 齊人旻（且）又（有）陳麋子牛之禍（禍）

清華二·繫年 126 秦人戡（敗）晉自（師）於茖（洛）会（陰）

清華二·繫年 127 奠（鄭）人戠（侵）愪䦟（關）

清華二·繫年 129 遻（魯）昜（陽）公衒（率）自（師）以返晉人

清華二·繫年 130 衒（率）自（師）以返楚人

清華二·繫年 132 楚人歸（歸）奠（鄭）之四牆（將）軍與亓（其）萬民於奠（鄭）

清華二·繫年 132 晉人回（圍）津（津）、長陵

清華二·繫年 135 楚人聿（盡）厺（棄）亓（其）幩（旃）、幕、車、兵

清華二·繫年 136 陳人女（焉）反而內（入）王子定於陳

渼求自（師）

（巖）

清華二・繫年 137 王命坪（平）亦（夜）悼武君𠬝（使）人於齊陳

清華三・良臣 01 黃帝之𠂤（師）：女和、夔人、保侗

清華三・說命上 01 甬（庸）爲达（失）审（仲）史（使）人

清華三・說命上 01 以貨旬（徇）求敓（說）于邑人

清華三・說命上 01 隹（惟）敄（弼）人旻（得）敓（說）于尃（傅）厰

清華三・說命上 06 邑人皆從

清華三・說命下 03 夂（作）余一人

清華三・琴舞 04 叚（假）才（哉）古之人

清華三・琴舞 07 襃（裕）亓（其）文人

清華三・琴舞 09 曰言（享）𠭁（答）舍（余）一人

清華三・琴舞 10 亓（其）舍（余）浧（沖）人

清華三·琴舞 12 寺(持)佳(惟)文人之若(若)

清華三·琴舞 14 曰亯(享)人大

清華三·芮良夫 03 由(迪)求聖人

清華三·芮良夫 08 皮(彼)人不敬

清華三·芮良夫 10 殹(繄)先人又(有)言

清華三·芮良夫 23 人頌(訟)攺(扞)䎽(違)

清華三·芮良夫 24 綔(朕)佳(惟)沖(沖)人

清華三·芮良夫 24 非穀折(哲)人

清華三·赤鵠 08 是凶(使)句(后)瘥(疾)疾而不智(知)人

清華三·赤鵠 12 是思(使)句(后)慈=(夢夢)徇=(眩眩)而不智(知)人

清華四·筮法 02 妻夫同人,乃旻(得)

清華四·筮法 05 凸(凡)見大人

清華四·筮法 54 爲貴人

清華五·厚父 01 䢶(問)前文人之覵(恭)明惪(德)

清華五·厚父 09 兹少(小)人之惪(德)

清華五·厚父 11 引(矧)其能丁(貞)良于㕛(友)人

清華五·厚父 12 廼是隹(惟)人

清華五·厚父 12 氒(厥)祄(徵)女(如)有(佐)之服于人

清華五·命訓 02 福录(禄)才(在)人

清華五·命訓 02 褙(禍)怣(過)才(在)人

清華五·命訓 05 道天以正人

清華五·命訓 06 正人亡(無)亟(極)則不哼(信)

清華五·命訓 06 夫明王卲(昭)天訐(信)人以尻(度)攻

· 2467 ·

清華五・命訓 07 人道三

清華五・命訓 07 人又(有)伓(恥)

清華五・命訓 07 以人之伓(恥)尚(當)天之命

清華五・命訓 09 民叛則瘍(傷)人

清華五・命訓 11 伓(恥)莫大於瘍(傷)人

清華五・命訓 13 人不堯(勝)〔害〕

清華五・湯丘 05 民人䎽(聞)之亓(其)胃(謂)

清華五・湯丘 08 以埶(設)九事之人

清華五・湯丘 09 夫人母(毋)以我爲钌(怠)於亓(其)事虎(乎)

清華五・湯丘 12 民人諏(趣)貣(忒)

清華五・湯丘 13 民人皆䌛(督)禺(偶)㕿(瑟)

清華五・湯丘 15 古先=(之先)聖人

清華五·湯丘 15 古先=(之先)聖人

清華五·㯱門 02 則可(何)以成人

清華五·㯱門 03 幾言成人

清華五·㯱門 04 五以成人

清華五·㯱門 05 人可(何)旻(得)以生

清華五·㯱門 05 者(胡)猷(猶)是人

清華五·㯱門 06 是哉以爲人

清華五·三壽 02 敢䚃(問)人可(何)胃(謂)長

清華五·三壽 04 敢䚃(問)人可(何)胃(謂)長

清華五·三壽 06 敢䚃(問)人可(何)胃(謂)長

清華五·三壽 12 古民人迷䚄(亂)

清華五·三壽 18 意(喜)神而履(禮)人

清華六·孺子01 武夫人設（規）乳=（孺子）

清華六·孺子03 史（使）人姚（遙）䎽（聞）於邦

清華六·孺子10 邦人既聿（盡）䎽（聞）之

清華六·孺子12 人虘（皆）思（懼）

清華六·管仲03 從人

清華六·管仲03 亓（其）從人之道可旻（得）䎽（聞）虖（乎）

清華六·管仲03 從人之道

清華六·管仲09 民人陵（惰）訋（怠）

清華六·管仲13 民人不夭

清華六·管仲15 能旻（得）僕（僕）四人同心

清華六·管仲15 能旻（得）僕（僕）三人同心

清華六·管仲16 能旻（得）僕（僕）二人同心

清華六·管仲 19 凡亓(其)民人

清華六·管仲 22 凡亓(其)民人

清華六·管仲 23 好史(使)年(佞)人而不訐(信)誩(慎)良

清華六·太伯甲 01 子人成子既死

清華六·太伯甲 04 故(古)之人有言曰

清華六·太伯甲 05 徒卋=(三十)人

清華六·太伯甲 09 殹(抑)人也

清華六·太伯甲 11 是四人者

清華六·太伯乙 01 [子]人成子既死

清華六·太伯乙 04 徒卋=(三十)人

清華六·太伯乙 08 殹(抑)人也

清華六·太伯乙 10 是四人者

清華六·子儀08 遠人可（何）麗

清華六·子儀18 臣見二人戠（仇）競

清華六·子儀18 一人至

清華六·子產09 君人立（涖）民又（有）道

清華六·子產09 臣人畏君又（有）道

清華六·子產10 臣人非所能不進

清華六·子產10 君人亡事

清華六·子產11 反以皋（罪）人

清華六·子產17 善則爲人

清華六·子產28 以先惎（謀）人

清華七·子犯02 身不忍人

清華七·子犯05 不忻以人

清華七·子犯 09 才(在)上之人

清華七·子犯 09 昔之舊聖折(哲)人之塼(敷)政命(令)荆(刑)罰

清華七·子犯 09 事(使)衆若事(使)一人

清華七·子犯 11 與人面見湯

清華七·趙簡子 03 則非人之皋(罪)

清華七·趙簡子 03 則善人至

清華七·趙簡子 03 不善人退

清華七·趙簡子 03 則不善人至

清華七·趙簡子 04 善人退

清華七·越公 04 辟(親)辱於募(寡)人之䢼=(敝邑)

清華七·越公 04 募(寡)人不忍君之武礪(勵)兵甲之鬼(威)

清華七·越公 04 募(寡)人又(有)繡(帶)甲仐(八千)

（親）辱

清華七·越公 08 以觀句戔（踐）之以此伞（八千）人者死也

清華七·越公 14 虐（吾）於膚（胡）取伞（八千）人以會皮（彼）死

清華七·越公 15 君雪（越）公不命使（使）人而夫=（大夫）辟

清華七·越公 16 亡（無）良鄡（邊）人禹（稱）瘣悁（怨）啻（惡）

清華七·越公 18 [吳]人儇（還）雪（越）百里

清華七·越公 20 鄡（邊）人爲不道

清華七·越公 20 或䢒（抗）御（禦）募（寡）人之詥（辭）

清華七·越公 21 臺（敦）齊兵刃以攼（捍）御（禦）募（寡）人

清華七·越公 21 君不尚（嘗）新（親）有（右）募（寡）人

清華七·越公 23 以須使（使）人

清華七·越公 26 吳人既閟（襲）雪（越）邦

清華七·越公 35 人又（有）厶（私）舊（畦）

清華七·越公 37 諓（佯）緰（婾）諒人則勳（刑）也

清華七·越公 39 凡鄡（邊）鄏（縣）之民及又（有）管（官）帀（師）之人

清華七·越公 40 亓（其）才（在）邑司事及官帀（師）之人則發（廢）也

清華七·越公 41 凡成（城）邑之司事及官帀（師）之人

清華七·越公 44 王乃好陞（徵）人

清華七·越公 44 王乃逫（趣）徍（使）人戠（察）睛（省）成（城）市鄡（邊）還（縣）尖₌（小大）遠泥（邇）之䓌（句）、茖（落）

清華七·越公 45 王見亓（其）執事人則訋（怡）㣎（豫）悥（意）也

清華七·越公 46 王見亓（其）執事人

清華七·越公 47 善人則由

清華七·越公 48 嬰（舉）雩（越）邦乃皆好陞（徵）人

 清華七·越公 49 雩(越)陞(地)乃大多人

 清華七·越公 50 雩(越)邦皆備(服)壁(徵)人

 清華七·越公 50 多人

 清華七·越公 51 王乃歸(親)使(使)人悥(請)餂(問)群大臣及鄥(邊)鄙(縣)成(城)市之多兵、亡(無)兵者

 清華七·越公 59 鼓命邦人救火

清華七·越公 60 死者言=(三百)人

 清華七·越公 62 雩(越)王句戋(踐)乃命鄥(邊)人叡(聚)悁(怨)

清華七·越公 62 鄥(邊)人乃相戏(攻)也

清華七·越公 66 雩(越)人分爲二市(師)

清華七·越公 68 吳人昆奴乃内(入)雩(越)市(師)

清華七·越公 71 人之幣(敝)邑

清華七·越公 72 乃使（使）人告於吳王曰

清華七·越公 75 凡吳土墬（地）民人

清華八·攝命 01 余一人無晝夕難（勤）卹

清華八·攝命 11 弗羿（功）我一人才（在）立（位）

清華八·攝命 16 勿教人惪（德）我

清華八·攝命 20 隹（唯）人乃亦無智（知）亡䎽（聞）于民若否

清華八·攝命 21 凡人有獄有訟

清華八·攝命 22 凡人無獄亡（無）訟

清華八·攝命 25 𠭯（載）允非尚（常）人

清華八·攝命 26 我少（小）人隹（唯）由

清華八·攝命 26 余一人害（曷）叚（段）

清華八·攝命 27 亦余一人永𢚭（安）才（在）立（位）

清華八·攝命 28 人有言多

清華八·攝命 31 弗爲我一人䩉（羞）

清華八·邦政 06 弟子不敼（轉）遠人

清華八·邦政 10 弟子敼（轉）遠人而争跬（窺）於誨（謀）夫

清華八·邦政 12 㐭（前）人

清華八·邦政 13 悠（改）人之事

清華八·處位 02 事（使）是雹（謀）人

清華八·處位 02 唯瀞（浚）良人能敁（造）御柔

清華八·處位 02 史（使）人甬（用）查（倚）典政

清華八·處位 05 史（使）人乃奴（若）無㐭（前）不忘（荒）

清華八·處位 05 人亓（其）曰

清華八·處位 07 戠（豈）能肙（怨）人

清華八·處位 07 人而曰善

清華八·處位 08 人而不足甬（用）

清華八·處位 08 史（使）人未智（知）旻（得）斀（度）之蹟（踐）

清華八·處位 08 以宩（探）良人

清華八·處位 09 虘（且）爲㦸良人

清華八·處位 10 乃胃（謂）良人出於無氐（度）

清華八·處位 10 人甬（用）

清華八·邦道 04 聖人以解

清華八·邦道 07 古（故）卑（譬）之人耑（草）木

清華八·邦道 07 皮（彼）善人之欲達

清華八·邦道 07 亦若上之欲善人

清華八·邦道 07 古（故）求善人

清華八·邦道 10 母（毋）以一人之口毀愄（譽）

清華八·邦道 15 不勈至力疕（病）之人

清華八·邦道 16 今夫逾人於亓（其）䏯（勝）

清華八·邦道 16 非一人是爲

清華八·邦道 17 古（故）興（起）善人

清華八·邦道 22 則𢓊（遠）人至

清華八·邦道 24 譀（讒）人才（在）厌（側）弗智

清華八·邦道 26 医（殹）虗（吾）爲人辠（罪）戻

清華八·心中 03 以君民人

清華八·心中 05 取命才（在）人

清華八·心中 06 庶人、坪（平）民

清華八·天下 05 戈（一）曰遆（歸）之晷（謀）人以攱（奪）忎=

（之心）

　　清華八·虞夏 01 殷人弋（代）之以晶（三）

　　清華八·虞夏 02 周人弋（代）之用兩

《說文·人部》："人，天地之性最貴者也。此籀文。象臂脛之形。凡人之屬皆从人。"

清華一·程寤 9"可（何）怎（愛）非身，可（何）力非人"，"身"與"人"對舉。"人"即民。《荀子·富國》："守時力民。"楊倞注："力民，使之疾力。"

清華一·程寤 09"人甬女母"，讀爲"人用汝謀"。《逸周書·小開》："人謀競，不可以。"

清華一·保訓 03、清華八·邦政 12"前人"，指以前的受命之君。《書·大誥》："敷賁，敷前人受命。"《書·君奭》："惟人在我後嗣子孫，大弗克恭上下，遏佚前人光。"

清華一·金縢 06、11，清華七·越公 45、46"執事人"，有職守之人，官員。《書·盤庚下》："嗚呼！邦伯師長百執事之人，尚皆隱哉。"孔穎達疏："其百執事謂大夫以下，諸有職事之官皆是也。"

清華一·金縢 08"禍人"，讀爲"禍人"，猶害人。《左傳·昭公元年》："文子曰：'武受賜矣。然宋之盟，子木有禍人之心，武有仁人之心，是楚所以駕於晉也。'"

清華一·金縢 09、13"邦人"，國人，百姓。《書·金縢》："二公命邦人，凡大木所偃，盡起而築之。"

清華一·金縢 11、12，清華一·皇門 01，清華三·琴舞 10，芮良夫 24"沓人"，讀爲"沖人"，年幼的人。多爲古代帝王自稱的謙辭。《書·盤庚下》："肆予沖人，非廢厥謀。"孔傳："沖，童。"孔穎達疏："沖、童，聲相近，皆是幼小之名。自稱童人，言己幼小無知，故爲謙也。"

清華一·皇門 04"是人斯驇（助）王共（恭）明祀"，今本《逸周書·皇門》作"人斯是助王恭明祀"。

清華一·祭公 20"孳（茲）皆缶（保）舍（胥）一人"，今本《逸周書·祭公》作"茲皆保之"。"一人"，指王。

清華一·楚居 08"宇人"，使人居住。

清華二·繫年046"賈人"，商人。《國語·越語上》："臣聞之，賈人夏則資皮，冬則資絺，旱則資舟，水則資車，以待乏也。"韋昭注："賈人，買賤賣貴者。"《史記·平準書》："天下已平，高祖乃令賈人不得衣絲乘車，重租稅以困辱之。"

清華二·繫年051"死人"，失去生命的人。《詩·小雅·小弁》："行有死人，尚或墐之。"《國語·晉語二》："葬死者，養生者，死人復生不悔，生人不愧。"

清華二·繫年052"生人"，活人。《莊子·至樂》："視子所言，皆生人之累也，死則無此矣。"

清華三·良臣01"斳人"，黃帝之師。

清華三·說命上01、06"邑人"，封地內的人。《易·比》："邑人不誡，上使中也。"《左傳·哀公十六年》："子木暴虐於其私邑，邑人訴之。"

清華三·琴舞04"古之人"，《書·無逸》："古之人猶胥訓告，胥保惠，胥教誨，民無或胥譸張爲幻。"

清華三·琴舞07、12"文人"，清華五·厚父01"前文人"，古稱先祖之有文德者。《書·文侯之命》："汝肇刑文武，用會紹乃辟，追孝于前文人。"孔傳："使追孝于前文德之人。"《詩·大雅·江漢》："釐爾圭瓚、秬鬯一卣，告于文人。"孔穎達疏："汝當受之以告祭於汝先祖有文德之人。"

清華三·芮良夫10"先人又言"，讀爲"先人有言"。《管子·大匡》："先人有言曰：'知子莫若父，知臣莫若君。'"

清華四·筮法05"大人"，指在高位者，如王公貴族。《易·乾》："九二：見龍在田，利見大人。"

清華四·筮法54"貴人"，顯貴的人。《穀梁傳·襄公二十九年》："賤人，非所貴也；貴人，非所刑也；刑人，非所近也。"

清華五·厚父11"㫗人"，即"友人"，朋友。《逸周書·鄭保》："見親所親，勿與深謀，命友人疑。"

清華五·厚父12"隹人"，讀爲"惟人"。《詩·周頌·雝》："宣哲維人。"

清華五·命訓02"福录（禄）才（在）人"，今本《逸周書·命訓》作"福禄在人，能無懲乎？"

清華五·命訓07"人道三"，今本《逸周書·命訓》作"夫天道三，人道三"。

清華五·命訓07"人又（有）佴（恥）"，今本《逸周書·命訓》作"人有醜"。

清華五·命訓07"以人之佴（恥）尚（當）天之命"，今本《逸周書·命訓》作"以人之醜當天之命"。

清華五·命訓09"民叛則瘍（傷）人"，今本《逸周書·命訓》作"民叛則傷人"。

清華五·命訓 11"佴（恥）莫大於瘍（傷）人"，今本《逸周書·命訓》作"醜莫大於傷人"。

清華五·湯丘 08"九事之人"，疑即《周禮·天官·大宰》所説"九職"，包括三農、園圃、虞衡、藪牧、百工、商賈、嬪婦、臣妾、閒民。或説與"九主之事"相關。

清華五·音門 02、03、04"成人"，成爲人。

清華六·鄭子 01"武夫人"，武姜，鄭武公之妻，生有二子。《史記·鄭世家》武公十年，"武公娶申侯女爲夫人，曰武姜。生太子寤生，生之難，及生，夫人弗愛。後生少子叔段，段生易，夫人愛之。"

清華六·管仲 23"年人"，讀爲"佞人"，善於花言巧語、阿諛奉承的人。《論語·衛靈公》："放鄭聲，遠佞人，鄭聲淫，佞人殆。"朱熹《集注》："佞人，卑諂辯給之人。"《史記·夏本紀》："禹曰：'能知能惠，何憂乎驩兜，何遷乎有苗，何畏乎巧言善色佞人？'"

清華六·太伯甲 01、太伯乙 01"子人成子"，子人爲氏，成爲謚。《春秋·桓公十四年》（鄭厲公三年）："夏五，鄭伯使其弟語來盟。"同年《左傳》："夏，鄭子人來尋盟，且脩曹之會。"其人爲鄭厲公母弟，名語，字子人，係子人氏之祖。子人語爲鄭文公叔父，疑即簡文之"子人成子"。魯僙公七年（鄭文公二十年），鄭太子華稱鄭國有"洩氏、孔氏、子人氏三族"。

清華六·太伯甲 04"故之人有言曰"，讀爲"古之人有言曰"。《禮記·祭統》："是故，古之人有言曰：'善終者如始。'"

清華六·子產 09、10"君人"，爲君之人，即君。

清華六·子產 09、10"臣人"，爲臣之人，即臣。

清華三·芮良夫 24、清華七·子犯 09"折人"，讀爲"哲人"，智慧卓越的人。《詩·大雅·抑》："其維哲人，告之話言。"朱熹《集傳》："哲，知。"

清華七·越公 08"以觀句踐之以此伞人者死也"，讀爲"以觀句踐之以此八千人者死也"。《國語·越語上》："有帶甲五千人，將以致死，乃必有偶，是以帶甲萬人事君也。"

清華七·越公 15"徍人"，即"使人"，奉命出使之人。《左傳·襄公二十七年》："趙孟曰：'牀笫之言不踰閾，況在野乎？非使人之所得聞也。'"

清華七·越公 37"諒人"，誠實之人。後代有"諒士"，結構相同。

清華七·越公 39、40、41"官帀之人"，讀爲"官師之人"，當指有所執掌的各級官吏。

清華七·越公44、48、50"陞人",讀爲"徵人",徵召人。類同《商君書》之"倈民"。

清華八·攝命25"非尚人",讀爲"非常人"。《韓非子·十過》:"臣觀晉公子,非常人也。"

清華八·攝命11、31"我一人",參"余一人"。

清華八·處位07"肙人",讀爲"怨人"。《荀子·法行》:"三者在身,曷怨人!怨人者窮,怨天者無識。"

清華八·處位02、08、09、10"良人",賢者,善良的人。《詩·大雅·桑柔》:"維此良人,作爲式穀。"

清華八·邦道07"古卑之人芔木",讀爲"故譬之人草木"。《管子·七法》:"治人如治水潦,養人如養六畜,用人如用草木。"

清華八·邦道10"母以一人之口毀惡",讀爲"毋以一人之口毀譽"。《後漢書·虞傅蓋臧列傳》:"昔武丁之明,猶求箴諫,況如卿者,而欲杜人之口乎?"

清華八·邦道16"非一人是爲",《韓非子·難勢》:"雖然,非一人之所得設也。"

清華八·邦政06、10"遠人"、清華八·邦道22"裦人",即"遠人",遠方的人,關係疏遠的人。《周禮·春官·大司樂》:"以安賓客,以說遠人。"《論語·季氏》:"故遠人不服,則脩文德以來之。"

清華八·邦道24"譧人",讀爲"讒人",進讒言之人。《詩·小雅·青蠅》:"營營青蠅,止于棘。讒人罔極,交亂四國。"

清華八·心中06"庶人",平民,百姓。《書·洪範》:"汝則有大疑,謀及乃心,謀及卿士,謀及庶人。"孔傳:"有大疑,先盡汝心以謀慮之,次及卿士、衆民。"《漢書·食貨志上》:"庶人之富者累鉅萬,而貧者食糟糠。"

清華一·楚居04"若人",讀爲"鄀人",鄀國人。

清華二·繫年005"孚人",讀爲"裦人",裦國人。

清華二·繫年006"繡人",讀爲"申人",申國人。

清華二·繫年006"曾人",讀爲"繒人",繒國人。

清華二·繫年018、19、37"壄人",讀爲"衛人",衛國人。

清華二·繫年021"翟人",讀爲"狄人",狄國人。

清華二·繫年036、059"宋人",宋國人。

清華二·繫年046"戍人",古代守邊官兵的通稱。《左傳·昭公二十五年》:"趙簡子令諸侯之大夫,輸王粟,具戍人。"

清華二·繫年 100"晉人",讀爲"許人",許國人。

清華七"鄾人",即"邊人",指駐守邊境的官員、士兵等。《國語·魯語上》:"晉人殺厲公,邊人以告。"韋昭注:"邊人,疆場之司也。"

清華"齊人",齊國人。

清華"㲇人",即"殷人",商代人。

清華"周人",周代人。

清華"奠人",讀爲"鄭人",鄭國人。

清華"晉人",晉國人。

清華"吴人",吴國人。

清華"楚人",楚國人。

清華"雩人""戉人",讀爲"越人",越國人。

清華"秦人",秦國人。

清華"陳人",陳國人。

清華"民人",人民,百姓。《詩·大雅·瞻卬》:"人有土田,女反有之。人有民人,女覆奪之。"

清華"善人",有道德的人,善良的人。《論語·述而》:"善人,吾不得而見之矣,得見有恆者,斯可矣。"邢昺疏:"善人,即君子也。"

清華"舍(余)一人",古代天子自稱。也寫作"予一人"。《左傳·昭公三十二年》:"余一人無日忘之,閔閔焉如農夫之望歲。"《國語·周語上》:"在《湯誓》曰:'余一人有罪,無以萬夫;萬夫有罪,在余一人。'"韋昭注:"天子自稱曰余一人。"

清華"少人",讀爲"小人",指平民百姓,被統治者。《書·無逸》:"生則逸,不知稼穡之艱難,不聞小人之勞,惟耽樂之從。"或指人格卑鄙的人。《書·大禹謨》:"君子在野,小人在位。"

清華"邦人",國人,百姓。《書·金縢》:"二公命邦人,凡大木所偃,盡起而築之。"

清華"寡人",古代君主的謙稱。《禮記·曲禮下》:"諸侯見天子,曰'臣某侯某'。其與民言,自稱曰'寡人'。"孔穎達疏:"寡人者,言己是寡德之人。"

清華"聖人",指品德最高尚或智慧最高超的人。《易·乾·文言》:"聖人作而萬物覩。"《老子》:"是以聖人抱一爲天下式。"《文子·精誠》:"聖人不降席而匡天下。"郭店·五行26、27:"聖人知天道也。"

訫（信）

　清華一·金縢 11 曰：訫（信）

　清華五·命訓 04 女（如）懽（勸）以忠訫（信）

　清華五·命訓 06 夫明王卲（昭）天訫（信）人以㡀（度）攻（功）

　清華五·畲門 13 悳（德）濬明執訫（信）以義成

　清華五·三壽 14 可（何）胃（謂）訫（信）

　清華五·三壽 18 衣備（服）耑（端）而好訫（信）

　清華五·三壽 22 寺（是）名曰䞇（叡）訫（信）之行

　清華六·管仲 23 好史（使）年（佞）人而不訫（信）諐（慎）良

　清華六·子儀 09 余愳（畏）亓（其）或（式）而不訫（信）

　清華七·子犯 02 虗（吾）宔（主）好定而敬訫（信）

　清華七·子犯 07 訫（信）天命哉

清華七·子犯 08 民心訏(信)難成也哉

清華七·子犯 08 訏(信)難成

清華七·越公 37 王乃好訏(信)

清華七·越公 40 叙(察)之而訏(信)

清華七·越公 42 旨(稽)之而訏(信)

清華七·越公 43 隹(唯)訏(信)是逫(趣)

清華七·越公 43 毘(舉)雩(越)邦乃皆好訏(信)

清華七·越公 44 雩(越)邦備(服)訏(信)

清華七·越公 49 政溥(薄)而好訏(信)

清華八·處位 07 或訏(信)能攷(考)佇(守)

清華八·邦道 03 而訏(信)有道

清華八·邦道 10 設(察)亓(其)訏(信)者以自改(改)

～，與▢（上博五·弟8）、▢（上博一·孔7）、▢（上博八·顔5）同。《説文·言部》："信，誠也。从人从言。會意。▢，古文从言省。▢，古文信。"

清華一·金縢11，清華七·子犯07、08"訫"，即"信"，果真，確實。《書·金縢》："二公及王，及問諸史與百執事。對曰：'信，噫！公命，我勿敢言。'"

清華五·命訓04"忠訫"，即"忠信"，忠誠信實。《易·乾》："君子進德脩業，忠信所以進德也。"《史記·秦始皇本紀》："此四君者，皆明知而忠信，寬厚而愛人，尊賢重士，約從離衡。"

清華五·命訓06"訫（信）人"，使人信。

清華五·啻門13"執訫"，即"執信"，秉持信義。《左傳·襄公二十二年》："君人執信，臣人執共。忠、信、篤、敬，上下同之，天之道也。"

清華六·管仲23、清華六·子儀09"不訫"，即"不信"，不相信。《書·湯誓》："爾無不信，朕不食言。"孔穎達疏："汝無得不信我語。"

清華七·子犯02"敬訫"，即"敬信"，慎重而守信。《韓非子·飾邪》："明於治之數，則國雖小，富；賞罰敬信，民雖寡，強。"

清華五·三壽18，清華七·越公37、43、49"好訫（信）"，《論語·子路》："上好禮，則民莫敢不敬；上好義，則民莫敢不服；上好信，則民莫敢不用情。"

清華七·越公40"訍之而訫"，讀爲"察之而信"。《左傳·僖公二十九年》："問之而信。"

清華八·邦道03"而訫（信）有道"，《説苑·指武》："若信有道，不可伐也。"

清華"訫"，即"信"，誠實不欺。《論語·學而》："爲人謀而不忠乎？與朋友交而不信乎？"

仁

 清華六·子儀16 㝅（篤）仁之櫨（楷）也

《説文·人部》："仁，親也。从人从二。▢，古文仁从千、心。▢，古文仁或从尸。"

清華六·子儀16"㝅仁之櫨也"，讀爲"篤仁之楷也"。郭店·性自39："篤，仁之方也；仁，性之方也。"

忎（仁）

 清華六·管仲 24 既年（佞）或（又）忎（仁）

 清華八·邦道 24 忎（仁）聖不出

～，與 、、同，從"心"，"人"聲或"千"聲。"仁"字異體。

清華六·管仲 24"既年或忎"，讀爲"既佞又仁"。慧琳《一切經音義》卷五十七："佞者，諂媚於上，曲順人情，乍僞似仁。"

清華八·邦道 24"忎聖"，即"仁聖"，仁德聖明。《禮記·經解》："其在朝廷，則道仁聖禮義之序，燕處則聽雅頌之音。"《列子·楊朱》："仁聖亦死，凶愚亦死。"

訫

 清華八·邦道 04 是以訫（仁）者不甬（用）

 清華五·三壽 13 可（何）胃（謂）訫（仁）

 清華五·三壽 18 寺（是）名曰訫（仁）

～，從"心"，"訫（信）"聲，或從"言"，"忎"聲。"仁"字繁體。

清華八·邦道 04"是以訫者不甬"，讀爲"是以仁者不用"。《戰國策·趙二》："力盡之民，仁者不用也；求得而反靜，聖主之制也。"

清華五·三壽 13"可胃訫"，讀爲"何謂仁"。《文子·道德》："文子問德。老子曰：'畜之養之，遂之長之，兼利無擇，與天地合，此之謂德。''何謂仁？'"

清華五·三壽 18"訫"，即"仁"，仁愛，相親。《禮記·中庸》："仁者，人也，親親爲大。"《論語·顏淵》："樊遲問仁。子曰：'愛人。'"《墨子·經說下》："仁，

· 2489 ·

仁愛也。"

身

清華一·程寤 09 可(何)㤅(愛)非身

清華一·保訓 06 身茲備

清華一·保訓 11 不及尔(爾)身受大命

清華一·皇門 13 母(毋)隹(惟)尔(爾)身之䣙(閔)

清華一·祭公 03 朕(朕)身尚才(在)兹(兹)

清華三·說命中 04 非乃身

清華三·說命中 07 隹(惟)戎(干)戈生(眚)氒(厥)身

清華三·芮良夫 01 氒(厥)辟、钺(御)事各繄(繄)亓(其)身

清華三·芮良夫 11 身與之語

清華三·芮良夫 28 虗(吾)忎(恐)皋(罪)之□身

清華三·赤鵠 09 是思(使)句(后)之身蠹(痾)蠚

清華三·赤鵠 13 亓(其)走(上)(刺)句(后)之身

清華四·筮法 32 躳身之立(位)

清華四·筮法 32 身之立(位)也

清華五·命訓 10 少(小)命=(命,命)身

清華五·湯丘 02 身體臞(痊)劤(平)

清華五·湯丘 14 若自事朕身也

清華六·子產 01 昔之聖君取虞(獻)於身

清華六·子產 04 固身堇(謹)訡(信)

清華六·子產 05 整政才(在)身

清華六·子產 14 身以虞(獻)之

清華六·子產 15 用身之道

清華六·子產 28 蜼(惟)能智(知)亓(其)身

清華六·子產 28 先愳（謀）人以返（復）于身

 清華六·管仲 18 哉於亓（其）身

 清華六·管仲 18 及句（后）辛之身

 清華六·管仲 23 及臖（幽）王之身

 清華七·子犯 02 身不忍人

 清華七·子犯 05 必身廛（擔）之

 清華七·子犯 12 臮（就）受（紂）之身

 清華七·子犯 13 愳（懼）不死型（刑）以及于氒（厥）身

 清華七·越公 03 以身被甲畐（胄）

 清華七·越公 74 丁（當）伇（役）孤身

 清華八·攝命 03 豨（肆）余囊猷卜乃身休

 清華八·攝命 11 亦則乃身亡能諫甬（用）非頌（庸）女（汝）正命

清華八·攝命 20 乃身卻（茲）隹（唯）明隹（唯）瀶（寅）

 清華八·攝命 27 不則高誖（奉）乃身

 清華八·邦道 01 以返（及）于身

 清華八·邦道 02 聿（盡）自身出

 清華八·邦道 08 必從身怡（始）

 清華八·邦道 10 則身（信）長

 清華八·邦道 13 和於亓（其）身

 清華八·邦道 17 以差（佐）身相豢（家）

 清華八·心中 01 凥（處）身之中以君之

 清華八·心中 05 亓（其）亦又（有）身命

 清華八·心中 06 亓（其）母（毋）蜀（獨）忻（祈）保豢（家）叟（沒）身於畏（鬼）與天

清華八·心中 07 亓(其)亦忻(祈)者(諸)□與身

～，與 、、、同。《説文·身部》："身，躳也。象人之身。从人，厂聲。"

清華一·程寤 09"可(何)恶(愛)非身，可(何)力非人"，"身"與"人"對舉。

清華一·保訓 06"身"，自己。

清華一·保訓 11"不及尔(爾)身受大命"，文王自知將死，故言不能見其子親受天命。

清華一·皇門 13"母(毋)隹(惟)尔(爾)身之醫(閲)"，今本《逸周書·皇門》作"無維乃身之暴皆卹"，句不通，故唐大沛注曰："此三句文義甚晦，或有訛脱。"

清華三·説命中 07"隹戎戈生乓身"，讀爲"惟干戈眚厥身"。《禮記·緇衣》引《説命》作："惟口起羞，惟甲胄起兵，惟衣裳在笥，惟干戈省厥躬。"

清華三·芮良夫 11"身"，親自。《爾雅·釋言》："身，親也。"《管子·入國》："疾甚者以告，上身問之。"

清華四·筮法 32"躬身"，自身，自己。《國語·越語下》："王若行之，將妨於國家，靡王躬身。"

清華五·命訓 10"少(小)命=(命，命)身"，今本《逸周書·命訓》作"小命罰身"。

清華五·湯丘 02"身體"，指人或動物的全身。《戰國策·楚四》："襄王聞之，顔色變作，身體戰慄。"《漢書·王商傳》："爲人多質有威重，長八尺餘，身體鴻大。"

清華七·子犯 05"必身麈之"，讀爲"必身擔之"，必定自己承擔。

清華七·越公 03"以身被甲冒(胄)"，《戰國策·齊五》："魏王身被甲厎劍，挑趙索戰。"

清華七·越公 74"丁役孤身"，讀爲"當役孤身"。《國語·吳語》："天既降禍於吳國，不在前後，當孤之身。"

清華八·攝命"乃身"，《書·康誥》："嗚呼！小子封，恫瘝乃身，敬哉！"

清華八·邦道 10"身"，讀爲"信"。

清華八·心中 01"凥身之中以君之"，即"處身之中以君之"，指心處身之

· 2494 ·

中而爲身之主宰。

清華八·心中 05"身命",指身體生命,以心爲主導,具有人的意志和主觀能動性,與"天命"相對而言。《書·盤庚中》:"恐人倚乃身,迂乃心。予迓續乃命于天,予豈汝威?用奉畜汝衆。"

清華八·心中 06"叟身",讀爲"没身",終身。《老子》:"没身不殆。"《漢書·息夫躬傳》:"今單于以疾病不任奉朝賀,遣使自陳,不失臣子之禮。臣禄自保没身不見匈奴爲邊竟憂也。"

哾

　　清華五·命訓 06 正人亡(無)亟(極)則不＝哾＝(不信,不信)則不行

～,從"口","身"聲。

清華五·命訓 06"正人亡(無)亟(極)則不＝哾＝(不信,不信)則不行",今本《逸周書·命訓》作"正人無極則不信,不信則不行"。"哾",讀爲"信"。

訷

　　清華六·子産 01 民用訷(信)之

　　清華六·子産 01 不＝訷＝(不信不信)

　　清華六·子産 01 求訷(信)又(有)事

　　清華六·子産 01 淺(淺)以訷(信)罙(深)

　　清華六·子産 01 罙(深)以訷(信)淺(淺)

清華六·子產 02 能訫（信）

 清華六·子產 04 固身堇（謹）訫（信）

 清華六·子產 19 此胃（謂）民訫（信）志之

～，从"言"，"身"聲。"信"字異體。

清華六·子產 01"民用訫（信）之"，即"民用信之"。《禮記·檀弓下》："有虞氏未施信於民而民信之。"

清華六·子產 01"不＝訫＝"，即"不信不信"，意云其自身不信者，民即不信。

清華六·子產 04"堇訫"，讀為"謹信"，恭謹誠信。《論語·學而》："謹而信，汎愛衆，而親仁。"邢昺疏："言恭謹而誠信也。"《後漢書·臧宮傳》："宮以謹信質樸，故常見任用。"

清華六·子產 19"民訫志之"，即"民信志之"，民信而記識之。

千

 清華二·繫年 002 名之曰千畮（畝）

 清華二·繫年 004 戎乃大敗（敗）周自（師）于千畮（畝）

 清華二·繫年 137 陳疾目衒（率）車千霥（乘）

 清華四·算表 07 千

 清華四·算表 10 千

清華四·算表 06 千二百

清華四·算表 08 千二百

清華四·算表 09 千二百

清華四·算表 10 千二百

清華四·算表 05 千四百

清華四·算表 10 千四百

清華四·算表 07 千五百

清華四·算表 09 千五百

清華四·算表 04 千六百

清華四·算表 08 千六百

清華四·算表 10 千六百

清華四·算表 03 千八百

清華四·算表 06 千八百

清華四·算表 09 千八百

清華四·算表 10 千八百

清華四·算表 07 二千

清華四·算表 08 二千

清華四·算表 05 二千一百

清華四·算表 09 二千一百

清華四·算表 04 二千四百

清華四·算表 06 二千四百

清華四·算表 08 二千四百

清華四·算表 09 二千四百

清華四·算表 07 二千五百

清華四·算表 03 二千七百

清華四·算表 09 二千七百

清華四·算表 05 二千八百

清華四·算表 08 二千八百

清華四·算表 06 三千

清華四·算表 07 三千

清華四·算表 04 三千二百

清華四·算表 08 三千二百

清華四·算表 05 三千五百

清華四·算表 07 三千五百

清華四·算表 03 三千六百

清華四·算表 06 三千六百

清華四·算表 08 三千六百

清華四·算表 04 四千

清華四·算表 07 四千

清華四·算表 05 四千二百

清華四·算表 06 四千二

清華四·算表 03 四千五百

清華四·算表 07 四千五百

清華四·算表 04 四千八百

清華四·算表 06 四千八百

清華四·算表 05 四千九百

清華四·算表 03 五千四百

清華四·算表 06 五千四百

 清華四·算表04 五千六百

清華四·算表05 五千六百

清華四·算表03 六千三百

清華四·算表05 六千三百

 清華四·算表04 六千四百

 清華四·算表03 七千二百

 清華四·算表04 七千二百

 清華四·算表03 八千一百

 清華六·管仲08 千鼜（乘）之都

～，與 同。《說文·十部》："千，十百也。从十、从人。"

清華二·繫年002"千畮"，即"千畝"。《國語·周語上》注："天子田千畝，諸侯百畝。"《北堂書鈔》引賈逵云："籍田，千畝也。"

清華二·繫年004"戎乃大敗（敗）周自（師）于千畮"，即"千畝"，地名。《國語·周語上》："三十九年，戰于千畝，王師敗績于姜氏之戎。"韋昭注："姜氏之戎，西戎之別種，四岳之後也。"

清華二·繫年137"千䡓",即"千乘",兵車千輛。古以一車四馬爲一乘。《左傳·襄公十八年》:"魯人、莒人皆請以車千乘自其鄉入。"《孫子·作戰》:"凡用兵之法,馳車千駟,革車千乘,帶甲十萬。"

清華六·管仲08"千䡓之都",即"千乘之都"。《管子·霸言》:"千乘之國得其守,諸侯可得而臣,天下可得而有也。"

清華四·算表"千",數詞。十個百。

年

　　清華一·保訓01 隹王丮₌(五十)年

　　清華一·耆夜01 武王八年

　　清華一·金縢01 武王既克殷(殷)三年

　　清華一·金縢04 是年(秊)若丂(巧)能

　　清華一·金縢08 周公石(宅)東三年

　　清華一·金縢13 戠(歲)大又(有)年

　　清華一·祭公14 至于萬啇(億)年

　　清華二·繫年003 十又四年

　　清華二·繫年004 立卅₌(三十)又九年

清華二·繫年008 立廿=(二十)又一年

清華二·繫年008 周亡王九年

清華二·繫年009 三年

清華二·繫年019 周惠王立十又七年

清華二·繫年034 立六年

清華二·繫年036 文公十又二年居翟=(狄,狄)甚善之

清華二·繫年041 晉文公立四年

清華二·繫年045 晉文公立七年

清華二·繫年055 霝(靈)公高立六年

清華二·繫年056 楚穆王立八年

清華二·繫年061 楚臧(莊)王立十又四年

清華二·繫年066 晉競(景)公立八年

清華二·繫年 074 臧(莊)王立十又五年

 清華二·繫年 085 楚龔(共)王立七年

 清華二·繫年 086 一年

 清華二·繫年 091 晉臧(莊)坪(平)公即立(位)兀(元)年

 清華二·繫年 093 坪(平)公立五年

 清華二·繫年 096 晉臧(莊)坪(平)公立十又二年

 清華二·繫年 096 楚康王立十又四年

 清華二·繫年 106 獻惠王立十又一年

 清華二·繫年 108 晉競(景)公立十又五年

 清華二·繫年 109 悼公立十又一年

 清華二·繫年 109 晉柬(簡)公立五年

 清華二·繫年 111 晉敬公立十又一年

清華二·繫年 112 晉幽公立四年

清華二·繫年 114 楚柬(簡)大王立七年

清華二·繫年 116 二年

清華二·繫年 119 楚聖(聲)趄(桓)王即立(位)兀(元)年

清華二·繫年 126 楚聖(聲)趄(桓)王立四年

清華二·繫年 133 昚(厭)年

清華三·芮良夫 21 年穀(穀)焚(紛)成

清華六·孺子 04 凥(處)於竃(衛)三年

清華六·孺子 04 三年無君

清華六·管仲 23 好史(使)年(佞)人而不訐(信)誋(慎)良

清華六·管仲 23 夫年(佞)又(有)利燅(氣)

清華六·管仲 24 今夫年(佞)者之利燅(氣)亦可旻(得)而䚋

（聞）虎（乎）

 清華六·管仲 24 既年（佞）或（又）志（仁）

 清華六·管仲 25 夫年（佞）者之事君

 清華六·子儀 02 取（騶）及七年

 清華六·子儀 13 厭（期）年而見之

 清華七·晉文公 07 元年克蒝（原）

 清華七·晉文公 07 五年啓東道

 清華七·晉文公 08 九年大旻（得）河東之者（諸）侯

 清華七·越公 19 今厽（三）年亡（無）克又（有）奠（定）

 清華七·越公 29 㠯＝（至于）厽（三）年

 清華七·越公 30 厽（三）年

 清華七·越公 47 年謡攴豐（數）

清華七·越公 74 以屈聿(盡)王年

~，與𢆉(上博二·容 5)、𢆉(上博五·鬼 3)、𢆉(上博五·競 3)同。《說文·禾部》："年，穀孰也。从禾，千聲。《春秋傳》曰：'大有秊。'"

清華一·金縢 01"武王既克殹(殷)三年"，今本《書·金縢》作"既克商二年"。

清華一·金縢 04"是年若丂(巧)能"，今本《書·金縢》作"予仁若考能"。"年"，讀爲"佞"，才能。《左傳·成公十六年》："君幼，諸臣不佞，何以及此？君其戒之！"杜預注："佞，才也。"《國語·晉語一》："我不佞，雖不識義，亦不阿惑，吾其靜也。"

清華一·金縢 08"周公石(宅)東三年"，今本《書·金縢》作"周公居東二年"。

清華一·金縢 13"戠(歲)大又(有)年"之"有年"，豐年。《書·多士》："今爾惟時宅爾邑，繼爾居，爾厥有幹有年于茲洛。"孔傳："汝其有安事有豐年於此洛邑。"《竹書紀年》卷下："秋大有年。"

清華一·祭公 14"啻年"，讀爲"億年"，萬萬年。《文選·班固〈東都賦〉》："登祖廟兮享聖神，昭靈德兮彌億年。"

清華二·繫年 091、119，清華七·晉文公 07"元年"，帝王即位的第一年。《公羊傳·隱公元年》："元年者何？君之始年也。"也指帝王改換年號的第一年。

清華二·繫年 133"朞年"、清華六·子儀 13"厭年"，讀爲"期年"，第二年。

清華三·芮良夫 21"年穀"，讀爲"年穀"，一年中種植的穀物。《國語·楚語上》："財用盡焉，年穀敗焉。"《莊子·逍遙遊》："藐姑射之山，有神人居焉，肌膚若冰雪，綽約若處子……其神凝，使物不疵癘而年穀熟。"

清華六·管仲 23"年人"，讀爲"佞人"，善於花言巧語、阿諛奉承的人。《論語·衛靈公》："放鄭聲，遠佞人，鄭聲淫，佞人殆。"朱熹《集注》："佞人，卑諂辯給之人。"《史記·夏本紀》："禹曰：'……能知能惠，何憂乎驩兜，何遷乎有苗，何畏乎巧言善色佞人？'"

清華六·管仲 23"年"，讀爲"佞"，善於花言巧語、阿諛奉承的人。

清華六·管仲 24"既年或忎"，讀爲"既佞又仁"。慧琳《一切經音義》卷五十七："佞者，謟媚於上，曲順人情，乍僞似仁。"

清華六·管仲 23、24、25"年者",讀爲"佞者",即佞人,善於花言巧語、阿諛奉承的人。參上。

清華七·越公 47"年譖攴毃",讀爲"年籌枚數",每年對地方及官府的考察用算籌一一計數。(單育辰)或讀爲"佞譖扑毆",大意是對於下三品佞譖之執事人予以抶擊懲罰。

清華七·越公 74"以屈聿(盡)王年",《國語·吳語》:"唯王所安,以没王年。"

來紐厽聲

奅

 清華一·皇門 06 王用能盍(奄)又(有)四奅(鄰)

 清華四·筮法 61 外又(有)奅(吝)

 清華四·筮法 61 内又(有)奅(吝)

 清華六·子産 17 耑(端)徒(使)於三(四)奅(鄰)

～,與 奅(上博四·曹 6)、奅(上博三·周 57)同,所從"厽"是古文"鄰",見《漢書·敘傳上》顔師古注、漢代碑刻和《汗簡》等。上古音"鄰"屬來母真部,"文"屬明母文部。古代文、真二部的字音關係密切。例如《易·説卦》"坤……爲吝嗇",陸德明《釋文》引京房本"吝"作"遴"。"吝"屬文部,"遴"屬真部。明母與來母的字有互諧的情况。例如從"文"得聲的"吝"即屬來母。可見"奅"是個兩聲字,即"厽""文"皆聲。所以,"奅"既可以用爲"鄰",也可以用爲"吝"。

清華一·皇門 06"王用能盍(奄)又(有)四奅(鄰)",今本《逸周書·皇門》作"王用奄有四鄰,遠土丕承",陳逢衡注:"奄有四鄰遠土,謂有天下。"

清華四·筮法 61"奅",讀爲"吝",悔恨,遺憾。《易·繫辭上》:"悔吝者,憂虞之象也。"韓康伯注:"失得之微者,足以致憂虞而已。"

清華六·子産17"三叟",即"四鄰",指"四方鄰國"。《禮記·檀弓下》:"夫子聽衛國之政,脩其班制,以與四鄰交,衛國之社稷不辱,不亦文乎。"《左傳·襄公二十四年》:"四鄰諸侯,不聞令德。"《吴子·料敵》:"四鄰之助,大國之援。"董仲舒《春秋繁露·楚莊王》:"國家治,則四鄰賀;國家亂,則四鄰散。"

野

 清華六·孺子10 三(四)野(鄰)以虐(吾)先君爲能敘

～,从"里","叟"聲,"鄰"字異體。
清華六·孺子10"三野",即"四鄰",參上。

精紐至聲

秥(秼)

 清華八·攝命07 秼(虖)卹乃事

 清華八·攝命30 秼(虖)聖(聽)乃命

～,从二矢,即"箭"字初文"秼"。楚文字或作(上博一·緇12)、(上博七·凡甲5),从二倒矢。《説文·竹部》:"箭,矢也。从竹,前聲。"或認爲"秼"即訓"殺"之"虖"的表意初文。(鄔可晶)

清華八·攝命07"秼卹乃事",讀爲"虖卹乃事"。卹與恤同。"虖",訓爲"敬"。叔尸鐘、鎛(《集成》00272、00285)有"虖卹厥死(尸)事",《逸周書·嘗麥》有"憂恤乃事"。

清華八·攝命30"秼",讀爲"虖",參上。

晉

 清華二·繫年008 晉文侯戜(仇)乃殺惠王于鄳(虢)

清華二・繫年009 晉文侯乃逆坪（平）王于少鄂（鄂）

 清華二・繫年009 晉人女（焉）訂（始）啓于京自（師）

 清華二・繫年031 晉獻公之婢（嬖）妾曰驪姬

 清華二・繫年033 秦穆公乃內惠公于晉

 清華二・繫年038 晉惠公采（卒）

 清華二・繫年038 秦人記（起）自（師）以內文公于晉

 清華二・繫年039 秦晉女（焉）訂（始）會（合）好

 清華二・繫年041 晉文公立四年

 清華二・繫年041 晉文公囟（思）齊及宋之惪（德）

 清華二・繫年045 晉文公立七年

 清華二・繫年045 秦、晉回（圍）奠（鄭）

 清華二・繫年045 奠（鄭）降秦不降晉

清華二·繫年 047 晉文公䘚(卒)

 清華二·繫年 049 秦女(焉)訂(始)與晉敨(執)衋

 清華二·繫年 050 晉襄公䘚(卒)

 清華二·繫年 054 晉人記(起)𠂤(師)

 清華二·繫年 061 晉成公會者(諸)侯以救(救)奠(鄭)

 清華二·繫年 062 晉成公䘚(卒)于扈

 清華二·繫年 063 晉中行林父銜(率)𠂤(師)救(救)奠(鄭)

 清華二·繫年 065 述(遂)敗晉𠂤(師)于河

 清華二·繫年 066 晉競(景)公立八年

 清華二·繫年 071 魯𦣞(臧)孫䚻(許)迮(適)晉求敨(援)

 清華二·繫年 072 齊𠕋(頃)公朝于晉競(景)公

 清華二·繫年 079 自齊述(遂)逃迮(適)晉

清華二·繫年079 自晉迈(適)吳

清華二·繫年079 女(焉)訂(始)迥(通)吳晉之洛(路)

清華二·繫年085 晉競(景)公會者(諸)侯以我(救)鄭

清華二·繫年087 龍(共)王史(使)芸(鄖)公鳴(聘)於晉

清華二·繫年088 覜(共)王事(使)王子晨(辰)鳴(聘)於晉

清華二·繫年088 行晉楚之成

清華二·繫年088 楚王子波(罷)會晉文子燮(燮)及者(諸)侯之夫=(大夫)

清華二·繫年091 晉臧(莊)坪(平)公即立(位)兀(元)年

清華二·繫年093 晉齧(亂)

清華二·繫年094 晉人既殺攣(欒)經(盈)于曲夭(沃)

清華二·繫年095 以爲成於晉

清華二·繫年 096 晉臧(莊)坪(平)公立十又二年

清華二·繫年 099 晉臧(莊)坪(平)公即殜(世)

清華二·繫年 100 晉(許)公㐌出奔晉

清華二·繫年 101 晉與吳會爲一

清華二·繫年 101 晉𠂤(師)大疫虘(且)飢

清華二·繫年 102 晉人旻(且)又(有)𨊠(范)氏与(與)中行氏之禍(禍)

清華二·繫年 103 者(諸)侯同㮤(盟)于鹹泉以反晉

清華二·繫年 103 至今齊人以不服于晉

清華二·繫年 108 晉競(景)公立十又五年

清華二·繫年 108 繻(申)公屈晉(巫)自晉迈(適)吳

清華二·繫年 108 女(焉)𨐌(始)迵(通)吳晉之迄(路)

　清華二·繫年108 以至晉悼公

　清華二·繫年109 晉柬（簡）公立五年

　清華二·繫年110 晉柬（簡）公會者（諸）侯

　清華二·繫年111 戉（越）人因衺（襲）吳之與晉爲好

　清華二·繫年111 晉敬公立十又一年

　清華二·繫年112 晉幽公立四年

　清華二·繫年113 晉𠂤（師）閟（門）長城句俞之門

　清華二·繫年113 至今晉、戉（越）以爲好

　清華二·繫年115 晉鬼（魏）𢀝（斯）

　清華二·繫年116 王命莫囂（敖）昜爲衒（率）𠂤（師）戠（侵）晉

　清華二·繫年117 與晉𠂤（師）戰（戰）於長城

　清華二·繫年118 楚以與晉固爲𦡱（怨）

清華二·繫年119 晉公止會者(諸)侯於邘(任)

 清華二·繫年119 宋㚔(悼)公牂(將)會晉公

 清華二·繫年121 晉鬾(魏)文侯舁(斯)從晉𠂤(師)

 清華二·繫年121 從晉𠂤(師)

 清華二·繫年122 晉𠂤(師)迖(逐)之

 清華二·繫年122 齊與晉成

 清華二·繫年123 齊侯明(盟)於晉軍

 清華二·繫年123 晉三子之夫=(大夫)内(入)齊

 清華二·繫年124 晉公獻齊俘馘於周王

 清華二·繫年127 秦人敗(敗)晉𠂤(師)於洛(洛)会(陰)

 清華二·繫年129 晉瞳余衔(率)晉𠂤(師)

 清華二·繫年129 衔(率)晉𠂤(師)

清華二·繫年129 遊(魯)昜(陽)公衒(率)𠂤(師)以迮晉人

 清華二·繫年132 晉人回(圍)津(津)、長陵

 清華二·繫年133 王命坪(平)亦(夜)悼武君衒(率)𠂤(師)戠(侵)晉

 清華二·繫年134 與晉𠂤(師)戩(戰)於武昜(陽)之城下

 清華二·繫年137 晉楚以戩(戰)

 清華三·芮良夫01 寇(寇)戎方晉

 清華三·芮良夫10 寇(寇)戎方晉

 清華三·良臣04 晉文公又(有)子蚝(犯)

 清華六·子儀12 鼓(豈)曰奉晉軍以相南面之事

 清華七·子犯01 者(胡)晉邦又(有)禍(禍)

 清華七·子犯03 晉邦又(有)禍(禍)

· 2516 ·

清華七·子犯 07 夫公子之不能居晉邦

 清華七·晉文公 01 晉文公

 清華七·晉文公 01 自秦内（入）於晉

 清華七·晉文公 02 以攸（修）晉邦之政

 清華七·晉文公 03 以攸（修）晉邦之祀

 清華七·晉文公 04 以虐（吾）晉邦之閒（間）尻（處）戟（仇）戠（讎）之閒（間）

～，與 、同。《說文·日部》："晉，進也。日出萬物進。从日，从臸。《易》曰：'明出地上，晉。'"

清華二·繫年 008、009"晉文侯"，《國語·鄭語》："及平王末，而秦、晉、齊、楚代興，秦景、襄於是乎取周土，晉文侯於是乎定天子，齊莊、僖於是乎小伯，楚蚡冒於是乎始啓濮。"《史記·晉世家》："四年，穆侯太子仇率其徒襲殤叔而立，是爲文侯。"

清華二·繫年 031"晉獻公之婢（嬖）妾曰驪姬"，《國語·晉語一》："獻公伐驪戎，克之，滅驪子，獲驪姬以歸，立以爲夫人，生奚齊。"《史記·晉世家》："子獻公詭諸立。獻公元年，周惠王弟穨攻惠王，惠王出奔，居鄭之櫟邑。五年，伐驪戎，得驪姬、驪姬弟，俱愛幸之。"

清華二·繫年 038"晉惠公"，即夷吾。《左傳·僖公九年》："齊隰朋帥師會秦師，納晉惠公。"

清華二·繫年 039"秦晉"，指春秋時期的秦晉兩國。《左傳·成公十一年》："秦晉爲成，將會於令狐。"《國語·晉語八》："秦晉不和久矣。今日之事幸而集,子孫饗之。不集,三軍之士暴骨。"

清華二·繫年041、045、047,清華三·良臣04,清華七·晉文公01"晉文公",《史記·晉世家》:"晉文公重耳,晉獻公之子也。自少好士,年十七,有賢士五人:曰趙衰;狐偃咎犯,文公舅也;賈佗;先軫;魏武子……九年冬,晉文公卒,子襄公歡立。"

清華二·繫年050"晉襄公卒",《史記·晉世家》:"七年八月,襄公卒。"

清華二·繫年061、062"晉成公䘳(卒)于扈",《史記·晉世家》:"趙盾使趙穿迎襄公弟黑臀于周而立之,是爲成公。成公者,文公少子,其母周女也……七年,成公與楚莊王爭彊,會諸侯於扈。陳畏楚,不會。晉使中行桓子伐陳,因救鄭,與楚戰,敗楚師。是年,成公卒,子景公據立。"

清華二·繫年063"晉中行林父衒(率)自(師)救(救)奠(鄭)",《史記·晉世家》:"三年,楚莊王圍鄭,鄭告急晉。晉使荀林父將中軍,隨會將上軍,趙朔將下軍,郤克、欒書、先縠、韓厥、鞏朔佐之。"

清華二·繫年066、072、085、108"晉競公",讀爲"晉景公"。《史記·晉世家》:"是年,成公卒,子景公據立……八年,使郤克於齊。齊頃公母從樓上觀而笑之。"

清華二·繫年088"行晉楚之成",《左傳·成公十二年》:"宋華元克合晉、楚之成。"

清華二·繫年088"晉文子燮",讀爲"晉文子爕",《左傳》作"士爕"。《左傳·成公十二年》:"夏五月,晉士爕會楚公子罷、許偃。癸亥,盟于宋西門之外。"

清華二·繫年091、096、099"晉臧坪公",讀爲"晉莊平公",即晉平公。《史記·晉世家》:"冬,悼公卒,子平公彪立。"

清華二·繫年108"晉悼公",《史記·晉世家》:"閏月乙卯,厲公游匠驪氏,欒書、中行偃以其黨襲捕厲公,囚之,殺胥童,而使人迎公子周于周而立之,是爲悼公。"

清華二·繫年109、110"晉柬公",讀爲"晉簡公",即晉定公,名午。

清華二·繫年111"晉敬公",《索隱》引《竹書紀年》:"出公二十三年奔楚,乃立昭公之孫,是爲敬公。"

清華二·繫年112"晉幽公",《史記·晉世家》:"十八年,哀公卒,子幽公柳立。幽公之時,晉畏,反朝韓、趙、魏之君。獨有絳、曲沃,餘皆入三晉。"

清華二·繫年119"晉公止",《史記·晉世家》:"魏文侯以兵誅晉亂,立幽公子止,是爲烈公。"《索隱》引《系本》云:"幽公生烈公止。"

清華二·繫年 123"晉三子",魏斯、韓虔、趙籍。

清華二·繫年"晉自",讀爲"晉師",晉國軍隊。

清華二·繫年"晉人",晉國人。"晉",西周至春秋時諸侯國名。《史記·晉世家》:"晉唐叔虞者,周武王子而成王弟……於是遂封叔虞於唐。唐在河、汾之東,方百里,故曰唐叔虞。姓姬氏,字子于。唐叔子燮,是爲晉侯。"

清華三·芮良夫 01、10"晉",進長,增長。《易·晉》:"晉,進也。明出地上,順而麗乎大明,柔進而上行。"

清華六·子儀 12"晉軍",晉國軍隊。

清華七·子犯 01、03、07,清華七·晉文公 02、03、04"晉邦",晉國。《韓非子·喻老》:"及公子返晉邦,舉兵伐鄭,大破之,取八城焉。"

譖

 清華四·別卦 07 譖(晉)

～,从"心""言","晉"聲。

清華四·別卦 07"譖",讀爲"晉",進。《易·晉》:"晉,進也。明出地上,順而麗乎大明,柔進而上行。"孔穎達疏:"晉,進也者,以今釋古。古之晉字,即以進長爲義。"馬國翰輯本《歸藏》、今本《周易》作"晉",馬王堆帛書本《周易》作"溍"。王家臺秦簡《歸藏》作"酱",乃"晉"字之訛。

窒

 清華六·子儀 02 自鹽月至=(至于)眛(秋)窒(令)備女(焉)

 清華八·邦道 09 母(毋)咸(感)於窒(令)色以還心

～,與 ![] (《集成》02794,舍志鼎)、![] (上博五·弟附簡)同,从"宀","至"聲,字書未見。

清華六·子儀 02"眛窒",讀爲"秋令",月份名。(石小力)

清華八·邦道 09"窒色",讀爲"令色",善色。《爾雅·釋詁》:"令,善也。"

2519

《詩·大雅·蒸民》"令儀令色",鄭箋:"令,善也。"上博五·弟附簡"考言窐色",讀爲"巧言令色"。《論語·學而》:"巧言令色,鮮矣仁。"

精紐聿聲

聿

清華一·金縢13 二公命邦人聿(盡)遝(復)坓(築)之

清華一·祭公09 聿(盡)寽(付)畀余一人

清華一·楚居05 聿(盡)居䣙宅

清華二·繫年131 聿(盡)逾奠(鄭)自(師)與亓(其)四遄(將)軍

清華二·繫年135 楚人聿(盡)厾(棄)亓(其)幬(旃)、幕、車、兵

清華三·芮良夫09 返(及)尔(爾)聿(盡)臣

清華六·孺子10 邦人既聿(盡)䎽(聞)之

清華七·子犯06 句(苟)聿(盡)又(有)心女(如)是

清華七·越公75 雩(越)公是聿(盡)既有之

清華七·越公 74 以屈聿（盡）王年

 清華八·邦道 02 聿（盡）自身出

～，與 、、同。《説文·聿部》："聿，聿飾也。从聿，从彡。俗語以書好爲聿。"

　　清華一·金縢 13"二公命邦人聿（盡）返（復）竺（築）之"，今本《書·金縢》："二公命邦人凡大木所偃，盡起而築之，歲則大熟。"

　　清華三·芮良夫 09"聿臣"，讀爲"藎臣"，忠臣。《詩·大雅·文王》："王之藎臣，無念爾祖。"朱熹《集傳》："藎，進也，言其忠愛之篤，進進無已也。"

　　清華八·邦道 02"聿"，讀爲"盡"。《墨子·經上》："盡，莫不然也。"

　　清華一·祭公 09，清華一·楚居 05，清華二·繫年 131、135，清華六·孺子 10，清華七·子犯 06，清華七·越公 75"聿"，讀爲"盡"，全，都。《左傳·昭公二年》："韓宣子曰：'周禮，盡在魯矣。'"《助字辨略》卷三："盡，皆也，悉也。"

　　清華七·越公 74"聿"，讀爲"盡"，竭盡，完。《管子·乘馬》："貨盡而後知不足，是不知量也。"《韓詩外傳》卷五："夫土地之生物不益，山澤之出財有盡。"《孔子家語·三恕》："浩浩乎無屈盡之期，此似道。"

律

 清華一·皇門 12 朕遺父兄眔朕伒（藎）臣

 清華六·孺子 15 曰是亓（其）伒（藎）臣也

 清華八·處位 08 亓（其）愚（遇）於異伒（進）

～，與 同，从"人"，"聿"聲。

　　清華一·皇門 12"朕遺父兄眔朕伒（藎）臣"，今本《逸周書·皇門》作"朕維其及朕藎臣"。"伒臣",讀爲"藎臣",忠臣。参上。

清華六·孺子15"伒臣",讀爲"藎臣"。参上。

清華八·處位08"伒",讀爲"進"。《説文·玉部》:"瑧……讀若津。"《釋名·釋形體》:"津,進也。汁進出也。"

婕

 清華六·子產20 隶叔(求)婕(藎)之取(賢)

～,从"女","聿"聲。

清華六·子產20"婕",讀爲"藎"。《詩·大雅·文王》:"王之藎臣,無念爾祖。"朱熹《集傳》:"藎,進也,言其忠愛之篤,進進無已也。"

津(津)

 清華二·繫年132 晉人回(圍)津(津)、長陵

《説文·水部》:"津,水渡也。从水,聿聲。[圖],古文津从舟从淮。"

清華二·繫年132"津",《水經注·河水》:"河水于范縣東北流,爲倉亭津。《述征記》曰:'倉亭津在范縣界,去東阿六十里。'《魏土地記》曰:'津在武陽縣東北七十里,津,河濟名也。'"又《左傳·莊公十八年》:"十九年春,楚子禦之,大敗於津。"

殣

 清華三·芮良夫24 民甬(用)戾殣(盡)

～,从"歹","聿"聲。

清華三·芮良夫24"殣",讀爲"盡"。《玉篇·皿部》:"盡,終。"

精紐進聲

進

（圖）

清華三·芮良夫 23 甬（用）交䚻（亂）進退

清華五·三壽 19 元折（哲）並進

清華六·孺子 01 北（必）再三進夫＝（大夫）而與之䜴（偕）恩

清華六·子產 04 堂（當）事乃進

清華六·子產 10 臣人非所能不進

清華七·晉文公 05 爲陞（升）龍之羿（旗）師以進

清華七·趙簡子 01 軋（范）獻子進諫曰

清華七·越公 60 進者莫退

清華八·攝命 12 女（汝）有退進于朕命

清華八·處位 06 心尼（度）未愈（愉）而進

清華八·邦道 14 進退不勋（稽）

清華八·八氣 01 進退五日

清華八·八氣 02 進退五日

～，與 (上博四·柬 14)、 (上博八·成 12) 同。《說文·辵部》："進，登也。从辵，閵省聲。"

清華三·芮良夫 23"進退"，前進與後退。《易·繫辭上》："變化者，進退之象也。"韓康伯注："往復相推，迭進退也。"

清華五·三壽 19"進"，前進，嚮前。《周禮·夏官·大司馬》："車徒皆作，遂鼓行，徒銜枚而進。"鄭玄注："進，行也。"

清華六·孺子 01"進"，推薦，引進。《釋名·釋言語》："進，引也，引而前也。"《史記·管晏列傳》："鮑叔既進管仲，以身下之。"

清華六·子產 04、10"進"，指進任官職。《書·君陳》："進厥良，以率其或不良。"《史記·李斯列傳》："二世曰：'何哉？夫高……以忠得進，以信守位，朕實賢之，而君疑之，何也？'"

清華七·晉文公 05"師以進"，軍隊前進。

清華七·趙簡子 01"進諫"，嚮君主或尊長直言規勸。《荀子·成相》："（伍子胥）進諫不聽，到而獨鹿棄之江。"

清華七·越公 60"進者莫退"，前進者不要後退。《易·繫辭上》："變化者，進退之象也。"韓康伯注："往復相推，迭進退也。"

清華八·攝命 12"退進"，猶云進退。《周禮·秋官·小司寇》"孟冬祀司民，獻民數於王，王拜受之，以圖國用而進退之"，鄭玄注："進退，猶損益也。"

清華八·邦道 14"進退"，升降，任免。《韓非子·奸劫弒臣》："夫奸臣得乘信幸之勢以毀譽進退群臣者，人主非有術數以御之也。"

清華八·八氣 01、02"進退"，提前和推遲。

精紐晉聲歸至聲

清紐千聲歸人聲

從紐秦聲

秦

清華一·楚居 11 至需（靈）王自爲郢遟（徙）居秦（乾）溪之上

清華一·楚居 12 猷居秦（乾）溪之上

清華一·楚居 12 至卲（昭）王自秦（乾）溪之上

清華一·楚居 13 女（焉）遉（復）遟（徙）居秦（乾）溪之上

清華二·繫年 015 是秦先=（先人）

清華二·繫年 016 秦中（仲）女（焉）東居周地

清華二·繫年 016 秦以礻（始）大

清華二·繫年 033 秦穆公乃内惠公于晉

清華二·繫年 033 惠公賂秦公曰

清華二·繫年034 乃俴(背)秦公弗剑(予)

 清華二·繫年034 秦公衒(率)自(師)与(與)惠公戩(戰)于躹(韓)

 清華二·繫年035 惠公女(焉)以亓(其)子褱(懷)公爲執(質)于秦

 清華二·繫年037 褱(懷)公自秦逃歸

 清華二·繫年037 秦穆公乃訋(召)文公於楚

 清華二·繫年038 秦人记(起)自(師)以内文公于晉

 清華二·繫年039 秦晉女(焉)刞(始)會(合)好

 清華二·繫年042 乃及秦自(師)回(圍)曹及五鹿(鹿)

 清華二·繫年043 文公衒(率)秦、齊、宋及群戎之自(師)

 清華二·繫年045 秦、晉回(圍)奠(鄭)

 清華二·繫年045 鄭降秦不降晉

 清華二·繫年 045 秦人豫(舍)戍於奠(鄭)

 清華二·繫年 045 秦之戍人

 清華二·繫年 046 秦自(師)牆(將)東𩏩(襲)奠(鄭)

 清華二·繫年 047 乃以奠(鄭)君之命袋(勞)秦三銜(帥)

 清華二·繫年 047 秦𠂤(師)乃退(復)

 清華二·繫年 048 襄公新(親)銜(率)自(師)御(禦)秦自(師)于嘘(崤)

 清華二·繫年 048 秦穆公欲與楚人爲好

 清華二·繫年 048 秦女(焉)訇(始)與晉斁(執)衢

 清華二·繫年 051 卲(召)襄公之弟瘫(雍)也于秦

 清華二·繫年 054 秦康公衒(率)自(師)以遴(送)瘫(雍)子

 清華二·繫年 055 述(遂)奔秦

清華二·繫年 055 秦公以戰（戰）于雚岙（陰）之古（故）

 清華二·繫年 075 王命繡（申）公屈晉（巫）迡（適）秦求自（師）

 清華二·繫年 090 衔（率）自（師）會者（諸）侯以伐秦

 清華二·繫年 105 秦異公命子甫（蒲）、子虎衔（率）自（師）救（救）楚

 清華二·繫年 110 夫秦（差）王即立（位）

 清華二·繫年 110 以與夫秦（差）王相見于黃池

 清華二·繫年 126 秦人敓（敗）晉自（師）於茖（洛）金（陰）

 清華三·良臣 07 秦穆公又（有）臽（殺）大夫

 清華六·子儀 02 乃关（券）册秦邦之臤（賢）余（餘）

 清華六·子儀 17 尚耑（端）項贍（瞻）遊目以眷我秦邦

 清華七·子犯 01 耳自楚迡（適）秦

清華七·子犯 01 秦公乃訋（召）子釾（犯）

 清華七·晉文公 01 晉文公自秦内（入）於晉

~，與 、同。《説文·禾部》："秦，伯益之後所封國。地宜禾。从禾，舂省。一曰秦，禾名。![]，籀文秦从秝。"

清華一·楚居 12、13"秦溪"，讀爲"乾溪"。《左傳·昭公六年》："令尹子蕩帥師伐吴，師于豫章，而次于乾谿。吴人敗其師於房鍾。"《昭公十二年》："楚子狩于州來，次于潁尾。使蕩侯、潘子、司馬督、囂尹午、陵尹喜帥師圍徐以懼吴。楚子次于乾谿，以爲之援。"杜預注："在譙國城父縣南。"即今安徽亳州市東南七十里，與城父村近。

清華二·繫年 016"秦中"，即"秦仲"，秦莊公之父。《史記·秦本紀》："周宣王即位，乃以秦仲爲大夫，誅西戎。西戎殺秦仲。秦仲立二十三年，死於戎。有子五人，其長者曰莊公。"

清華二·繫年 033、037、048，清華三·良臣 07"秦穆公"，或作"繆公"。《史記·秦本紀》："成公立四年卒。子七人，莫立，立其弟繆公。繆公任好元年，自將伐茅津，勝之。"

清華二·繫年 033、034"秦公"，指秦穆公。

清華二·繫年 035"惠公女以亓子襄公爲執于秦"，讀爲"惠公焉以其子懷公爲質于秦"。《左傳·僖公十七年》："夏，晉大子圉爲質於秦，秦歸河東而妻之。"

清華二·繫年 038、045、126"秦人"，秦國人。

清華二·繫年 039"秦晉"，指春秋時期的秦晉兩國。《左傳·成公十一年》："秦晉爲成，將會于令狐。"《國語·晉語八》："秦晉不和久矣。今日之事幸而集，子孫饗之。不集，三軍之士暴骨。"

清華二·繫年 042、046、047、048"秦自"，讀爲"秦師"，秦國軍隊。

清華二·繫年 047"乃以奠君之命袭秦三衘"，讀爲"乃以鄭君之命勞秦三帥"。《史記·晉世家》："四月，敗秦師于殽，虜秦三將孟明視、西乞秫、白乙丙以歸。遂墨以葬文公。"

清華二·繫年 054"秦康公"，《史記·秦本紀》："繆公子四十人，其太子罃代立,是爲康公。"

　　清華二·繫年 105"秦異公",即秦哀公。《左傳·定公四年》:"申包胥如秦乞師……秦哀公爲之賦《無衣》。九頓首而坐。秦師乃出。"《史記·秦本紀》亦作"哀公",《索隱》:"《始皇本紀》作'瑅公'。"今本《始皇本紀》作"畢公"。

　　清華二·繫年 110"夫秦王",讀爲"夫差王",即吳王夫差。秦,從母真部;差,初母歌部,音近通假。《史記·吳太伯世家》:"十九年夏,吳伐越,越王句踐迎擊之檇李……越因伐吳,敗之姑蘇,傷吳王闔廬指,軍卻七里。吳王病傷而死。闔廬使立太子夫差,謂曰:'爾而忘句踐殺汝父乎?'對曰:'不敢!'三年,乃報越。"

　　清華六·子儀 02、17"秦邦",指秦國。

　　清華七·子犯 01"秦公",指秦穆公,名任好。參上。

心紐辛聲

辛

清華一·耆夜 02 辛公諫甼(甲)爲立(位)

清華四·筮法 50 辛

清華六·管仲 18 及句(后)辛之身

清華六·管仲 20 若句(后)辛者

清華六·子產 22 乃斀辛道、飤語

清華八·八氣 04 辛爲癹(發)

《說文·辛部》:"辛,秋時萬物成而孰;金剛味辛,辛痛即泣出。从一从䇂。䇂,辠也。辛承庚,象人股。"

清華一·耆夜 02"辛公諫虘(甲)",人名。

清華四·筮法 50"辛","巽"納辛。將天干納入八卦。《京氏易傳》卷下有京房"納甲"云:"分天地乾坤之象,益之以甲乙壬癸;震巽之象配庚辛,坎離之象配戊己,艮兌之象配丙丁。"

清華六·管仲 18、20"句辛",讀爲"后辛",商紂王。《楚辭·離騷》:"后辛之菹醢兮,殷宗用而不長。"王逸注:"后,君也。辛,殷之亡王紂名也。藏菜曰菹,肉醬曰醢。"

清華六·子產 22"辛道",人名。

清華八·八氣 04"辛爲癹",讀爲"辛爲發"。"辛",五味(辛酸甘苦鹹)之一。《管子·水地》:"酸主脾,鹹主肺,辛主腎,苦主肝,甘主心。"《黃帝內經·素問》:"辛散,酸收,甘緩,苦堅,鹹耎,毒藥攻邪。五穀爲養,五果爲助,五畜爲益,五菜爲充,氣味合而服之,以補精益氣。此五者,有辛酸甘苦鹹,各有所利,或散或收,或緩或急,或堅或耎,四時五藏,病隨五味所宜也。"

辟(親)

清華一·保訓 04 辟(親)勘(耕)于鬲(歷)茅(丘)

清華一·金縢 12 隹(惟)余沖(沖)人亓(其)辟(親)逆公

清華七·趙簡子 08 辟(親)冒虘(甲)䩉(胄)

清華七·越公 04 辟(親)辱於募(寡)人之粗=(敝邑)

清華七·越公 08 王辟(親)鼓之

清華七·越公 15 君雩（越）公不命使（使）人而夫=（大夫）辟（親）辱

 清華七·越公 30 王辟（親）自豑（耕）

 清華七·越公 30 王辟（親）涉洵（溝）淳（澱）淈塗

 清華七·越公 40 王必辟（親）見〈視〉而聖（聽）之

 清華七·越公 42 王必辟（親）聖（聽）之

 清華七·越公 45 王必辟（親）聖（聽）之

～，與 （上博四·曹 33）、 （上博八·蘭 3）同。《説文·見部》："親，至也。从見，亲聲。"

清華一·保訓 04"辟勘于歷茅"，讀爲"親耕于歷丘"。《禮記·祭統》："是故，天子親耕於南郊，以共齊盛。"

清華一·金縢 12"隹余沖人亓辟逆公"，讀爲"惟余沖人其親逆公"。《穀梁傳·文公四年》："夏，逆婦姜于齊。其曰婦姜，爲其禮成乎齊也。其逆者誰也？親逆而稱婦，或者公與？"

清華七·越公 04、15"辟辱"，即"親辱"，謙詞，猶言屈駕親臨。《左傳·襄公二十八年》："宋之盟，君實親辱。"《國語·吳語》："今孤不道，得罪於君王，君王以親辱於弊邑。"

清華七·越公 08"王辟鼓之"，即"王親鼓之"。《左傳·成公二年》："齊侯親鼓，士陵城，三日，取龍，遂南侵及巢丘。"

清華七·越公 30"王辟自豑"，即"王親自耕"。《史記·孝文本紀》："上曰：'農，天下之本，其開籍田，朕親率耕，以給宗廟粢盛。'"

清華七·趙簡子08,清華七·越公30、40、42、45"辟",即"親",親自,躬親。《左傳·僖公六年》:"武王親釋其縛,受其璧而祓之。"《公羊傳·莊公三十二年》:"辭曷爲與親弑者同?"何休注:"親,躬親也。"

新

清華二·繫年047 襄公䜣(親)銜(率)自(師)御(禦)秦自(師)

于嶍(嵧)

清華七·越公14 今皮(彼)䜣(新)去亓(其)邦而笁(篤)

清華七·越公15 䜣(親)見事(使)者

清華七·越公21 君不尚(嘗)䜣(親)有(右)募(寡)人

~,與 (上博五·弟8)同,从"斤","辛"聲,"新"字異體。

清華二·繫年047"䜣銜",讀爲"親率",親自率領。《呂氏春秋·上農》:"是故天子親率諸侯耕帝籍田,大夫、士皆有功業。"

清華七·越公15"䜣見",讀爲"親見",親自接見。《國語·齊語》:"是故鄉長退而修德進賢,桓公親見之,遂使役官。"

清華七·越公21"䜣有",讀爲"親右",親自佑助。

清華七·越公14"䜣",即"新",副詞,新近,剛剛。《韓非子·説林上》:"魯季孫新弑其君,吳起仕焉。"

新

清華二·繫年026 文王敗(敗)之於新(莘)

清華五·三壽18 血(恤)遠而毖(謀)新(親)

清華八·邦政12 新則勤（制）

～，與 、同。《説文·斤部》:"新,取木也。从斤,亲聲。"

清華二·繫年026"新",讀爲"莘",地名。簡文"文王敗之於莘",參《左傳·莊公十年》:"楚子從之。秋九月,楚敗蔡師于莘,以蔡侯獻舞歸。"《史記·管蔡世家》:"楚文王從之,虜蔡哀侯以歸。哀侯留九歲,死於楚。"

清華五·三壽18"愍新",讀爲"謀親",有作爲於親近。

清華八·邦政12"新",與"舊"相對。《詩·豳風·東山》:"其新孔嘉,其舊如之何?"

郭

 清華五·湯丘01 取（娶）妻於又（有）郭（莘）

 清華五·湯丘01 又（有）郭（莘）之女飤（食）之

～，從"邑","㚘"聲,"莘"字異體。

清華五·湯丘01"又郭",讀爲"有莘",商湯娶有莘氏之女,即其國。故址在今河南省開封市,舊陳留縣東。一説,在今山東省曹縣北。《史記·殷本紀》:"伊尹名阿衡。阿衡欲奸湯而無由,乃爲有莘氏媵臣,負鼎俎,以滋味説湯,致于王道。"張守節《正義》引《括地志》:"古莘國在汴州陳留縣東五里,故莘城是也。"《左傳·僖公二十八年》:"晉侯登有莘之虛以觀師。"楊伯峻注:"莘,舊國名……據《春秋輿圖》,有莘氏之虛在今山東省曹縣西北。"《呂氏春秋·本味》:"有侁氏女子採桑,得嬰兒于空桑之中,獻之其君,其君令烰人養之,察其所以然,曰:'其母居伊水之上,孕……'故命之曰伊尹。"高誘注:"侁,讀曰莘。"

心紐屯聲

係

 清華三·説命上 03 王廼係（訊）敦（説）曰

 清華三·赤鵠 07 衆鵰（烏）乃係（訊）晉（巫）鵰（烏）曰

 清華三·赤鵠 10 夏句（后）乃係（訊）少（小）臣曰

 清華五·湯丘 05 朝而係（訊）之

 清華八·心中 05 敾（聞）係（訊）視聖（聽）

～，从"言""係"，或釋爲"訊"。（郭永秉）

清華"係"，讀爲"訊"，詢問。《詩·小雅·正月》："召彼故老，訊之占夢。"毛傳："訊，問也。"或讀爲"稽"。（白於藍）

心紐信聲歸人聲

幫紐扁聲

顲

 清華七·越公 46 則顲（顰）感（慼）不念（豫）

～，所从 與 （新蔡簡零 115,22）、 （清華十·四告 16）同。从"首"从"册"，會意，會題於門户之署文，即"扁"字。不用"户"而是用"首"來會意，旨在強調"扁"之册位於"門堂"之"首"。《説文·户部》:"扁,署也。从户、册。户册者,署門户之文也。"(程燕)此字从"頁""心","扁"聲,或疑爲"顰"之異體。

清華七·越公46"顮感",讀爲"顰蹙"(鄔可晶)或"顰顣",皺眉蹙額,形容憂愁不樂。顔之推《顔氏家訓·治家》:"嘗寄人宅,奴婢徹屋爲薪略盡,聞之顰蹙,卒無一言。"《玉篇·頻部》:"顰,顰蹙,憂愁不樂之狀也。""顰蹙"與上文"怡舒"意思相反,憂愁不樂之狀也。簡文意謂越王見到落的執事人心裏憂愁不開心,不給他們飲品和食物。"扁"聲字與"頻"古通,如帛書《易·復》:"六三,編復,厲,无咎。"《易·巽》:"九三,編筭,閵。"兩處"編"傳世本皆作"頻"。《説文·頻部》:"顰,涉水顰蹙。从頻,卑聲。""顰",雙聲符字,"頻""卑"皆聲,"卑"屬幫紐支部,和"頻"皆屬唇音,"支""真"二部韻近。《易·復》"頻復",《音訓》引《釋文》:"頻,鄭作卑。"(程燕)

明紐民聲

民

清華一·尹至02 民沇(率)曰

清華一·尹至03 亓(其)又(有)民衒(率)曰

清華一·尹至05 頿(夏)翻(播)民内(入)于水曰罟(戰)

清華一·尹誥01 頿(夏)自蔥(遏)亓(其)又(有)民

清華一·尹誥01 非民亡(無)與獸(守)邑

清華一·尹誥02 氒(厥)辟复(作)悁(怨)于民

清華一·尹誥 03 今隹(惟)民遠邦逯(歸)志

清華一·尹誥 03 虐(吾)可(何)复于民

清華一·程寤 08 眚(生)民不芽(災)

清華一·耆夜 04 庶民和同

清華一·耆夜 05 殹(繄)民之秀

清華一·皇門 04 百眚(姓)萬民用亡(無)不顜(擾)比才(在)王廷

清華一·皇門 06 少(小)民用叚

清華一·皇門 11 少(小)民用曷(禱)亡(無)用祀

清華二·繫年 002 卿李(士)、者(諸)正、萬民弗刃(忍)于氒(厥)心

清華二·繫年 015 西罣(遷)商盍(蓋)之民于邾虐

清華二·繫年 017 周成王、周公既罣(遷)殷民于洛邑

· 2537 ·

清華二·繫年 018 以侯殷之攽（餘）民

清華二·繫年 132 楚人歸（歸）奠（鄭）之四牁（將）軍與亓（其）萬民於奠（鄭）

清華三·說命下 04 廼弗愙（虞）民

清華三·說命下 05 亓（其）又廼司四方民不（丕）克明

清華三·說命下 06 週（恫）罖（瘝）少（小）民

清華三·說命下 09 余不克辟萬民

清華三·琴舞 10 廼是（禔）隹（惟）民

清華三·芮良夫 03 載聖（聽）民之繇

清華三·芮良夫 05 君子而受柬萬民之窅（咎）

清華三·芮良夫 07 夫民甬（用）惥（憂）惕（傷）

清華三·芮良夫 07 民之倿（賤）矣

清華三·芮良夫09 民不日幸

清華三·芮良夫12 坪（平）和庶民

清華三·芮良夫15 萬民具（俱）懃（愁）

清華三·芮良夫19 民所訴訨（僻）

清華三·芮良夫20 民之闗（關）悶（閉）

清華三·芮良夫21 料和庶民

清華三·芮良夫23 民乃聖（嘑）嚚

清華三·芮良夫24 民甬（用）戾獘（盡）

清華三·芮良夫25 民亦又（有）言曰

清華三·芮良夫26 民多勤（艱）懃（難）

清華五·厚父02 乃降之民

清華五·厚父03 飼（問）民之若否

清華五·厚父 07 隹(惟)寺(時)下民䧑帝之子

清華五·厚父 07 咸天之臣民

清華五·厚父 09 斯民心難測

清華五·厚父 09 民弋(式)克共(恭)心㽙(敬)愄(畏)

清華五·厚父 10 隹(惟)所役之司民

清華五·厚父 10 亡纍(顯)于民

清華五·厚父 10 隹(惟)司民之所取

清華五·厚父 10 今民莫不曰余娛(保)孝(教)明(德)

清華五·厚父 12 曰天龕(監)司民

清華五·厚父 12 民弋(式)克㽙(敬)悳(德)

清華五·厚父 13 民曰隹(惟)酉(酒)甬(用)祓(肆)祀

清華五·厚父 13 民亦隹(惟)酉(酒)甬(用)敗(敗)鬼(威)義(儀)

清華六·子產 01 勉以利民=(民，民)用訢(信)之

清華五·厚父 04 以庶民隹(惟)政之觀(恭)

清華五·厚父 05 古天降下民

清華五·厚父 05 隹(惟)曰其勖(助)上帝䦧(亂)下民

清華五·厚父 10 啓之民其亡諒(諒)

清華五·厚父 11 曰民心隹(惟)本

清華五·命訓 01 [天]生民而成大命

清華五·命訓 03 夫民生而佴(恥)不明

清華五·命訓 04 夫民生而樂生穀(穀)

清華五·命訓 04 夫民生而痌死喪

清華五·命訓 08 亟(極)命則民陵(墮)乏

清華五·命訓 08 亟(極)福則民录(禄)

· 2541 ·

清華五·命訓 09 亟(極)褚(禍)[則]民槀(畏)

清華五·命訓 09 亟(極)佴(恥)則民 ㄓ(叛)

清華五·命訓 09 亟(極)賞則民賈亓(其)上

清華五·命訓 09 亟(極)罰則民多虖(詐)

清華五·命訓 11 以牧蔓(萬)民

清華五·湯丘 03 此可以和民虎(乎)

清華五·湯丘 05 民人䎽(聞)之亓(其)胃(謂)

清華五·湯丘 08 以和利萬民

清華五·湯丘 12 民人諏(趣)貢(忒)

清華五·湯丘 13 民人皆綷(瞀)禺(偶)丽(瑟)

清華五·湯丘 14 叔(淑)慈我民

清華五·湯丘 16 與民分利

清華五·湯丘 17 爲君忞(愛)民

清華五·湯丘 17 忞(愛)民女(如)㠯(台)

清華五·湯丘 18 遠民皆亟(極)

清華五·湯丘 18 是非忞(愛)民虎(乎)

清華五·睂門 08 民乃時生

清華五·睂門 14 民長萬(賴)之

清華五·睂門 15 疠(病)民亡(無)古(故)

清華五·睂門 15 民備不甬(庸)

清華五·睂門 16 民咸解體自卹(恤)

清華六·孺子 03 邦亦無大繇賹(賦)於萬民

清華六·管仲 09 民人陵(惰)㠯(怠)

清華六·管仲 13 民人不夭

清華六·管仲17 和民以悳(德)

清華六·管仲18 既惠於民

清華六·管仲19 或(又)以民戲(害)

清華六·管仲19 凡亓(其)民人

清華六·管仲22 爲民紀統(綱)

清華六·管仲22 民乃葆(保)昌

清華六·管仲22 凡亓(其)民人

清華六·子儀01 志(恐)民之大眆(方)迻(移)易

清華六·子儀01 民所安

清華六·子儀15 民忞(恆)不寊(實)

清華六·子產02 不思(懼)迭(失)民

清華六·子產03 邦安民蕤(遂)

清華六·子產 03 邦危民麗(離)

清華六·子產 09 君人立(莅)民又(有)道

清華六·子產 10 民事是事

清華六·子產 10 旻(得)民天央(殃)不至

清華六·子產 10 以厶(私)事=(事使)民

清華六·子產 11 辠(罪)起民薔(矜)

清華六·子產 12 以和民

清華六·子產 13 又(有)以坴(徠)民

清華六·子產 15 不以虐(虐)出民力

清華六·子產 17 以勤(助)上牧民

清華六·子產 19 此胃(謂)民訢(信)志之

清華六·子產 19 民亡可事

清華六·子產 18 民屯菋然

清華六·子產 26 爲民型（刑）程

清華六·子產 27 不用民於兵麿（甲）戰戜（鬭）

清華五·三壽 12 古民人迷齺（亂）

清華五·三壽 14 赱（上）卲（昭）忢（順）穆而敬民之行

清華五·三壽 15 専（輔）民之忲（化）

清華五·三壽 15 民顴（勸）母（毋）皮（疲）

清華五·三壽 17 惠民由壬（任）

清華五·三壽 19 和民甬（用）政（正）

清華五·三壽 20 神民莫責

清華五·三壽 22 牧民而駻（御）王

清華五·三壽 24 敢靁（問）疋（胥）民古（胡）曰易（揚）

清華五·三壽 26 神民並蠢（尤）而九（仇）悁（怨）所聚

清華五·三壽 27 民之有眚（晦）

清華五·三壽 28 龏（恭）神袋（勞）民

清華五·三壽 16 同民之力

清華七·子犯 08 民心訐（信）難成也哉

清華七·子犯 08 凡民秉厇（度）耑（端）正譖（僭）試（忒）

清華七·子犯 11 以悳（德）和民

清華七·越公 17 以民生之不長而自不終亓（其）命

清華七·越公 26 以忻（祈）民之窞（寧）

清華七·越公 27 不禹（稱）民晋（惡）

清華七·越公 27 縱（總）經遊民

清華七·越公 28 王狀（並）亡（無）好攸（修）于民厽（三）工之堵

（功）

 清華七·越公 28 兹（使）民叚（暇）自相

 清華七·越公 29 民乃蕃芋（滋）

 清華七·越公 30 王思邦遊民

 清華七·越公 31 雩（越）庶民百眚（姓）乃再（稱）嚞譓（悚）思

（懼）

 清華七·越公 35 舉（舉）雩（越）庶民

 清華七·越公 39 凡鄙（邊）鄙（縣）之民及又（有）管（官）帀（師）

之人

 清華七·越公 42 凡雩（越）庶民交逮（接）

 清華七·越公 47 晢（譖）民則怀（背）

 清華七·越公 48 是以蕉（勸）民

 清華七·越公 49 四方之民

 清華七·越公 53 王乃整（敕）民

清華七·越公 55 凡民司事

清華七·越公 58 以礪（勵）萬民

清華七·越公 58 雩（越）邦庶民則皆晨（震）僮（動）

清華七·越公 59 民乃整（敕）齊

清華七·越公 59 王乃犾（試）民

清華七·越公 61 乃命軋（范）羅（蠡）、太甬大槀（歷）雩（越）民

清華七·越公 73 殹民生不肒（仍）

清華七·越公 73 民生墬（地）上

清華七·越公 75 凡吴土墬（地）民人

清華八·攝命 01 余弗造民庚（康）

清華八·攝命 03 虖（且）今民不（丕）造不（丕）庚（康）

清華八·攝命 07 有曰四方大贏（嬴）亡民

清華八・攝命09 隹（雖）民卣（攸）戮（協）弗躬（恭）其魯（旅）

清華八・攝命09 惠于少（小）民

清華八・攝命10 躬（恭）民長=（長長）

清華八・攝命20 隹（唯）人乃亦無智（知）亡畓（聞）于民若否

清華八・攝命22 不明于民

清華八・攝命25 民[朋（朋）]□興從顯女（汝）

清華八・攝命26 民有曰之

清華八・攝命27 民朋（朋）亦則興変（仇）肙（怨）女（汝）

清華八・邦政05 亓（其）[民]志傒（遂）而植（直）

清華八・邦政06 則視亓（其）民必女（如）腸（傷）矣

清華八・邦政09 亓（其）立（位）用悉（愁）民

清華八・邦政09 亓（其）民志恳（憂）

清華八・邦政 10 則視亓(其)民女(如)芔(草)蓟(芥)矣

清華八・處位 05 民甬(用)衛(率)欲逃

清華八・處位 10 少(小)民而不智(知)利政

清華八・邦道 08 則民改(改)

清華八・邦道 11 唯皮(彼)瀍(廢)民之不脛(循)教者

清華八・邦道 14 亓(其)民愈(愈)幣(弊)以鄒〈解〉怠(怨)

清華八・邦道 15 萬民斯樂亓(其)道

清華八・邦道 16 萬民是爲

清華八・邦道 18 皮(彼)天下亡(無)又(有)閒(間)民

清華八・邦道 19 民非亓(其)所能

清華八・邦道 20 古(故)民宜埅(地)譽(舉)賹(貨)

清華八・邦道 20 則民允

清華八·邦道 20 則民衆

 清華八·邦道 21 民有甬(用)

 清華八·邦道 21 則民厚

 清華八·邦道 21 民不揉(緩)

 清華八·邦道 21 惡(愛)民則民考(孝)

 清華八·邦道 21 惡(愛)民則民考(孝)

 清華八·邦道 21 智(知)臤(賢)則民懽(勸)

 清華八·邦道 22 民有甬(用)

 清華八·邦道 22 民有利

 清華八·邦道 26 古(故)萬民溓(慊)疠(病)

 清華八·心中 03 以君民人

 清華八·心中 06 庶人、坪(平)民

清華八·天下 02 民心是獸(守)

 清華八·天下 02 女(如)不旻(得)亓(其)民之情爲(僞)

 清華八·天下 03 堯(乘)亓(其)民之心

 清華八·天下 06 亓(其)民心是戩(陳)

 清華八·虞夏 02 教民以又(有)禕=(威威)之

 清華八·虞夏 02 教民以宜(儀)

～，與 ￼(上博一·緇 4)、￼(上博二·魯 5)、￼(上博四·曹 22)、￼(上博五·季 21)、￼(上博五·三 15)同。《說文·民部》："民，衆萌也。從古文之象。凡民之屬皆從民。￼，古文民。"

清華一·尹至 02"民沇曰"，讀爲"民率曰"。《書·湯誓》："有衆率怠弗協，曰。"

清華一·尹誥 01"非民亡與獸邑"，讀爲"非民無與守邑"。《國語·周語上》："《夏書》有之曰：'衆非元后，何戴？后非衆，無與守邦。'"

清華一·程寤 08"眚民"，讀爲"生民"，人民。《書·畢命》："道洽政治，澤潤生民。"

清華二·繫年 015"西䢃(遷)商盍(蓋)之民于邾虐"，《左傳·定公四年》："因商奄之民，命以伯禽，而封於少皞之虛。"

清華二·繫年 017"周成王、周公既䢃(遷)殷民于洛邑"，《書·多士序》："成周既成，遷殷頑民。"《漢書·地理志》："周公遷殷民，是爲成周。"

清華二·繫年 018"殷之夋民"，讀爲"殷之餘民"。《左傳·定公四年》：

"分康叔以大路、少帛、綪茷、旃旌、大呂,殷民七族,陶氏、施氏、繁氏、錡氏、樊氏、饑氏、終葵氏。"

清華三·説命下04"悬民",讀爲"虞民",意爲防人。

清華三·芮良夫26"民多勤戁",讀爲"民多艱難"。《墨子·兼愛下》:"今歲有癘疫,萬民多有勤苦凍餒,轉死溝壑中者,既已衆矣。"

清華五·厚父02"乃降之民",天降給大禹人民。燹公盨(《新收》1607):"天命禹敷土……降民監德。"

清華五·厚父07"下民",百姓,人民。《詩·小雅·十月之交》:"下民之孽,匪降自天。"《史記·循吏列傳》:"使食禄者不得與下民爭利,受大者不得取小。"

清華五·厚父07"臣民",泛指國君統屬的臣下和百姓。葛洪《抱朴子·嘉遯》:"普天率土,莫匪臣民。"

清華五·厚父10、12"司民",管理百姓萬民。《書·酒誥》:"勿辯乃司民湎于酒。"孔傳:"勿使汝主民之吏湎於酒。"《墨子·天志中》:"以臨司民之善否。"

清華五·厚父05"天降下民",《孟子·梁惠王下》:"《書》曰:'天降下民,作之君,作之師,惟曰其助上帝寵之。四方有罪無罪惟我在,天下曷敢有越厥志?'"《書·高宗肜日》:"惟天監下民。"

清華五·命訓03"夫民生而佴(恥)不明",今本《逸周書·命訓》作"夫民生而醜不明"。

清華五·命訓04"夫民生而樂生穀(穀)",今本《逸周書·命訓》作"夫民生而樂生,無以穀之,能無勸乎?"

清華五·命訓04"夫民生而疴(痛)死喪",今本《逸周書·命訓》作"夫民生而惡死"。

清華五·湯丘14"叕慈我民",讀爲"淑慈我民"。《書·大誥》:"天亦惟用勤毖我民。"

清華五·湯丘16"與民分利",《禮記·哀公問》:"即安其居,節醜其衣服,卑其宮室,車不雕幾,器不刻鏤,食不貳味,以與民同利。"

清華五·湯丘17、18"悉民",即"愛民"。《管子·小匡》:"臣之所不如管夷吾者五:寬惠愛民,臣不如也。"

清華五·湯丘18"遠民皆呕",讀爲"遠民皆極"。《鹽鐵論·備胡》:"故聖人憐其如此,閔其久去父母妻子,暴露中野,居寒苦之地,故春使使者勞賜,舉失職者,所以哀遠民而慰撫老母也。"

清華五·啻門15"疠民亡古",讀爲"病民無故"。《漢書·五行志》:"奥則冬溫，春夏不和，傷病民人，故極疾也。"

清華五·帝門 16 "民咸解體自卹"，參看《禮記·王制》："無曠土，無遊民，食節事時，民咸安其居，樂事勸功，尊君親上，然後興學。"

清華五·三壽 19、清華五·湯丘 03、清華六·子產 12 "和民"，使民和順安定。《左傳·隱公四年》："臣聞以德和民，不聞以亂。"《國語·周語中》："宣所以教施也，惠所以和民也。"

清華六·管仲 18 "既惠於民"，施恩惠於民，愛民。《書·泰誓中》："惟天惠民，惟辟奉天。"

清華六·管仲 19 "或以民戲"，讀爲 "又以民害"。《文子·上禮》："及其衰也，鳥獸蟲蛇皆爲民害，故鑄鐵鍛刃以禦其難。"

清華六·子產 02 "不思逮民"，讀爲 "不懼失民"，不懼怕失民。

清華六·子產 09 "立民"，讀爲 "莅民"，管理百姓。《晏子春秋·問上》："景公問晏子曰：'臨國莅民，所患何也？'"

清華六·子產 10 "旻民"，即 "得民"，謂得民心。《易·屯》："以貴下賤，大得民也。"孔穎達疏："屯難之世，民思其主之時，既能以貴下賤，所以大得民心也。"《國語·周語中》："罪不由晉，晉得其民。"韋昭注："得民，得民心也。"

清華六·子產 13 "埭民"，讀爲 "徠民"。《管子·形勢解》："故欲來民者，先起其利，雖不召而民自至。"

清華六·子產 15 "民力"，民衆的人力、物力、財力。《左傳·昭公十三年》："令尹子期請伐吳，王弗許，曰：'吾未撫民人，未事鬼神，未脩守備，未定國家，而可民力，敗不可悔。'"《漢書·五行志上》："今宫室崇侈，民力彫盡，怨讟並興。"

清華五·三壽 14 "敬民"，《説苑·正諫》："奚以敬臺？奚以敬民？"

清華五·三壽 15 "專民之悆"，讀爲 "輔民之化"。《文子·精誠》："民之化上，不從其言從其所行。"

清華五·三壽 17 "惠民"，施恩惠於民，愛民。《書·泰誓中》："惟天惠民，惟辟奉天。"

清華五·三壽 20、26 "神民"，上神與下民。《國語·楚語下》："於是乎有天地神民類物之官，是謂五官，各司其序，不相亂也。"

清華五·三壽 22、清華六·子產 17 "牧民"，治民。《文子·自然》："故聖人之牧民也，使各便其性，安其居，處其所能，周其所適，施其所宜，如此，即萬物一齊，无由相過。"

清華五·三壽 28"袤民",即"勞民",憂民。《淮南子·精神》:"竭力而勞萬民。"高誘注:"勞,憂也。"

清華七·子犯 11"以惠和民",即"以德和民"。《左傳·隱公四年》:"臣聞以德和民,不聞以亂。"

清華七·越公 17、73"民生",猶言人生。《國語·吳語》:"因使人告於吳王曰:'天以吳賜越,孤不敢不受。以民生之不長,王其無死!民生於地上,寓也,其與幾何?'"

清華七·越公 27"民啚",讀爲"民惡",民之過錯。

清華七·越公 27、30"遊民",也作"游民"。《大戴禮記·千乘》:"太古無游民,食節事時,民各安其居,樂其宮室,服事信上,上下交信,地移民在。"王聘珍《解詁》:"游民,不習士農工商之業者。"

清華七·越公 29"民乃蕃芓(滋)",《國語·越語下》:"五穀睦熟,民乃蕃滋。"

清華七·越公 47"瞀民",讀爲"譖民",與善人相對,猶譖人。《詩·小雅·巷伯》:"取彼譖人,投畀豺虎。"

清華八·攝命 01"余弗造民庚",讀爲"余弗造民康"。《書·大誥》"洪惟我幼沖人……弗造哲迪民康。"

清華八·攝命 27"民㼱亦則興㝅冃女",讀爲"民朋亦則興仇怨汝"。《管子·君臣上》:"治國無法,則民朋黨而下比,飾巧以成其私。"

清華八·邦政 06"則視亓民必女腸矣",或讀爲"則視其民必如傷矣"。《左傳·哀公元年》:"臣聞國之興也,視民如傷,是其福也。"

清華八·邦政 10"則視亓民女芇薊矣",讀爲"則視其民如草芥矣"。《三國志·吳書·賀邵傳》:"國之興也,視民如赤子;其亡也,以民爲草芥。"

清華八·邦道 08"則民改(改)",《墨子·非命中》:"此世不渝而民不改,上變政而民易教。"

清華八·邦道 11"瀘民",讀爲"廢民"。《晏子春秋·問上》:"治無怨業,居無廢民,此聖人之得意也。"

清華八·邦道 18"闕民",即"閒民"。《周禮·天官·大宰》"九曰閒民,無常職,轉移執事",孫詒讓《正義》:"此民無常職事,轉移無定,與人爲役,故謂之閒民。"

清華八·邦道 21"民厚",《禮記·緇衣》:"以示民厚,則民情不貳。"

清華八·心中 06"坪民",讀爲"平民",本謂平善之人,後泛指普通老百姓。《書·呂刑》:"蚩尤惟始作亂,延及於平民。"孔傳:"延及於平善之人。"

清華五·厚父 09、11,清華七·子犯 08,清華八·天下 02、06"民心",人民的思想、感情、意願等。《左傳·昭公七年》:"六物不同,民心不壹,事序不類,官職不則,同始異終,胡可常也?"《漢書·息夫躬傳》:"(人君)推誠行善,民心說而天意得矣。"

清華八·天下 02"民之情爲",讀爲"民之情僞"。《左傳·僖公二十八年》:"險阻艱難,備嘗之矣;民之情僞,盡知之矣。"

清華八·虞夏 02"教民以宜",讀爲"教民以儀"。《管子·形勢解》:"明主配天地者也,教民以時,勸之以耕織,以厚民養,而不伐其功,不私其利。"

清華"民人",人民。《詩·大雅·瞻卬》:"人有土田,女反有之。人有民人,女覆奪之。"《孟子·滕文公上》:"五穀熟而民人育。"

清華"庶民",衆民,平民。《詩·大雅·靈臺》:"庶民攻之,不日成之。"

清華"萬民",廣大百姓。《易·謙》:"勞謙君子,萬民服也。"

清華"少民",讀爲"小民",指一般老百姓。《書·君牙》:"夏暑雨,小民惟曰怨咨;冬祁寒,小民亦惟曰怨咨。厥惟艱哉!"

䀠

 清華三·說命中 04 女(如)不䀠(瞑)坰(眩)

~,从"視","民"聲。

清華三·說命中 04"䀠坰",讀爲"瞑眩",指用藥後產生的頭暈目眩的強烈反應。《書·說命上》:"若藥弗瞑眩,厥疾弗瘳。"孔穎達疏:"瞑眩者,令人憒悶之意也。"《國語·楚語上》作"若藥不瞑眩,厥疾不瘳"。

明紐丏聲

宀(賓)

 清華三·良臣 06 又(有)宀(賓)須亡(無)

~,與 ᙘ(上博二·容 5)、ᙘ(上博三·周 40)、ᙘ(上博七·吳 5)同,从"宀","丏"聲,"賓"字初文。

清華三·良臣 06"宀須亡",讀爲"賓須無"。《左傳·昭公十三年》:"齊桓,衛姬之子也,有寵於僖。有鮑叔牙、賓須無、隰朋以爲輔佐,有莒、衛以爲外主,有國、高以爲内主。"

敬

 清華七·越公 48 是以收敬(賓)

～,从"攴","宀"聲。

清華七·越公 48"敬",疑讀爲"賓"。"收賓"與下文"飼邑"結構與語義相類。

賓

 清華一·楚居 03 妣㜏賓于天

 清華七·越公 06 三(四)方者(諸)侯亓(其)或敢不賓于吳邦

～,與 (上博一·孔 27)同。《説文·宀部》:"賓,所敬也。从貝,宀聲。 ,古文。"

清華一·楚居 03"賓于天",上爲天帝之賓。《山海經·大荒西經》:"(夏后)開上三嬪于天,得《九辯》與《九歌》以下。"

清華七·越公 06"賓",賓服。《管子·小匡》:"故東夷、西戎、南蠻、北狄,中國諸侯,莫不賓服。"

明紐命聲歸令聲

並紐頻聲

瀕

 清華一·皇門 05 以瀕(賓)右(佑)于上

《説文·瀕部》:"瀕,水厓。人所賓附,頻蹙不前而止。从頁从涉。"

清華一·皇門05"以瀕(賓)右(佑)于上",今本《逸周書·皇門》作"先用有勸,永有□于上下",孔晁注:"上謂天,下謂地也。"陳逢衡注:"上謂天,下謂民。""瀕",讀爲"賓"。《書·堯典》:"寅賓出日,平秩東作。"孔傳:"賓,導。"